孔子 공자 이르기를,

君子和而不同 군자화이부동
小人同而不和 소인동이불화

군자는 다양성을 인정하고 지배하려 하지 않으며
소인은 지배하려 하며 공존하지 못한다.

신영복, 《강의 : 나의 동양 고전 독법》(돌베개) 中

나는
다른 대한민국에서
살고 싶다

나는 다른 대한민국에서 살고 싶다

2012년 3월 2일 초판 1쇄 발행 | 2012년 12월 3일 7쇄 발행
지은이 · 박에스더

펴낸이 · 박시형
책임편집 · 최세현, 이성빈 | 디자인 · 김애숙
경영총괄 · 이준혁
마케팅 · 권금숙, 장건태, 김석원, 김명래, 탁수정
경영지원 · 김상현, 이연정, 이윤하
펴낸곳 · (주)쌤앤파커스 | 출판신고 · 2006년 9월 25일 제313-2006-000210호
주소 · 서울시 마포구 동교동 203-2 신원빌딩 2층
전화 · 02-3140-4600 | 팩스 · 02-3140-4606 | 이메일 · info@smpk.kr

ⓒ 박에스더 (저작권자와 맺은 특약에 따라 검인을 생략합니다)
ISBN 978-89-6570-059-3(03330)

이 책은 저작권법에 따라 보호받는 저작물이므로 무단전재와 무단복제를 금지하며, 이 책 내용의 전부 또는 일부를 이용하려면 반드시 저작권자와 (주)쌤앤파커스의 서면동의를 받아야 합니다.

- 잘못된 책은 바꿔드립니다.   • 책값은 뒤표지에 있습니다.

> 쌤앤파커스(Sam&Parkers)는 독자 여러분의 책에 관한 아이디어와 원고 투고를 설레는 마음으로 기다리고 있습니다. 책으로 엮기를 원하는 아이디어가 있으신 분은 이메일 book@smpk.kr로 간단한 개요와 취지, 연락처 등을 보내주세요. 머뭇거리지 말고 문을 두드리세요. 길이 열립니다.

나는
다른 대한민국 에서
살고 싶다

|탁에스더 지음|

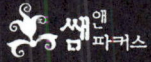

목차

Prologue
다른 대한민국을 향해!
변화는 이미 시작되었다 · 12

Part 1
어느 조직사회 지진아의 좌절 고백 · 17

"야, 너 몇 살이야?" —— 그 청년은 왜 따귀를 맞았나? · 19 | "나는 이래서 한국이 싫어!" · 21 | 우리 사회의 해체되지 않은 권위주의 · 23

나는 싸가지 없는 후배였다 —— 조직 위계의 비밀스러운 논리와 질서 · 26 | "박에스더는 동기도 물 먹인다며?" · 29 | 하나만 알고 둘은 몰랐다 · 30

폭탄주 정치학 —— "군대 안 갔다 온 놈하고는 얘기도 하지 마!" · 33 | 술 잘 마시는 여기자 · 35 | 폭탄주 정치학 · 37 | 위계를 벗어난 강의실 풍경 · 39 | "찬 물에도 위아래가 있거늘." · 41 | 장유유서를 먹고 자란 권위주의 · 43

위아래는 확실하게? —— 나의 미국인 '베프'들 · 45 | "진심이든 아니든, 너는 윗사람에 대한 예의를 지켜!" · 46 | 의심할 줄 몰랐던 '온실 속의 화초' · 49 | '운동권'도 깨지 못한 권위주의의 견고함 · 51

내용보다 형식 —— 의전하다 날 샌다 · 53 | '보여주기'에 대한 집착 · 55 | 김앤장이 그들을 쓸어가는 이유 · 57

세월에 의한 기득권 —— "나이 드니 나도 좋은 걸!" · 60 | 권위주의에의 중독, 달콤하지만 아슬아슬한 · 62 | 사실은 권위 따위 다 집어던지고 · 63 | 70대 자동차 영업사원 · 66

모든 의심을 공론화하라 —— 장유유서는 권위주의에 유죄인가? · 68 | 정 – 반 – 합에 이르기 위하여 · 70 | 나는 싸가지 없는 니들이 좋다 · 71

Part 2

장미는 백합을 부러워하지 않는다 · 73

경쟁의 나라, 대한민극 —— 캥거루가 사는 거냐, 사람이 사는 거냐 · 75 | 프로젝트 인생 · 78 | 카이스트 학생들의 죽음 · 79 |

'원 스탠다드'를 강요하는 사회 —— 지금 알고 있는 걸 그때도 알았더라면 · 82 | "다들 꿈을 버리고 오는 거죠." · 84 | 10대들의 로우킥 · 86 | 패자부활전이 없다 · 88

승자 vs. 패자 —— 서울대 대학원의 추억 · 92 | 승패 가르기와 서열 매기기가 너무 당연한 나라 · 95 | 승자들의 두려움 · 97

사촌이 논을 사면 배가 아프다 —— 문제는 그가 너무 잘났다는 것 · 100 | 비교와 경쟁, 우리 사회의 집단 병리 · 103 옷 잘 입기도 경쟁? · 104 | 일상을 감시당하다 · 106

괴로워도 결과는 좋다? —— 죽도록 노력하는데 왜 행복하지 않을까? · 109 | '분류' 작업 · 110 | 줄 안 세워주면 폼지도 못하나? · 112 | 서울대 해체가 어려운 이유 · 114

급진적 '다양주의'를 권유함 —— 분배 정책만으로 충분하지 않다 · 115 | 삶의 가치를 스스로 결정하는 개인 · 116 목수가 된 변호사 · 118

Part 3
일상을 지옥으로 만드는 '우리' · 121

'우리' 의식의 함정 —— '우리'라는 말을 유독 좋아하는 우리 · 123 | "우리가 남이가?" vs. "우리가 남이여?" · 124 | '우리' 속에서 '나'를 잃어버리다 · 126

한국에서 가장 강력한 존재, 엄마 —— 나는 왜 기자가 되었을까? · 129 | '엄마'의 무게 · 131 | 딸의 눈을 멀게 한 아비 · 133 | '나'라는 개인이 아닌 가족 구성원으로서의 삶 · 134 | 나는 더 이상 자랑스러운 딸이고 싶지 않다 · 135

우리는 마피아 조직 —— '고대 마피아' 따라 하기 · 138 | 독립하면 배신자? · 140 | "실력 있다고 성공하나? 네트워크가 좋아야지." · 142

내 편이 아니면 적 —— 종교의 공존? · 144 | 모든 곳에서 벌어지는 배타적 '편' 가르기 · 146 | 나는 의심하고 싶다 · 149

도덕만 있고 철학이 없다 —— 도덕 과목의 역설 · 153 | 정의란 무엇인가 · 156 | 정해진 답이 있다는 게 가장 치명적인 결함이다 · 159 | 도덕 교육만 있고 철학 교육은 없다 · 161

왜 '내 의견'이 없나? —— 정치인에게도 영혼이 없다 · 163 | 한국에서 매버릭이 성공하지 못하는 이유 · 167 | "자기 의견이 없는데 토크쇼가 되겠어요?" · 168 | 예의와 거짓말 · 172

'나의 견해'를 정리하고 말하는 법 —— 고전독서회 · 176 | "나는 직접 자로 5센티미터를 쟀다니까!" · 179 | 자유민주사회 시민 교육 · 182

문화로 완성되는 민주주의 —— 안풍의 실체 : '옥박' 우파 vs. '깃발' 좌파 · 184 | 그저 남의 일일 뿐 · 186 | 그냥 위선적으로 놔두면 된다고? · 189 | SNS의 게릴라전도 좋지만 정규전이 필요하다 · 193

Part 4
변화를 가로막는 구시대의 괴물들 · 197

왕권에 대한 환상 —— 박정희에 대한 향수 · 199 | 이명박 대통령도 따라 해봤다 · 200 | 유통기한 지난 군사부일체 · 203 |

민주주의는 원래 시끄럽다 —— 청와대의 한 방 · 205 | 데모하면 사회 불안정? · 209 | 큰 정부? 작은 정부? · 211 | 국가와 시민의 관계 · 215 | 나는 세대 투표를 지지한다 · 217

적과의 동침 —— 이경박과 박근혜, 그리고 오바마와 클린턴 · 221 | 타협, 정치의 본질 · 223 | 변화를 외치려면 스스로 변해야 한다 · 225

설득하지 못하는 정치세력, 진보 —— 가르치려 하지 말고 공감을 얻어라 · 228 | 왜 그들은 아군의 눈치만 보나? · 235

이데올로기를 넘어 —— 거지에게 동전을 주면 안 된다고? · 238 | 대중의 힘을 믿어라 · 240 | 진보, 이데올로기를 뛰어넘어라 · 243

우리는 왜 부자를 미워할까? —— 그들은 부자를 미워하지 않는다 · 245 | 미국과 쿠바의 공통점 · 248 | 열정! 코리아의 힘 · 250

절대선이라 믿어온 한국인의 민족주의 —— "나 암에 걸렸어…." · 252 | 한국인 신부, 베트남 신부 · 254 | 통치 이데올로기로서의 민족주의 · 257

멜팅 팟 vs. 모자이크 —— 따돌림 받던 그 아이의 선행 · 262 | 사대교린의 역사와 우스꽝스러운 순혈주의 · 264 도드라지지 말고 녹아들라고 강요하는 사회 · 267 | 대의를 위해 몇 사람의 목숨쯤은 희생시킬 수 있다? · 269 | 파키스탄에서 온 이메일 · 271

Part 5
나는 그저 나일 뿐, 그거면 충분하다 · 275

위선의 성性 ── 끝없는 사랑 · 277 | 아무도 말해주지 않았다 · 278 | 알면서도 모르는 척, 하면서도 안 하는 척 · 282 | 유서 깊은 위선의 전통 · 283

왜 섹스조차 이렇게 불평등하고 불합리한가? ── '쐐골주'의 풍경 · 286 | 10대의 자생적 성 학습 · 288 | 무지가 낳는 일탈 · 290 | 성인 남자에게만 유난히 관대한 '아랫도리' 문제 · 292 | 위선이 위선을, 왜곡이 왜곡을 낳는다 · 295

까놓고 논하자 ── 열여섯 살 춘향과 몽룡의 첫날밤 · 297 | 열한 살 아이에게도 콘돔을? · 299 | 현실에 맞는 성 가치관이 필요하다 · 302

참을 수 없는 결혼의 가벼움 ── 가족이 애인을 반대해서 · 305 | 부부는 무엇으로 사는가? · 307 | 사랑하는 두 사람의 결합 · 309 | 살아보지도 않고 결혼하는 게 더 무모하다 · 313 | "너나 잘하세요." · 315

축복받는 아이와 버려지는 아이 ── "아이를 낳고 싶어." · 318 | 축복받지 못하는 20만의 생명 · 319 | 혼외 출산을 축복하라 · 321 | 그저 각자의 삶의 형태일 뿐 · 324

새로운 세상을 위한 커밍아웃 ── 매춘은 OK? 동성애는 NO? · 326 | 내 주변에는 왜 동성애자가 한 명도 없나? · 328 | 당신들의 커밍아웃을 지지합니다 · 332

Epilogue
나는 '다른' 대한민국을 꿈꾼다 · 335

Prologue
{ 다른 대한민국을 향해!
변화는 이미 시작되었다 }

　나는 파란색을 좋아한다, 미친 듯이. 여자라는 게 싫었다. 닭을 삶으면 엄마는 닭다리 1개를 아버지에게, 나머지 1개는 남동생에게 주었다. 나에게는 닭 모가지를 주며, '그거 먹으면 목소리가 예뻐져 노래 잘하게 된다'고 했다. 찬밥이 남으면 누룽지와 끓여 엄마와 내가 먹고, 새로 지은 따뜻한 밥은 아버지와 남동생에게 주었다. 그래서 나는 부엌일을 거부하고, 닭 모가지와 누룽지를 싫어하며, 핑크색 대신 파란색을 미친 듯이 좋아하는, 드센 여자아이가 되었다.

　그렇게 나는, 사소한 일들에 상처받고 흥분하는 사람이었다. 그걸 숨기기 위해 '센' 척했고, 핑크색은 목록에서 아예 지워버리고 파란색만 고집하면, 뭔가 잘될 거라고 생각했다. 무슨 일이든 지독해야 한다고, 그렇게 세상을 까칠하게 대하면 나의 나약함들이 가려져 당당해질 수 있을 거라고 믿었다. 참 어리석은 사람이었다.

하지만 지독하게 노력해도 삶은 그다지 행복해지지 않았다. 세상은 성공하라면서 끊임없이 내게 라벨을 붙였고, 열심히 일하라면서도 조직의 힘에 굴복하기를 강요했으며, 두 가지의 양극단을 정해놓고 어느 편인지 대라고 자꾸 나를 윽박질렀다. 나는 반항하고 좌절하다 점점 헷갈리게 되었다.

이 글은 내 인생의 좌절 고백이다. 좋아하는 일을 미친 듯이 열심히 하고 살다 보면 성공할 거라 믿었던 한 조직사회 지진아의 좌절 고백이다. 그러면서도 그 조직사회에 '적응해야만 할 것 같다'는 강박에서 벗어나기 어려웠던, 구겨진 자존심을 안 보이게 땜질하는 데 익숙했던, 한 강박증 환자의 부적응 고백이다.

그런데, 그런 좌절이 나 혼자만의 것이 아니라는 것을 깨달았다. 그래서 이제 다른 사람과 내 생각을 나눌 수 있을 것이라고 믿는, 한국 사회 한 평범한 인간의 희망 고백이기도 하다.

세상이 변하고 있다. 사람들이 생각하는 방식이, 세상에 대해 느끼는 결이 바뀌고 있다. '다른' 대한민국이 점점 다가오고 있는 것이다. 그런데 그 변화의 실체가 잘 잡히지 않는다. 마치 도도히 흘러가는 강물을 손으로 움켜쥐는 것처럼. 이데올로기적 잣대로도, 정치경제적 논쟁만으로도 해석이 잘 안 된다.

그러나 자세히 살펴보면 그 변화는 이미 우리들의 삶 속에 있다. 한국 사회에서 부대끼며 살아온 우리들 각자의 경험 속에 있다. 그러니 그것을 들여다보아야 한다. 우선 나부터. 이 땅에서 40년을 산 내 경험들은, 내게 어떤 변화를 말하고 있는가?

　이 책은 누구도 생각하지 못한 것을 말하려는 게 아니다. 다섯 살짜리 어린아이부터 팔순의 노인까지, 한국 사회에서 부대끼며 살아온 모든 사람들이 다 경험하고 느꼈을 이야기를 하려 한다. 누구나 알고 누구나 느끼지만 굳이 그 지저분한 속을 끄집어내고 싶지는 않은, 입 밖에 내어 그게 현실이라고 명료하게 정리하고 싶지는 않은, 우리 사회의 불편한 터부들을 건드릴 것이다.

　이 책은 까놓고 펼쳐 보여줄 뿐, 결론은 내리지 않는다. 세상의 가치는 누군가 한 사람이 결론을 낼 수 없다는 게 내가 정말 하려는 이야기다. 그걸 인정하는 문화가 우리 사회에 절실하다는 이야기, 너무 쉽고 당연한 바로 그 이야기를 하려는 것이다. 서로의 '다름'을 인정하고, 다르다고 잘못된 게 아니라는 것을 받아들이며, 어떤 가치든 일단 존중해야 토론과 합의가 가능하다는 것…. 어쩌면 그것은 우리가 수십 년 동안 지독하게 추구해온 '민주주의'를 이루기 위한 기본이기도 하다.

　사람들은 종종 '이놈의 나라, 확 좀 바뀌었으면 좋겠다'고 말하면서, 막연하게 지금과는 '다른' 대한민국을 바란다. 나 역시 '뭔지 몰라도' 답답했다. '어떤 식으로든' 달라졌으면 좋겠다고 생각했다. 그러던 중 미국에서의 1년간의 연수. 나는 40년 만에 처음으로 내가 태어나고 살아온 대한민국을 비교적 오랫동안 벗어나 있었다. 그리고 그 바깥에서 내 생각을 정리했다. "아, 내가 바라던 그 뭔지 모를 변화가 바로 이런 것이었구나!"

　하지만 내가 여기서 변화를 말하는 방식이 그다지 유쾌하지만은 않을 수도 있다. 나는 공개적으로 떠들면 안 된다고 배운 금기, 숨기고 싶은 치부, 모른 척하고 싶은 현실을, 그저 있는 그대로 까발릴 것이기 때문이다. '우리가 정말 이런 곳에 살고 있나?' 하는 한숨이 절로 나올 수도 있다. 그러나 변화는 그렇게, 까놓고 말하고 대놓고 인정하고 저 속 깊은 곳에 있는 자신의 '진짜' 생각을 드러내는 데서부터 시작된다.

나의 체험에서 나오는 이야기가 많기에, 어떤 사례들은 좀 오래 된 것들도 있다. 그래서 이제는 좀 변하지 않았을까 생각된다면, 그 또한 맞다. 변화는 이미 시작되었기 때문이다. 우리는 지금 이 사회가 뭔가 다른 세상을 위한 마지막 진통에 들어갔다고 느끼고 있지 않은가? 물은 이미 끓기 시작했다.

또 한 가지, 여기서 언급되는 외국 사례들은 한국과의 비교를 위한 것일 뿐, 무조건 그들이 우리보다 잘하고 있으니 그대로 따라하자는 의미가 아님을, 지각과 양식을 갖춘 독자들이 나보다 더 잘 알 것이라고 믿는다.

묻고 싶다. 누구나 그저 똑바로 내가 될 수 있는, 누구나 담담히 나는 그저 나일 뿐이라고 말할 수 있는 사회를 어떻게 만들 것인가? 화끈하게 핑크색을 휘감는 데 굳은 용기를 내지 않아도 되는 그런 사회를 어떻게 만들 것인가? 이제는 임계점에 다다라 막으려 해도 막을 수 없는 '다른' 대한민국을 위한 에너지를, 어떻게 더 좋은 방향으로 승화시킬 것인가? 여러분과 함께 생각해보고 싶다.

Part 1

어느
조직사회 지진아의
좌절 고백

{ 야, 너 몇 살이야? }

그 청년은 왜 따귀를 맞았나?

'쩍벌남', 이거 진짜 싫다. 지하철 좌석에서 혼자서 양쪽 다리를 쩍~ 벌리고 앉아 있는 아저씨들. 얇은 옷을 입은 한여름에 부득이하게 살과 살을 맞대지 않을 수 없는 지하철 좌석에서 옆자리에 쩍벌남이라도 앉아 있으면 정말 곤란하다. 다리를 최대한 오므린다. 그 아저씨의 다리와 닿지 않도록. 그럴수록 그 아저씨는 더 쩍~ 벌린다. 만약 양쪽에 그런 쩍벌남이 앉아 있으면? 한마디로 '미친다.'

최근 유행하는 인터넷 동영상이 드디어 이 쩍벌남들을 심판했다. 쩍벌남들의 추태가 인터넷 동영상으로 공개되면서 네티즌들의 비난이 쏟아졌다. 정말 긴요한 생활 속 지하철 에티켓의 확립이다. 속이 후련하다.

그런데, 이어 고무된 한 젊은이가 이 쩍벌남에 대한 심판을 현실 속에서 실천하다 따귀를 맞았단다. 신문에 났던 기사다.

여자친구와 지하철을 타고 가던 20대 청년이, 여자 친구의 옆자리에서 쩍 벌린 다리로 여자 친구에게 불편을 끼치던 50대 아저씨에게 다리를 오므려달라고 요청했다가 시비가 붙어 욕설을 당하고 따귀까지 맞은 것이다. 한번 상황을 그려보자. 여기서부터는 상상이다.

"아저씨, 다리 좀 오므려주시면 안 될까요?"
"……." (갑자기 눈을 감고 조는 척한다.)
"저기요, 다리 좀 오므려주시면 안 될까요?"
"으흠흠." (대답은 안 한 채 큰 소리로 헛기침만 한다.)
"다리 좀 오므려주시라고요. 다른 사람들이 불편해하잖아요."
"졸린 데 귀찮게 뭐야? 뭐가 불편하다는 거야!"
"그렇게 다리를 벌리고 앉으시니까 다리가 닿잖아요?" (여자 친구가 거든다.)
"새파랗게 젊은 것들이 어디서 이래라 저래라야, 야, 너 몇 살이야?"

기자 생활 초기, 경찰 기자 시절에 새벽마다 경찰서 형사계를 돌았다. 서울 시내의 경찰서들을 몇 개씩 묶어 구역을 나눈 뒤 기자들에게 일일이 돌아다니며 사건을 체크하게 하는 것이다. 아무리 사건이 많은 경찰서라도 날이면 날마다 기사거리가 있는 게 아닌데도, 새벽마다 다 돌아야 했다.

형사계 입구 바로 앞에 있는 형사 당직 주임 자리에는 밤사이에 일어난 형사 사건을 간단히 기록해놓은 기록부가 있다. 매일 다니다 보면 형사들의 양해를 얻어 그 서류철을 뒤적일 수 있는데, 밤사이 사건이라는 게 대부분 자잘한 폭행 사건들이다. 그런데 이 폭행 사건들의 원인이 자못 재미있다.

'기분 나쁘게 쳐다봤다고 시비가 붙어 상호 폭행'
'주차 잘못해놓았다고 시비 붙어 상호 폭행'
'집 앞에 쌓인 눈 치우지 않았다고 시비 붙어 상호 폭행'

참으로 사소한 일로 시비가 붙고 결국은 폭행까지 한다. 그런데 이게 사소하지 않은 이유가 있다. 이 사소함이 폭행으로 발전하는 과정에 존재하는 한 가지 코드, 바로 '나이' 때문이다.

한국 사람들은 모르는 사람끼리 싸움이 붙으면 꼭 나이부터 물고 늘어진다.

"어디다 대고 반말이야?"
"나도 먹을 만큼 먹었어. 야, 너 몇 살이야?"
"젊은 놈('년'인 경우 사태 더욱 심각)이 어디다 대고 눈을 똑바로 뜨고 대들어?"

이렇게 나이를 걸고넘어지다 보면, 맨 처음 시비가 붙게 된 원인은 온데간데없고 결국 반말과 눈 부라림, 건방과 싸가지 문제가 주가 돼, 시시비비를 가리는 일은 사라지고 언쟁과 폭행만 남게 된다.

"나는 이래서 한국이 싫어!"

이런 지하철 쩍벌남들은 대개 중장년층의 남자들인 경우가 많다. 나이를 그쯤 먹었으니 지하철에서 다리를 쩍 벌릴 권리 정도는 한국의 장유유서 전통에 따라 당연히 있다고 생각을 하는 듯하다. 그러니 새파란 젊은 놈의 이래라 저래라는 그 내용의 정당성 유무를 떠나 건방져 나쁜 것이고, 사람 많은 지하철에서 젊은 놈이 나이 든 사람에게 입바른 소리를 해대니 연장자의 체면 차원에서도 도저히 묵과할 수 없는 일이 되고 만다. 당하는 젊은 놈 입장에서는 억울하기 짝이 없는 상황. 입바른 소리 한번 제대로 했다가 제대로 얻어맞고 만 것이다.

비슷한 시기에 회자되었던 지하철 동영상 시리즈 가운데, 나이 든 할머니와 시비를 벌이다 네티즌에게 판정패를 당했던 젊은 여성의 동영상도 있었다. 동영상 속에서 그녀는 "나는 이래서 한국이 싫어!"라고 외마디 비명을 지른다. 이런 일을 당하는 젊은 사람들 입장에서는 한국이 싫을 수도 있겠다. 나이 앞에서 합리성이 맥을 못 추니 부당하게 느껴질 수도 있겠고, 한국이 싫을 수도 있겠다.

그렇다면 그렇게 한국이 싫어지는 젊은이들은 이 장유유서의 불합리한 요소를 없애기 위해, 연장자들을 위한 권위주의 문화에 분연히 떨쳐 일어나 저항하고 있을까? 불행히도 그렇지 않다. 초등학생이고 대학생이고 다를 바가 없다. 선배에게 제대로 인사 안 했다고, 선배에게 공손하지 않았다고, 건방졌다고, 심지어 그냥 후배라는 이유로, 돈을 뺏고 집단으로 폭행하고 심지어 성폭행까지 하는 사건들이 터지고 있다.

물론 소위 '졸업빵'이라든지 그와 유사한 학교폭력 사건 같은 10대들의 일탈을 권위주의 문화만으로 설명할 수는 없다. 하지만, 선배와 후배라는 관계가 아이들 사이에서도 강력한 위계의 '질서'로 엄연히 작용한다는 사실마저 부인하기는 어렵다. 우리 사회에서는 아무리 어려도, 나이를 기반으로 한 비합리적 권위주의가 세대를 거쳐 지속적으로 학습되고 있는 것이다. 한국인들의 일상에서 드러나는 장유유서의 실제들이다.

장유유서長幼有序란 무엇인가? 유교의 기본 도덕윤리인 삼강오륜三綱五倫의 오륜 가운데 4번째 덕목으로 '나이 든 사람과 어린 사람 사이에는 차례와 순서가 있다'는 뜻이다. 우리에게 너무나 익숙하고, 누구나 잘 알고 있는 이 오륜의 덕목을 나는 왜 갑자기 끄집어내는가?

장유유서는 매우 예민한 주제다. 지금까지도 살아 활개치고 있는 유교적 윤리 규범들 대부분이, 장점과 단점을 동시에 갖고 있음에도 불구하고, 장점이 매우 크기에 존속돼야 하는 것으로 간주되어왔다. 하지만 생각해보자. 우리의 현대사에서 언제 어떻게 누구와 함께 그 규범들의 진의와 장단점에 대한 갑부와 논쟁이 행해졌는가? 삼강오륜의 하나하나를 지킬 것인가 말 것인가, 국민투표를 해본 적이 있었던가? 국민들이 그렇게 하자고, 계속 사회의 기본 도덕으로 받아들여 지키자고 합의한 적이 있었던가? 잘 모르겠다.

우리 사회의 해체되지 않은 권위주의

법이 아닌 문화적 규범의 예민함이 이런 것이다. 언제부터 누가 지키라고 했는지, 어떤 과정을 거쳐 사회가 그를 지키도록 합의했는지는 잘 모르겠지만, 태어날 때부터 사회 속에서 옳다고 배워온 것이니 그냥 그렇게 '옳은가 보다' 하고 인정한다.

때때로 그 규범의 합리성에 대해 의심이 가기는 하지만, 다른 사람들이 모두 옳다고 하니 그건 아닌 것 같다고 대놓고 도마질을 해대거나 맞짱을 뜨기도 어렵다. 괜히 계속 의심하다가는 본데없다는 소리나 듣고 이상한 사람 취급이나 받을 테니, 가능하면 마음속의 의심은 버리고 그대로 받아들이려고 애쓴다.

문제는 그러는 사이에 이 전통적 규범들이, 본질이 왜곡되고 다른 부정적인 요소들과 맞물려 끊임없이 잘못된 유산을 양산하면서도, 교정 받을 기회를 잃어버리게 된다는 것이다. 누구도 그에 대해 도마질을 하지 않고, 누구도 그에 대해 본질적으로 다시 평가해야 한다고 맞짱을 뜨지 않는 사이에 그 규범은 도그마가 된다.

그 여러 도그마 가운데, 나는 굳이 장유유서를 걸고넘어진다. 장유유서가 우리 사회의 권위주의적 문화, 상하 위계적 문화를 관통하는 핵심 코드라고 보기 때문이다. 조선시대의 국가주의 유교, 일제의 군국주의, 독재시대의 권위주의적 통치라는 한국 근현대사의 격변을 거치며, 우리들이 본질이라고 믿고 있는 이데올로기 투쟁, 민주주의 실현을 위한 투쟁 속에서도 기필코 살아남은 규범, 그게 바로 장유유서다. 나이와 세월에 의한 질서!

의심과 번거로움 속에서도 당당히 사회 속에 자리 잡고 있는 장유유서를 통해 나는 우리 사회의 해체되지 않은 권위주의를 본다. 권위주의 통치 체제가 없어져도 여전히 살아 꿈틀거리는 권위주의 문화, 유전보다 더 질긴 생명력을 갖고 있는 '문화'를 통해 생존하는 권위주의를 본다. 그래서 권위주의를 타파하자고 입에 거품을 무는 사람들도 감히 타파하자고 맞짱을 드지 못하는 장유유서를 도마 위에 올린다.

  장유유서가 과연 권위주의의 질긴 생존을 돕고 있는가? 그래서 우리가 장유유서에 유죄 판결을 내릴 수 있는가? 지금부터 배심원이 되어 함께 생각해보자.

{ 나는 싸가지 없는
　　　　　후배였다 }

조직 위계의 비밀스러운 논리와 질서

　나는 '싸가지 없다'는 말을 싫어한다. 사실은 내가 이 '싸가지 없다'는 소리를 곧잘 듣는 장본인이었기 때문이다. 어려서부터 눈치 없이 입바른 소리를 잘하는 데다, 대세 파악에 서툴러 안 해도 될 말을 굳이 하곤 한다. 친하지도 않은 연장자한테 '싸가지 없다'는 말을 직접적으로 들었던 기억이 생생하다.
　대학원 시절 다니던 수영학원에서 같은 클래스의 최연장자였던 여성 수강생이(사적인 집단에도 이렇게 '왕'언니, '맏'형 노릇을 자처하는 구성원들이 꼭 있다) 한 달이 다 돼갈 무렵 돈을 조금씩 걷어 수영강사에게 선물을 해주자고 제안했다. 나는 즉각 이렇게 물었다.
　"왜 선물을 따로 해야 하죠? 우리는 학원비를 냈고, 수영강사는 월급을 받고 가르치는 거 아닌가요?"

그러자 그녀의 대답.

"너는 왜 그렇게 싸가지가 없니?"

헉! 평소에 날 두고 뒤에서 '건방지다'는 소리를 하는 사람들이 있는 줄은 알았지만, 이렇게 별로 친하지도 않은 사람한테 대놓고 '싸가지 없다'는 소리를 들으니 충격이 적지 않았다. 많지 않은 돈이어서 그냥 내고 말았지만, 지금 생각해도 돈을 그냥 낸 건 이 '싸가지 없다'는 말이 가져온 심리적 충격 때문이 아니었을까 싶다.

사회부 시절이었으니, 입사한 지 2~3년쯤 되었을 때다. 방송기자는 리포트를 만들 때 카메라 기자와 반드시 함께 나가야 한다. 화면이 없으면 리포트가 안 되니 말이다. 입사 초기에 나는 카메라 기자들의 기피 대상 기자 중 하나였다고 한다. 이것저것 요구하는 건 많은 데다 여자 후배다운 애교라곤 찾아보기 어렵고, 나이도 어린 게 자기 주장만 강한, 뭐 그런 종류의 깔깔한 인간 취급을 받은 것이다.

한 번은 나보다 입사가 몇 해 빠른 카메라 기자 선배와 함께 수도권의 어느 사건 현장에 취재를 간 적이 있었다. 공기업과 관련된 문제였는데, 이 공기업 관계자들이 이리 빼고 저리 빼면서 현장을 공개하지 않았다. 촬영이 안 되니 문제를 해결하느라 취재차량 안에서 여기저기 전화를 돌리던 중이었다. 잠시 카메라 기자와 상의해야 할 일이 생겨 차량 안의 조수석에 앉은 채로(계속 통화를 하던 중이었고 차 안의 소리는 밖에 들리지 않을 것이므로) 손짓으로 선배를 불렀다.

이게 문제였다. 그 선배는 후배가 감히 선배를 손짓으로 불렀다고,

나를 싸가지 없는 후배로 낙인찍었다. 그 뒤로 그 선배는 내 인사를 받지 않았다. 선배들을 보면 후배들은 고개를 숙여 인사를 하는데, 내가 인사를 해도 그냥 못 본 척 지나쳐버리는 것이다. 손짓을 해서 부른 게 그렇게 납득 못할 사건인가? 다소간의 억울함도 있었고, 그 선배를 찾아가 '잘못했어요.' 하고 무릎 꿇을 의향도 없었던 나는 달리 문제를 해결할 방법이 없었다.

그래도 할 일은 한다. 인사를 받든 말든 나는 그 선배를 볼 때마다 계속 인사를 했다. 그건 내가 할 일이니 그것만은 계속할 수 있다고 생각한 것이다. 사실 나는 그 선배를 존경했다. 정말 일을 제대로 하는 선배였다. 비록 손짓으로 선배를 부른 '싸가지 없는' 후배였더라도 나는 직업정신이 투철한 그 선배를 존경했다. 그러기를 1년. 1년이 넘어서야 그 선배는 내 인사를 다시 받기 시작했다.

이처럼 나는 뭔가 부적응형 인간이었다. 특히 이 회사라는 조직에 들어오고 나서, 나는 나 스스로의 사회 부적응증에 갑작스럽게 직면하게 되었다. 조직 위계의 최말단, 신참의 생활 자세가 무엇인지 나는 전혀 이해하지 못하고 있었다. 회사에 들어왔으니 그저 일만 잘하면 되는 건 줄 알았다. 조직에는 일보다 더 중요한, 아니 일을 오히려 너무 열심히 해서도 안 되는, 그런 비밀스러운 논리와 질서가 있다는 사실을 나는 전혀 깨닫지 못하고 있었다.

"박에스더는 동기도 물 먹인다며?"

좌충우돌하던 수습기자 시절 에피소드다. 입사 초기 수습기자 시절에 나는 강남 라인에 배치돼 새벽 4시 반부터 서울 강남 지역의 경찰서들을 돌면서 사건을 체크했다. 입사 동기가 많았던 우리 동기들은 서울 시내 경찰서들을 몇 개씩 묶은 구역, 일명 '라인'에 2명씩 배치됐다.

강남 라인은 그중 가장 사건이 많은 라인이다. 강남 라인의 선배는 나와 남자 동기 두 수습기자에게, 한 사람은 강동 경찰서부터 돌아 서초 경찰서에서 보고하고, 한 사람은 서초 경찰서부터 돌아 강동 경찰서에서 보고하라고 지시했다. 서로 공유하지 말고 각자 돌고 따로 보고하라는 뜻이었다. 나는 선배의 이 지시를 곧이곧대로 따랐다. 강동서에서부터 시작해 송파서, 강남서를 거쳐 마지막으로 서초서까지 사건을 체크하고 선배에게 보고를 했다. 강남 라인이 워낙 넓은 탓에 나는 그 새벽에 그 동기를 만날 일이 거의 없었다.

그런데 얼마 지나지 않아, 나와 관련해 타사 기자들에게 알려질 정도로 나쁜 소문이 동기들 사이에 돌았다고 한다. 나는 그 얘기를 몇 년에 걸쳐 조각조각 전해 들었기 때문에(사람들은 뒤에서 욕을 하지 앞에서 욕을 하지는 않는다) 한참이 지나서야 그 얘기들을 꿰어 맞출 수 있었다. 한마디로 "박에스더는 동기도 물 먹인다며?"라는 얘기였다고 한다.

'물 먹인다'는 것은 보통 경쟁 언론사들 사이에서 한 언론사의 기자가 특종을 해 다른 언론사의 기자들을 곤란에 빠뜨리는 상황을 설명하는 은어다. 그 당시 내가 동기를 물 먹였다는 의미는, 함께 강남 라인을 담당했던 동기가 모르는 사건을 내가 혼자만 보고해서 그가 선배로부터 질책을 받게 만들었다는 얘기일 것이다.

아니, 이걸 어떻게 받아들여야 하나? 선배는 분명 따로 돌고 따로 보고하라고 했고, 나는 그 동기를 경찰서에서 만난 적도 없는 상황에서 그냥 보고를 했을 뿐인데, 나는 나 혼자 잘하려고 동기를 물 먹이는 애가 돼버린 것이다. 나로서는 참으로 억울한 상황이었다. 어쨌든 이게 나의 조직생활 부적응증의 단면을 보여주는 에피소드다.

하나만 알고 둘은 몰랐다

선배들이 모여 있는 1진 기자실에서는 웬만한 자잘한 사건사고들은 다 공유된다. 이제 기자생활을 갓 시작한 각 사의 수습기자들이 보고한 사건사고들 가운데 뭐 그리 대단한 사건들이 있다고 기자실에 오순도순 모여 있는 1진 기자들이 그걸 비밀로 했을까(물론 진짜 단독, 특종인 경우에는 말하지 않는다). 그러니 나도 종종 선배로부터 "야, ○○서에 뭐 있다는데, 왜 보고 안 해? 너는 몰라? 제대로 좀 챙겨. 빨리 알아보고 다시 보고해."라는 질책을 들었다. 수습기자를 훈련시키는 방식이다. 어쨌든 그때는 그런 기자실의 생리를 알 턱이 없으니 앉아서 천리를 보는 선배들이 어지간히 위대해보였다.

그런데 나도 똑같이 당한 선배의 그런 질책에 대해 같이 강남 라인을 돌던 남자 동기는 더 스트레스를 받고 더 참기 어려웠던 모양이다. 그렇다고 그가 나한테 "우리 서로서로 챙긴 거 공유할래?" 하고 물은 적은 없다. 우리는 아마 둘 다 "왜 그걸 못 챙긴 거야? 내일은 더 열심히 돌아야지. 하나도 빠짐없이 챙길 테다!"라며 매일 더 열심히 할 것을 스스로에게 다짐했을 것이다. 거기까지는 똑같다.

하지만 그에게는 나와 다른 점이 한 가지 있었다. 그는 때때로 그런 얘기들을 다른 남자 동기들과 나누면서 스트레스를 풀었던 것이다. 나는 그저 혼자 분발하려고만 애썼다. 누가 틀렸을까? 분명히 내가 틀렸다. 이 한국 사회의 조직에서는 말이다.

바닥부터 꼭대기까지 위계질서가 빽빽한 조직사회에서 최말단의 신참들에게는 두 가지의 기본 원리가 있다. 한 가지는 수직 질서의 원리인 '선배들에 대한 복종'이고, 또 다른 한 가지는 수평 질서의 원리인 '신참들끼리의 협력과 공감대 형성'이다. 나는 이 수평 질서에 대해 전혀 이해하지 못하고 있었다. 하나만 알고 둘은 몰랐던 것이다. 이 얼마나 오묘한 조직의 질서인가.

그런 일들을 당하면서 살펴보니, 남자 동기들은 소리 없이 조직생활을 잘하는 것 같았다. 뭘 하고 싶다고 나서지도 않고 튀지도 않는데, 선배들은 남자 동기들을 믿고 더 중요한 일을 맡기곤 했다. 나는 죽어라고 이거 해야지 저거 해야지 혼자 골머리를 앓고 다녀도 '튄다'는 소리나 듣지 '조직에 필요한 사람이야' 하는 소리를 듣기는 어려웠다.

물론 남녀 차별의 문제도 있다. 당시만 해도 여기자가 절대적으로 적었던 기자 사회에서 여자들을 믿고 중요한 일을 자발적으로 맡기는 윗사람들은 드물었다. "기자질은 기본적으로 남자 일이야."라고 대놓고 공언하는 선배가 있었는가 하면, 9시 뉴스의 톱 리포트(첫 번째 리포트)를 내가 하게 되자 편집주간이 부장에게 와서 살짝 이런 말도 했다. "9시 뉴스인데 톱부터 여자가 리포트를 하면 이게 좀…. 사건의 중요성이 잘 전달 안 되지 않겠어?" 결국 내가 쓴 원고를 남자 선배가 읽어 톱 리포트를 하고, 나는 선배가 취재한 그다음 리포트를 했다. 지금 생각하면 믿거나 말거나 수준의 기상천외한 일까지 일어나던 시절이었다. 고작 15년 전인데 말이다. 여기자들은 가만히 있으면 중요한 일이 맡겨지지 않고, 뭘 좀 하겠다고 나서면 튄다는 소리를 들어야 했던 시절이다.

  하지만 그런 차별을 차치하고서라도 모든 일에 적극적이고 뭘 해야겠다고, 뭘 하고 싶다고 '나서길' 좋아했던 나는, 업무적인 성과들과 무관하게 남자 동기들의 표적이 되곤 했다. 그렇게 된 데는 여자라는 이유만으로 설명이 되지 않는 뭔가가 있었다. 나 말고 다른 여자 동기들은 나름대로 조직에 잘 적응해나갔기 때문이다. 나 같은 종류의 사람들에게는 체화되지 않았던 뭔가가 있었다. 대체 그게 무엇일까?

"군대 안 갔다 온 놈하고는 얘기도 하지 마!"

"군대 안 갔다 온 놈하고는 얘기도 하지 마!"

대학 시절, 군대를 갔다 온 이른바 예비역들이 입에 달고 다니던 말이다. 대한민국 남자라면 다 가는 군대가 대체 무엇이기에, 안 갔다 온 놈이랑은 말도 섞지 말란다.

군대, 대한민국 남자가 국방의 의무를 다하는 곳이다. 그런데 군대에는 그보다 더 중요한 의미가 있다. 바로 대한민국 남자를 '사람'으로 만드는 곳이기 때문이다.

대한민국 남자들은 군대에 갔다 와야 비로소 사람이 된단다. 사람이 배워야 할 걸 거기 가서야 제대로 배우고 온다는 말이다. 군대에서는 뭘 가르치나? 나라의 방위를 위해 전쟁을 잘하는 법을 가르치겠지? 하지만 군대는 그보다 훨씬 중요한 걸 가르친다.

  첫 번째는 명령에 복종, 무조건 복종하는 자세다. 군대는 토론을 하는 조직이 아니다. 생사가 걸린 전쟁터에서 아래로부터의 의견 수렴 같은 것은 통하지 않는다는 게 군대의 논리다. 일단 명령이 떨어지면 목숨을 걸고 그 명령을 수행하는 것, 그걸 가르치는 곳이 군대다.

  그리고 한 가지 더, 이른바 '공동 운명체' 의식을 배운다. 조직이 한 덩어리로 돌아가는 군대에서 '너의 죽음은 곧 나의 죽음'이다. 즉 개인을 개인 자체가 아니라 조직에 속한 조직원으로 사고하는 법을 배우는 것이다.

  당시, 대한민국 땅에서 26년을 살았어도 '조직 지진아' 박에스더가 도무지 배우지 못했던 두 가지 논리는, 첫째는 상명하복, 둘째는 상하 위계질서에서 아랫사람의 생존법이었다. 남자들은 군대에서 이 두 가지를 동시에 배웠던 것이다.

  이렇게 군대라는 '조직 학교'를 다녀온 한국 남자들은 상명하복의 위계질서를 당연한 것으로 받아들인다. 그래서 윗사람들의 권위주의에 대해 바람직한 것까지는 아니더라도 조직의 안정을 위해 불가피한 것으로 인식하고, 그 안에서 아랫사람들이 생존하는 방법은 무조건 적극적이거나 능동적인 것이 아니라는 사실도 안다. 조직의 기존 질서와 안정을 해치지 않는 범위 내에서 '적당히', '눈치껏', '튀지 않게'라는 오묘한 생존법을 군대에서 체득했기 때문이다.

  문제는 이런 군대 문화가 우리 사회 모든 조직의 일반적 문화가 되어 왔다는 것이다. 그러므로 굳이 군대를 다녀오지 않더라도 그 문화를 학습할 기회는 많다. 대표적 공간이 바로 중고등학교 동창회 조직이다.

나는 지방의 아주 평범한 고등학교를 졸업했다. 서울에 있는 대학들에 입학하는 학생이 소수였기 때문에 고교 동기 중에 나와 같은 대학에 입학한 학생이 없었음은 물론, 위로도 아래로도 없었다. 그래서 동창회 활동이라는 게 없었다. 그러고 보니 내가 조직 부적응증을 앓게 된 게 심지어 동창회 소속 경험조차 없었기 때문이 아닐까 싶다.

그런데 전통이 있는 명문고교를 나온 친구들에게 이 동창회의 영향력은 꽤 강력했다. 신입생 환영회부터 수강 신청과 서클 선택, 하숙집 구하기, 이사 돕기까지 회원들의 대소사를 살뜰히 챙기는가 하면, 졸업한 선배들은 장학금을 만들어 후배들에게 전달하고 시시때때로 찾아와 술까지 사준다. 대신 선배들의 말을 거역하는 것은 절대 금물이다. 선배는 후배를 챙기고, 후배는 선배에게 절대 대들지 않는 '미풍양속'이 이 동창회 조직을 우지시키는 기본 원리였다.

사회에 나오면 동창회 같은 조직들이 직장별, 직업별, 직능별로 무수히 발달한다. 이런 문화를 일상에서 끊임없이 경험하는 사람들에게, 직장에서의 권위주의적 문화는 마치 물고기가 그저 이 물에서 저 물로 옮겨가며 헤엄치듯 자연스러운 것일 게다.

술 잘 마시는 여기자

사회부 기자 시절 이야기다. 최소한 열흘에 한 번씩은 밤을 꼬박 새는 야근을 해야 했다. 3명의 기자가 밤사이 서울과 경기도 전역에서 발생하는 사건사고를 모두 체크하고 아침뉴스 리포트를 만들었다. 거의 잠을 잘 수 없는 일이다.

그날도 그렇게 꼬박 밤을 샌 뒤 집에 돌아가 곯아떨어졌다. 보통 때 같으면 아침이라도 먹고 잤을 텐데, 그날은 너무 피곤했는지 그냥 잠이 들었다. 그리고 그날 저녁, 취임한 지 얼마 되지 않은 보도본부장이 주최하는 사회부 전체 회식이 있었다. 나는 무려 20시간 이상 비어 있던 위장을 그대로 안고 회식 자리에 참석했다.

보도본부장은 입사 1~2년차 사회부 기자들을 죽 앉혀놓고 폭탄주를 돌리기 시작했다. 한 순배, 두 순배, 세 순배…. 위장이 쪼그라들 듯이 배가 고프던 차, 나는 고기를 우걱우걱 먹고 폭탄주를 척척 받아마셨다. 여기자가 워낙 드물었던 때라 본부장은 내게 오히려 술을 더 권했다. 그렇게 일고여덟 잔쯤 마셨을까, 갑자기 배가 뒤틀리듯 아프기 시작했다. "아, 아!" 하고 소리를 내야 할 정도로 배가 아팠다. 술자리가 벌어지던 방을 나와 데굴데굴 구르던 나는 결국 난생 처음으로 응급실로 실려갔다. 급성 위경련이었다. 20시간이나 비어 있던 위장에 기름진 고기와 폭탄주를 들이부었으니 위장이 배겨낼 리 없었다.

나는 원래 술을 그리 잘 마시지 못한다. 소주 두어 잔만 들어가도 금세 얼굴이 빨개지고 몸이 달아오른다. 한 병을 채 다 마시기도 전에 위장과 대장이 반응해 정신이 멀쩡하더라도 속에서 먼저 탈이 나곤 한다. 하지만 입사 초기 나는 술 잘 마시는 여기자로 통했다. '여자라서 안돼!'라는 말이 죽기보다 듣기 싫었던 때다. 폭탄주 예닐곱 잔은 보통으로 받아마셨다. 그 시절의 폭탄주는 지금처럼 양주와 맥주가 반 잔씩 사이좋게 들어간 5 : 5 비율의 합리적인(?) 폭탄주도 아니었다. 거의 10 : 10, 즉 꽉 채운 양주 1잔을 맥주잔에 빠뜨린 뒤 맥주를 가득 채운 폭탄주로 그야말로 원조 폭탄주였다. 그 술을 어떻게 받아마셨나? 폭탄주 순배에서조차 결코 열외가 되고 싶지 않았기에, 뒤틀리는 속과 어질어질한 머리를 참고 참아가며 마셨다. 그야말로 '악으로 깡으로'다.

마치 전투를 치르는 것 같았던 회식 자리의 폭탄주 돌리기. 나는 이 폭탄주 문화가, 우리 생활 곳곳에 스며 있는 군대식 조직 문화를 보여주는 좋은 예라고 생각한다.

폭탄주 정치학

폭탄주는 상명하복의 질서 속에서 폭음을 조직화하고, 조직의 권위주의적 생리를 체질화하는 일종의 의식이다. 보통 모임의 최연장자, 즉 위계의 맨 위를 차지하고 있는 자가 최초의 폭탄 제조와 분배라는 '병권'(아시다시피 폭탄주 관련 용어는 다 군대 용어다)을 쥐게 된다. 폭탄을 제조해 일단 자신이 한 잔을 마셔 본을 보인 뒤, 연달아 폭탄을 제조해 차례로 아랫사람에게 하사한다. 아랫사람은 폭탄을 받는 즉시 잔을 들어 단숨에 비워야 하며 다른 사람들은 이에 박수를 친다. 마치 충성 맹세 서약식 같은 분위기다. 공개적이며 예외가 없다.

두어 순배를 돌면 병권을 쥔 연장자는 다른 사람에게 병권을 인계한다. 병권의 이양 자체가 최연장자의 권의 하에 이뤄진 만큼 그 다음 병권을 쥔 자는 연장자의 권위를 이식받아 똑같은 의식을 진행한다. 아,

이 얼마나 절도 있고 질서정연한 음주 문화인가.

이렇게 폭탄주를 돌리면서 윗사람은 아랫사람에게 훈계를 한다. 조직의 기본은 이런 상하 위계이며, 너희들은 마치 폭탄주를 받아마시듯 내 말을 거역해서는 안 된다는 뜻이다. 아랫사람은 술에 취해 업무적 스트레스를 해소하면서, 동시에 뭔가 조직의 그늘 안에 들어온 듯한 안정감, 조직의 보호를 받는 듯한 안전한 느낌을 갖는다. 뭔지 모를 일체감마저 느낀다. 취중 일체감이다. 그러는 가운데 상명하복의 문화는 알코올처럼 슬며시 우리 몸 안에 스며들어, 우리 안에 있던 권위 저항적이고 불손한(?) 합리주의를 사그라지게 하고 있는 것은 아닐까?

얘기가 나온 김에, 밥 자리 얘기도 해보자. 법조팀에 있을 때 서울지검 OO부 검사들, 대검 OO부 검사들과 간혹 식사를 하곤 했다. 대여섯 명으로 이뤄진 법조팀과 OO부 검사들의 단체 식사다. 그런데 이 식탁의 자리 배치가 자못 흥미롭다. 남북 장관급 회담 같은 걸 연상하면 된다. 기다란 식탁의 양쪽으로 가운데 자리에 OO부 부장검사와 우리 법조팀장이 마주보고 앉는다. 그 양옆으로 연배에 따라, 나이나 경력, 직급 순으로 착착 앉고 나면, 당시 막내였던 나는 맨 가장자리에 앉았다.

나는 그 식사 자리에서 주문 외에는 단 한 마디도 안 한 적이 많다. 대화는 부장검사와 법조팀장만 하고 나머지는 듣기만 한다. 물론 얘기에 집중하는 척하며 진지한 표정을 짓고, 가끔 고개를 끄덕이거나 적절한 타이밍에 웃어주는 것은 잊지 말아야 한다.

정치부에 있을 때 국회의원과 만날 때도 마찬가지였다. 다만 정치부에 있을 때는 내가 최고 연장자는 아니어도 비교적 위쪽 연배에 속해 가장자리에 앉지도 않았고. 대화를 몇 마디 거들 수도 있었다. 그때도 맨 가장자리에 앉은 후배들은 늘 조용했다.

이런 식사는 남북 장관급 회담이 아니다. 무슨 결정적으로 중요한 담판을 짓는 자리도 아니다. 그런데도 우리는 일상의 식사 자리에서도 그렇게 철저히 위계를 지킨다. 그런 거 제대로 안 지키고 선배들을 무시한 채 혼자 나대다가는 '싸가지 없다'는 소리 듣기 딱 좋다.

위계를 벗어난 강의실 풍경

그렇다면 이것은 만국 공통의 당연한 문화인가? 그렇지 않은 게 확실하다.

미국 연수 중 대학원 강의실의 풍경은, '미국 애들은 싸가지가 없을 것'이라 짐작했던 나에게도 꽤 충격적이었다. 우선 토론이 매우 자유롭다. 같은 학생들 사이에서는 대학원에 들어온 연차나 나이 같은 것은 결단코 고려 대상이 아니다.

물론 교수는 가르치는 사람이자 평가자이고 대학원생들은 배우는 사람이자 평가를 받는 사람이기 때문에 수업시간에 그 논리에 따른 일반적인 질서는 유지된다. 하지만 교수는 학생들을 독립된 의견을 가진 인격체이자 같은 연구를 하는 학자로서 대우해준다. 그래서 수업이 끝나면 칠판을 지우거나 컴퓨터를 정리하는 것도 교수의 몫이다. 그것도 교수의 업무 영역이라고 보기 때문이다. 학생들은 그냥 휙 나간다. 우리나라처럼 수업이 끝나면 교수가 나가길 기다렸다가 학생들이 칠판을 지우고 정리하는 모습은 찾아볼 수 없었다. 대학원생 조교들을 비서 정도가 아니라 생활 도우미처럼 부리는 한국의 일부 교수들과 비교해보면 영 다른 문화다.

중요한 것은 이런 문화 덕분에 교수들과 학생들 사이에 진정한 토론이 가능해진다는 것이다. 한 번은 교수가 새로 쓰고 있는 연구서적의 내용 일부를 나눠주고 읽어보게 한 뒤 학생들에게 의견을 물었다. 교수는 학생들의 의견 하나하나에 귀를 기울였다. 자신의 학설을 보호하려고 변명을 하거나 학생들의 소소한 의견들을 무시하기보다, 어떤 의견이든 참신하고 좋은 의견이라며 진지하게 메모를 해갔다. 학생들은 마치 학술지에 나온 전혀 모르는 학자들의 논문을 평할 때처럼 거침이 없었다. 가령 이런 식이다.

"이런 건 좋네요. 그런데 이 부분에서는 좀 다른 시도가 필요한 것 같습니다."

헉, 칭찬이나 아부가 아니라 '지적질'까지 하고 있다. 위계를 벗어난 생활 문화 때문에 위아래 구분 없는 자유로운 토론이 가능한 것이다.

그렇다면 장유유서와 권위주의는 분리해서 봐야 할까? 하지만 일상 문화 속에서 학생들을 아랫것이나 생활 도우미로 대우하지 않기에, 학술적인 토론에서도 자유롭고 독립적인 의견 개진이 가능해지는 것은 아닐까?

장유유서와 권위주의를 분리하는 게 왜 말처럼 쉽지 않은지, 이제부터 그 이유를 알아보자.

"찬 물에도 위아래가 있거늘."

유교적 윤리 규범들을 비판하면 유학자들은 반발한다. 장유유서라는 개념 자체가 잘못된 게 아니라 그게 잘못 적용되고 있을 뿐이라고 말이다. 장유유서란 원래 비합리적인 권위주의의 근거가 아니라 '모든 인간은 자연이 부여한 질서인 나이 이외에, 부나 사회적 지위와 같은 어떤 후천적인 것에 의해서도 차별을 받지 않아야 한다'는 정신을 담고 있다며, 오히려 현대의 물질 문명사회에서도 예를 지키게 해주는 원리라고 항변하기도 한다.

하지만 장유유서가 원래 어떤 개념이었는지는 이미 논쟁의 대상이 아니다. 그러기에는 장유유서를 사람들이 너무 잘 이해하고 있다. 이미 다른 방식으로 우리 사회에 뿌리를 깊게 내렸다는 말이다. 사람들이 이해하는 장유유서의 의미는 아주 단순하다. "찬물에도 위아래가 있다"와 "야, 너 몇 살이야?"가 이를 잘 대변해주고 있지 않은가.

또한 유교적 윤리 규범들의 정신이 본래 아무리 좋은 의미였다고 해도, 평등과 자유 등 자유민주주의 사회의 기본 가치들과의 대립은 불가피하다. 유교 자체가 모든 인간을 평등하게 보기보다 구별과 질서를 강조하기 때문이다.

유교는 우주 만물에 본래적으로 구별과 질서가 있다고 본다. 그 기본은 위의 지위인 양과 아래의 지위인 음이다. 이 음양의 질서는 인간 사회를 맨 꼭대기의 군주에서부터 최말단의 노비에 이르기까지 신분의 질서에 따라 위계화하고, 향촌에서는 연령대별 위계를, 가정에서는 부모,

부부, 형제 사이의 위계까지 세분화한다. 이 음양의 질서에서 윗사람은 결정권을 쥐고 아래를 교육시키는 권력자가 되고, 아랫사람은 위를 받들고 따르는 종속적 존재가 된다. 그런 의미에서 유교는 상대적 종교가 아니라 절대적 종교다. 이럴 수도 있고 저럴 수도 있는 게 아니라, 질서가 규정돼 있고 그 질서에 따라 인간이 지켜야 할 도리가 도출되고 그를 모두가 따르도록 강제하는 것이다.

그래서 유교의 사회적 핵심 기능은 교화다. 음양의 질서에 따라 지켜야 할 규범이 이미 정해지고, 모든 백성들에게 그를 잘 따르도록 가르치는 게 유교 사회에서 국가와 유학자, 윗사람들의 역할이다. 민중은 결정하거나 깨닫는 존재가 아니다. 그저 배우고 따르는 존재일 뿐이다.

그러한 유교는 조선의 통치 이념이 되었다. 이 국가주의 유교는 조선 후기로 갈수록 많은 도전에 직면한다. 부패하고 무능한 왕정은 외적으로는 외세의 침략, 내적으로는 민중들에 의해 도전받고, 중국에서는 서양의 이념까지 접목된 실용적 학문이 넘어오고, 모든 인간이 천주 아래서 평등하다는 천주교 교리까지 전파된다.

하지만 조선은 통치 이념을 개혁하기보다 '예'를 강조하는 주자학을 받아들여 유교의 생존을 도모한다. '주자가례'로 상징되는 조선 후기의 유교는 백성들의 세세한 생활규범까지 하나하나 규정해, 조선의 유교는 유교가 발원한 중국보다도 더욱 강력한 규범적 문화로 우리 사회에 자리 잡게 된다.

우리 사회에 잔존한 유교적 생활규범들이 한민족의 반만년 역사 속에서 유유히 계승된 것이라고 생각한다면 착각이다. 신분이 철저히 '세습'되는 가운데 사회의 극히 제한된 계층에게만 과거 제도를 통한 출사,

즉 신분의 상승을 허락하고, 장자 상속을 제도화하고, 이혼 뒤 재가를 금지할 정도의 강력한 사회 규범이 일상화된 것은 기껏해야 500년도 안 된다. 게다가 주자학이 생활규범으로 세밀히 발전한 조선 후기에 자리를 잡았으니 겨우 200~300년의 역사를 가진 것에 불과하다. 하지만 한중일 3국 가운데서도 가장 철저한 생활규범을 발전시킨 조선의 유교는 21세기를 살아가는 한국인의 현재 생활까지 영향력 하에 둘 정도로 강력하다. 근현대사의 격변에도 불구하고 유교적 규범들이 오롯이 살아남은 기반은 무엇인가? 우리의 슬픈 근현대사가 유교적 규범과 딱 맞아떨어졌기 때문이다.

장유유서를 먹그 자란 권위주의

사무라이 정신을 기반으로 한 일본의 군국주의 시대부터 시작되어, 대한민국이 건국된 이후에도 1987년 절차적 민주주의가 쟁취되기까지 40여 년간 지속된 이 권위주의 통치체제는 유교적 규범들과 궁합이 아주 잘 맞았다. 위에 있는 자들은 강력한 권위로 아래를 통제하고 찍어 누르길 원했고, 그러한 권위주의를 존속하는 데 위아래의 구별과 질서를 강조하는 유교 문화만큼 큰 도움이 되는 게 있었겠는가.

박노자 교수는 저서 《당신들의 대한민국》에서, 박정희 정부가 이순신을 신격화하여 '충' 이데올로기를 설파한 것은 민족주의를 자극해 모든 사람들이 국가의 지배층에 맹종하게 만들려는 시도였다고 분석한 바 있다.

자유민주주의 국가를 표방했던 한국의 독재 권위주의 정부들은, 실제로는 자유민주주의를 실현할 필요가 없었다. 그들은 개인의 평등과 자유 같은 자유민주주의의 기본적 가치들을 국민들에게 일깨울 필요가 없었다. 그저 개인을 국가, 조직, 향촌, 가족의 한 부속품으로 사고하게 하는 유교 문화적 잔재가 그대로 존속돼, 자신들의 통치를 정당화하는 데 도움이 되도록 시시때때로 도덕을 찬양하며 내버려두면 되었다.

그 결과는 어떠한가? 1987년 민중 항쟁에 의한 직선제 개헌 쟁취 이후, 권위주의 통치체제를 타파하기 위한 제도적 개선은 꾸준히 이루어져왔다. 하지만 통치 시스템이나 법제도가 바뀌어도 쉽게 변하지 않는 게 있다. 바로 문화다. 사고와 생활방식을 틀어쥐고 있는 문화는 하루아침에 바뀌지 않는다.

많은 사람들이 이미 오래 전에 유교는 죽었다고 선언했다. 근본적으로 민주주의와 대립할 수밖에 없는 순서의 철학, 유교가 학문적, 논리적으로는 죽었는지도 모르겠다. 하지만 한국 사회에서 문화로서의 유교는 죽지 않았다. 그 가운데서도 장유유서를 꼭 집어든 이유는, 장유유서가 권위주의적 문화, 상하 위계적 문화를 존속시키는 데 가장 일반적인 규범이기 때문이다. 효나 충까지도 확장될 수 있는 기본적 코드가 장유유서이기 때문이다.

{ 위아래는 확실하게? }

나의 미국인 '베프'들

수잔은 예순 살, 돈은 일흔한 살이었다. 미국에서 만난 나의 '베프(best friend)'들 얘기다. 미국에 연수를 와보니 생각보다 언어 문제가 쉽지 않았다. 한국에서 영어권 원어민과 1:1 회화도 적잖이 했었지만, 나의 얘기를 자상히 들어주는 그들과 나누던 대화와, 자기들끼리 되는 대로 얘기하는 미국 내 현지인들의 일상어를 알아듣는 것은 완전히 달랐다.

미국에서 다닌 대학의 언어학과에서는 나 같은 외국 학생이나 방문 학자들에게 평생학습원의 수강생 중 자원자를 받아 1:1 영어 대화 상대를 연결시켜주었다. 이 평생학습원의 수강생들은 대개 은퇴한 60~70대의 노인들이다. 나는 거기서 수잔과 돈을 만났다.

수잔은 환갑을 넘긴 은퇴한 공무원이다. 이혼한 지 1년밖에 되지 않았던 수잔은 혼자 살게 된 자신의 인생에 대한 고민을 스스럼없이 털어놓았다. 우리는 맛집을 함께 찾아다니고, 가족의 선물을 고르기 위해 쇼핑을 했으며 집에서 촛불을 켜놓고 밤새 수다를 떨곤 했다. 한국에서는 동년배의 친구들하고만 할 수 있던 일을 나는 나의 엄마와 비슷한 나이의 그녀와 했다.

71세의 은퇴한 변호사 돈은 어느 날 〈뉴욕타임즈〉에 난 북한에 대한 기사를 오려왔다. 그 배경을 설명해달라는 것이다. 내가 그럭저럭 설명을 해주자 "내가 네 선생이 아니라, 네가 나의 선생님이야."라며 킥킥 웃는다. 그는 늘 나로부터 뭔가 새로운 얘기를 듣는 걸 즐거워했다. 내가 쓰고 있는 책의 내용을 듣고, 흥미로운 생각이라며 도움이 될 만한 기사들을 오려와 보여주고, 또 의견을 묻는다.

그들을 만나면서 생각했다. 아, 한국에서 내가 이렇게 스무 살, 서른 살이나 나이가 많은 사람들과의 대화를 즐길 수 있었던가? 그런 사람들과 친구가 될 수 있었던가? 만나면 나이부터 묻고 따지는 문화에서는 어려운 일이었다.

"진심이든 아니든, 너는 윗사람에 대한 예의를 지켜!"

리포트를 만들다 보면 현장 기자로서 내가 가진 생각과 데스크의 지시가 영 맞지 않는 경우가 왕왕 있다. 그 일이 벌어진 날도 그랬다. 그날 데스크는 나에게 인터뷰 내용까지 구체적으로 일러주었다. 하지만 그 지시가 불합리하다고 판단했던 나는 내 나름의 방식으로 인터뷰를 해 리포트를 만들었고, 그 리포트는 그대로 9시 뉴스에 방송됐다. 나는 어떻게 되었을까?

그 지시를 무시한 죄로 그날 밤 1시간 넘게 데스크에게 깨지고 있었다. 참다 못한 내가 "저는 지금 우리 부서에서 소통이 안 되는 게 더 문제라고 생각하는데요."라고 입바른 소리를 해버리고 말았다. 그러자 데스크는 "소통이 되든 안 되든, 그게 진심에서 우러나오든 아니든, 너는 나에게 항상 윗사람에 대한 예의를 갖춰. 그걸 하란 말이야."라고 일갈했다.

현실의 조직 문화에 비추어보면 데스크의 지시를 무시한 내게 잘못이 있다. 만약 내가 정말 옳다고 생각했다면 나는 데스크를 끝까지 설득해야 했다. 그런데 나는 왜 그걸 포기했을까? 현장에서 취재를 하다 보면, 사무실 안의 데스크로부터 '이러이러한 취재를 해보라'는 지시가 종종 내려온다. 어떤 경우에는 이미 내가 그 가능성을 타진해보았고 현장 기자로서 그것은 리포트가 가능한 수준의 얘기가 아니라는 판단이 설 때가 있다. 그럴 대도 권위주의적인 데스크의 지시일 경우 "안 돼요."라고 말하기 어렵다. "그건 얘기가 안 되는데요."라고 말하는 순간 수화기 너머에서 "야, 너는 해보지도 않고 안 된다고 하냐?"라는 질책과 함께 "일단 취재해봐."라며 거칠게 전화를 끊어버리는 소리가 들려올 게 뻔하기 때문이다.

초년병 시절 선배들이 자주 했던 말이 있다. "윗사람들이 제일 싫어하는 게 뭔지 아냐? 해보지도 않고 안 된다고 하는 거야. 위에서 지시가 내려오면 일단 해. 그러고 나서 안 되면 그때 가서 안 된다고 하는 거야." 맞는 말이다. 어떤 경우 경험 많은 데스크들의 판단은 매우 정확하다. 나는 내가 생각지 못했던 것들을 일깨워주는 훌륭한 데스크들의 사례를 무수히 경험했다.

문제는 소통을 통해 더 나은 해법을 찾아가는 과정이 결여되었다는 것이다. 내가 원했던 소통이라는 건 대단히 어렵거나 비현실적인 것이 아니었다. 가령 이런 거다.

"그게, 제가 취재를 해보니까 얘기가 안 되더라고요."

"그래? 이런 쪽으로도 취재해봤어?"

"네, 그쪽도 해봤는데 결과가 다르게 나오지 않았어요."

"알았다. 그럼 이것만 마저 확인하고 보고해. 그때 가서 최종적으로 판단을 하자."

그런데 이런 식의 대화가 가능한 데스크가 흔하지 않다. 안 되는 걸 알면서도 불합리한 업무를 억지로 해야 하는 아랫사람에게 무슨 열정이 얼마나 솟구치기를 바라는가?

한국에서는 윗사람과 아랫사람, 중장년층과 젊은이 사이에 허심탄회한 대화가 이뤄지기 어렵다. 왜 그런가? 아랫사람들을 그저 교육 대상, 교화 대상으로 보기 때문이다.

한국의 윗사람들은 얘기를 할 때 항상 훈계를 하려 든다. 뭔가 의미 있는 교훈을 하사해야 한다는 강박관념에 빠져 있는 것 같다. 그런가 하면 한국의 아랫사람들은 아예 얘기를 하지 못한다. 자신의 생각을 허심탄회하게 얘기했다가는 괜히 평지풍파를 일으켜 조직의 안정을 해치는 사람으로 비치거나, 건방지다고 찍혀 윗사람에게 미움 받기 십상이다.

한국에서 조직의 윗사람이 뭔가 잘못을 했을 때 아랫사람이 그 잘못을 공식적으로든 비공식적으로든 지적할 수 있을까? 만약 잘못이 명명백백한 사실로 드러나더라도 윗사람은 아랫사람들 앞에서 잘못을 진심으로 인정하고 사과할 수 있을까?

미국에서 만난 한 방문 학자는, 한국의 학계에서는 권위 있는 원로학자의 학문적 업적이 학계 내부에서 이미 '잘못'이나 의미 없는 것으로 판명 났어도 그것을 공개적으로 지적하고 수정하자는 말을 하지 못한다고 했다. 그 학자가 죽어야 비로소 공론화가 가능할 것이라고 말했다. 이런 분위기에서 어떻게 자유로운 소통이라는 게 가능할 수 있겠는가?

의심할 줄 몰랐던 '온실 속의 화초'

'의식화'라는 말이 있다. 과거 권위주의 통치시대, 체제에 저항하던 학생 운동권을 겨냥해 보수주의자들이 만들어낸 조어다. 이미 불온한 사상으로 '의식화'된 선배들이 이제 갓 대학에 들어온 새내기 대학생들이나 심지어 고등학생들까지 꼬드겨 불온한 사상을 주입하고 사상의 전환을 시도한다는 것이다. 이 말은 보수적 관점에서 나와 나쁜 말처럼 보이지만, 사실을 비교적 정확하게 묘사한 면이 있다. 분명히 내가 대학에 들어갔을 때, 선배들은 초중고등학교 12년 동안 결코 듣지도 보지도 못한 것들을 얘기해주었으며 다른 관점으로 세상을 바라보라고 자극했다. 한쪽으로만 바라보게 교육돼 있던 의식을 일깨워준 것이다.

그런데 이 의식화 과정에 한 가지 결정적인 문제점이 있었다. '일방향'이라는 것이다. 아직 무지한 어린아이에게 뭔가를 깨달은 선각자가 교육을 시키는 방식이다.

나는 비공개 세미나를 통해 사회주의 사상을 학습했다. 번역도 매끄럽지 않아 읽기조차 어려웠던 헤겔의 유물 변증법부터 마르크스와 엥겔스의 원전, 러시아 혁명의 기반이 된 레닌의 저서, 한국의 근현대사 등을 공부했다. 위에서 내려오는 지시에 따라 모임도 하고 데모도 했다. 물론 토론도 하고 의견을 개진하는 시간도 있었지만, 대체로 나는 뭘 모르는 것 같고 선배들의 말이 다 맞는 것 같았다. 중요한 결정은 상부에 의해 은밀히 내려져 아래로 전달됐고, 후배들은 거기에 따랐다. 그리고 후배들이 들어오자 나도 똑같이 했다. 아무것도 모르는 어린아이들을 대하듯 후배들을 대했고, 선배의 권위를 세웠다. 학생운동의 이념이나 관점이 옳고 그름을 말하는 것이 아니다. 비밀리에 조직을 운영해야 하는 어려움도 물론 있었을 것이다. 그렇더라도 그 모든 것이 전달되는 과정은 마치 권위주의 정부의 도덕 교육처럼 일방향이었다.

나는 훗날 학생운동을 하던 시절을 되돌아보면서 당시의 내가 '온실 속의 화초' 같았다는 생각을 했다. 학생운동은 1990년대 초반 구소련의 붕괴와 함께 급격한 혼란을 경험한다. NL(Nation's Liberty, 민족해방주의)은 북한의 주체사상에, PD(People's Democracy, 민중민주주의)는 마르크스레닌주의에 기반을 둔 이념을 정립하고 있었는데, 사회주의 국가의 선두주자였던 구소련이 붕괴하고 러시아는 페레스트로이카라는 자본주의 경제체제를 수혈한 새로운 질서를 실험한다. 이게 어떻게 된 건가? 대학에 들어가면서부터 학습 받아 옳다고 믿었던 사회주의적 이상이, 이상이 아니었단 말인가? 왜 나는 그동안 그에 대해 제대로 의심해 보지 않았던가?

'운동권'도 깨지 못한 권위주의의 견고함

상하 위계적 권위주의의 가장 큰 문제점은 아랫사람이 결코 온전한 인격체로 취급되지 않는다는 것이다. 고작 1년 일찍 대학에 들어갔을 뿐인데도, 선배에게 후배들은 뭘 모르는 어린아이 취급을 받는다. 직장에서 신입사원들도 마찬가지다. 선후배 관계에서도 후배들이 어린아이 취급을 받는데, 하물며 대학교수와 학생 같은 사제관계나 거대한 조직에서 관리자와 달단같이 차이가 더욱 크게 벌어지는 경우는 두말할 필요도 없다. 선배들은 어린아이들을 가르치고 보호하려고만 하지, 그들의 새로운 의견에 귀를 기울이며 자신을 되돌아보려 하지 않는다. 조직이 새로운 사람을 받아들일 때, '새로운 생각을 가진 동등한 인격체'가 들어왔다고 생각하기보다 '뭘 모르는, 한참을 가르쳐야 사람 구실을 할 어린애'가 하나 들어왔다고 보는 식이다.

그렇게 우리는 우리도 모르는 사이 권위주의적 학습방식에 길들여졌고, 학생운동 조직조차 그런 교육의 방식을 답습했던 것이다.

그런 문화 속에서 나는, 선배들의 말을, 마르크스레닌주의의 이념을 우리 사회에 끊임없이 적용해보고 정말 맞는지 의심하고 나 자신의 관점에서 새롭게 정립하는 데 이르지 못했다. 온전한 하나의 인격체로 발전하지 못했던 나는 그래서 그저 '온실 속의 화초'였다. 막상 온실의 비닐이 걷혔을 때 나는 바깥의 거센 비바람과 뜨거운 태양을 이겨낼 힘이 없었다.

　이제와 솔직히 고백하건대 내가 정치학과나 사회학과 대학원을 선택하지 않은 이유가 그것이었다. 그동안 내가 사회에 대해 가졌던 비판적 사고를 현실 속에 적용하면서 기성 사회에 적응해갈 자신이 나는 없었다. 내가 겪어야 할 그 엄청난 내부적 혼란이 너무나 두려웠다. 그래서 그나마 그런 혼란이 적을 것 같은, 그러면서 평소에 그저 학문적으로만 관심이 있었던 심리학을, 남들이 보기에는 다소 뜬금없이 선택했던 것이다.

　독재와 권위주의 통치시대, 한국의 대학은 민주화 운동의 한 본거지였다. 기존의 권위주의적 정치 질서에 대한 대학생들의 선도적인 저항은, 대통령 직선제 개헌을 목표로 한 1987년 민중항쟁을 성공시킨 강력한 기반이었고, 그 뒤에도 우리 정치가 제도적 민주주의를 발전시키는 데 지속적인 힘이 되었다. 하지만 권위주의 통치체제에 처절하게 저항했던 그 학생운동 조직조차 상하의 철저한 위계에 의해 움직이는 권위주의를 벗어나지 못했다. 권위주의적 조직 문화가 우리 사회에 얼마나 강력히 작용하고 있었는지를 보여주는 증거다.

{ 내용보다 형식 }

의전하다 날 센다

사회적으로 영향력이 큰 조직일수록 조직 내부에 이런 불문율이 있다. "업무에 실패한 건 용서해도 의전에 실패한 건 용서할 수 없다."는 말이다.

라디오 프로그램을 진행할 때의 일이다. 정치적 영향력이 상당해 인터뷰가 쉽지 않은 한 광역자치단체장을 인터뷰하게 되었다. 대략 사전 질문지를 작성해서 주니 공보실에서부터 비서실까지 차례로 연락이 와 '이건 빼라', '저건 좀 넣어달라', '이 질문은 절대 안 된다'… 등등, PD와 작가들을 달달 볶았다. 솔직히 말하면 라디오 진행자였던 시절에 나는 사전 질문지에 없는 돌발성 질문을 많이 해 주요 인터뷰 대상자들에게 '요주의' 인물이었다. 그래서 그런지 요구가 상당히 다양하고 치밀했다.

그런데 더욱 황당했던 것은 인터뷰 당일이었다. 낮 1시 10분에 스튜디오에 방문해 인터뷰를 하는 것이었는데, 오전 11시가 좀 넘으니 자치단체 공무원 세 사람이 스튜디오에 와서 왔다 갔다 하는 것이다. 자치단체장이 이동하는 동선을 사전에 확인하러 왔단다. 라디오 프로그램을 만 4년 동안 진행하면서 무수한 유력 인사들을 인터뷰해봤지만, 2시간 전에 아랫사람들이 미리 동선을 체크하러 온 건 그가 유일했다.

바쁜 사람들일수록 시간을 절약하기 위해 전화 인터뷰를 선호한다. 하지만 돌발 질문을 가능한 한 피하고 진행자의 질의에 정확히 응대하기 위해 일부러 스튜디오까지 오는 사람들도 있다. 그렇긴 해도 라디오 스튜디오라는 게 그리 거창하지가 않다. 재임 당시에는 날아가는 새도 떨어뜨린다고 할 만큼 힘이 있었던 이헌재 전 경제부총리도 수행비서와 달랑 둘이 왔었다.

막상 인터뷰를 할 때가 되니 무려 10명 가까운 공무원이 그 단체장과 동행했다. 웃으며 인터뷰를 했지만, 비교적 젊은 나이인 그의 의전에 대한 권위주의가 상당히 우려스러웠다.

지방기관에서는 상급 기관장이나 유력 정치인들의 방문이 큰 행사다. 기업체에서도 마찬가지 아니겠는가. 사장이나 회장이 방문한다고 하면 그보다 더 큰 행사가 있을 수 없을 것이다. 그럴 때 어느 급까지 나가서 도열을 하고 맞아야 할 것인가, 서 있을 때는 어떤 순서로 서야 하는가, 정확히 어느 지점부터 마중을 해야 하나…, 이런 문제들은 목숨을 걸어도 좋을 만큼 중요한 일이 되는 게 한국의 현실이다.

그뿐이면 다행이다. 기관장의 차량 번호, 몇 명의 사람이 함께 오고 몇 대의 차량이 들어오는가, 어디에서 내리는가, 회의는 어디에서 어떤 형식으로 어떤 자리 배치로 진행하고, 탁자에는 무엇을 놓아야 하는가, 차는 언제쯤 무엇으로 내오고, 간식은 언제쯤 먹고, 식사는 어디에 무엇을 어떻게 타고 가서 하고, 배웅 의전은 어떻게 할 것인가…, 등 정신 바짝 차리고 어느 것 하나 빠짐없이 철저하게 사전 준비를 마쳐야 한다.

여기서 절대 간과하지 말아야 할 중요한 문제가 또 있다. 이전에 방문했던 기관장이나 정치인들과 비교해서 그 의전의 수준을 세밀히 결정해야 한다. 이전에 방문했던 아래 급 인사보다 부족하게 준비하거나, 이전에 방문했던 위 급 인사보다 더 넘치게 잘한다면, 이것은 이 지방기관장의 장래에 두고두고 해악을 끼칠 결정적인 실수가 될 터이니 말이다. 거기다 다른 지방기관의 사례도 참고해 그것과 비교했을 때도 처지지 않도록 신경 써야 한다. 이러니 회의에 내용이 어디 있나? 의전하다 날 샌다.

'보여주기'에 대한 집착

우리 문화에서 가장 중요한 게 이 형식적 '보여주기'다. 초중고등학교 때 교육청에서 장학관이 온다고 하면 학교 전체가 대청소를 하고 예행연습을 했다. 선생님들은 갑자기 평소에 안 쓰던 수업자료들을 만들어 수업을 준비했다. 고등학교 같으면 평소에는 입시 과목이 아니어서 수업시수를 줄였던 과목들이 갑자기 부활해 정상수업을 하는 등 한바탕 소란이 벌어진다. 하다못해 집에서 손님만 초대해도 대청소를 하고, 평소에 안 먹던 음식을 만들고, 부부 사이, 혹은 부모자식 사이에 평소에 쓰지 않던 공손한 어법이 등장해 외부 사람들에게 전시된다.

당연한 것인가? 당연하다, 한국에서는. "아니, 어떻게 평소에 하던 대로 손님을 맞을 수가 있나? 아니, 어떻게 평소에 하던 대로 윗사람을 맞을 수가 있단 말인가? 그건 예의가 아니지!" 참으로 헷갈리는 말이다. 평소에 하던 걸 제대로 보여줘야 잘하고 있는지 체크할 수 있고 문제점이 보완될 텐데, 갑자기 전시 행정, 전시 업무를 하니 일이 제대로 될 리가 없다.

그런데 이것이 왜 한국에서는 당연한 걸까? 그것은 우리가 늘 윗사람은 평가하고 지적하고 교육하고, 아랫사람은 그걸 받들고 모시는 상하관계에 익숙해져 있기 때문이다. 윗사람의 의견과 다를 경우, "우리 기관에서는 이런 방식으로 일을 처리하고 있으며, 이것이 우리 기관의 독특한 방식입니다."라고 설명할 권리가 사실상 아랫사람들에게는 없다. 이런 상하 관계는 사회 전체로 확장돼, 우리는 끊임없이 사회로부터 평가를 받는다. 사회는 끊임없이 저 사람이, 저 가정이, 저 조직이 제대로 되고 있나 아닌가를 평가하고 점수를 매긴다. 한껏 준비해 보여주고 그걸 평가하는 게 반복되다 보니, 애초에 '있는 그대로 자연스럽게'라든가 '각자의 방식대로' 같은 게 존재할 수가 없다.

전시, 허세, 체면, 이런 다양한 종류의 보여주기 속에서 우리는 항상 내용보다는 형식, 업무보다는 의전을 생각한다. 그러다 보니 자꾸만 헷갈린다. 뭐가 진짜고, 뭐가 우선인지를 말이다.

김앤장이 그들을 쓸어가는 이유

미국에 연수를 가기 직전에 방송통신위원회에 짧게 출입했었다. 이전 정부의 방송위원회와 정보통신부를 통합한 조직인 방송통신위원회는 현재 정부 조직 가운데 드문 '위원회' 부처다. 의결기구인 위원회 바로 밑에서 행정 업무를 총괄할 차관급 사무총장의 신설 여부가 계속 논란거리지만, 정치권의 이해득실 계산 가운데 논란만 있지 자리가 만들어지지는 않고 있다. 그러니 방통위에서 실장의 직위에까지 오른 공무원은 더 이상 올라갈 곳이 없어 일단 퇴직을 해야 한다. 사실 공무원이니 꼭 퇴직하라는 법은 없지만, 우리의 조직 문화라는 게 높은 지위에 올랐던 사람이 그보다 낮은 지위로 다시 내려가 일하는 건 절대 불가능하다.

봄철 단행된 인사에서 양대 실장이 모두 퇴직을 하게 됐다. 관련된 공공기관에 자리가 마련되기도 했지만, 이 두 실장이 행정고시 동기인 데다 실장 승진 동기라 이런저런 미묘한 문제들로 인해 정리가 잘 안 된 모양이다. 결국 두 사람이 모두 법무법인 '김앤장'의 고문으로 가게 됐다.

김앤장, 대단하다. 방통위에서 퇴직한 양대 실장을 모두 고문으로 모셔갔으니 말이다. 김앤장이 전직 고위 공무원들을 거의 수집하다시피 쓸어간다는 사실은 김앤장에 대한 집중적인 취재 보도를 통해 최근 많이 알려졌다. 김앤장은 왜 퇴직한 고위 공무원들을 그렇게 싹쓸이하고 있을까? 물론 그들의 탁월한 업무 능력 때문일 것이다. 하지만 업무 능력이 이유의 전부일까? 그들에게는 비공식 라인을 움직일 수 있는 힘이 있기 때문이다.

우리 사회에는 수많은 공식적, 비공식적 조직이 있다. 변호사들은 변호사 조직, 의사들은 의사 조직, 회계사들은 회계사 조직, 공무원들은 공무원 조직, 경기고 출신들은 경기고 조직, 음대교수들은 음대교수 조직, 미술인들은 미술인 조직…. 조직, 조직, 조직. 공식적인 조직은 물론이고 그 내부에는 비공식 라인들이 또 다른 조직을 형성한다. 그런 조직은 공식적으로뿐 아니라 비공식적으로도 카르텔(기업연합, 혹은 담합)을 형성해 강력한 영향력을 행사한다. 평판과 소문이 그 조직을 통해 유통되고, 자리나 취직 등도 그 영향력 하에 있으니, 생존을 위해서는 조직에 들어가야 하고 '싸가지 없는' 배신자로 찍히지 않기 위해서는 알아서 기어야 한다. 그런 조직들에 속해 있는 한 그 조직의 윗분들, 즉 선배들의 비공식적 명령을(부탁의 형태로 이뤄지지만 사실은 '압력'이다) 조직의 하위자나 후배들은 거절하기 어렵다. 김앤장이 고위 공무원들을 쓸어가는 이유가 여기에 있다.

상하 위계질서에 의한 권위주의는 우리 사회 내부의 기능이, 합리성보다는 비공식적인 관계나 권위적인 압력에 의해 움직이도록 하는 데 일조한다. 관계의 본질이 상하 위계의 비공식적 라인에 의해 왜곡되는 것이다.

'전관예우'란 말이 그런 예다. 판사가, 이전에 법원에서 모셨던 법조계 선배가 변호를 맡은 사건에 대해 판결을 내릴 때, 그 선배 변호사의 부탁과 압력에서 완전히 벗어날 수 있을지 장담하기 어렵다. 업무를 처리하는 데 있어서 학교 동창회 선배의 전화 한 통이 무시되기 어려운 이유도 여기에 있다. 공적 조직에서는 나이가 찬 사람들에게 자리 하나 마련해주느라 승진 적체 현상을 겪는다. 가끔 고위 공무원 인사에서

'기수 파괴'란 말이 거론된다. 우리 사회는 승진에 연령차별이 상존해 기수 파괴의 인사는 여전히 뉴스거리다. 기업에서는 이런 폐해를 없애기 위해 팀제를 실시하고 있지만, 과거에 후배였던 팀장과 과거에 선배였던 팀원이 함께 일하려면 관계가 껄끄럽기만 하니, 업무의 효율성이 떨어진다.

비공식적 압력이 없는 합리적인 업무 처리, 실력에 의한 정당한 인사는, 아직도 우리 사회에서 상하 위계를 지켜주는 권위주의와 긴장 관계에 있다. 대체 어떻게 하면 그 권위주의로부터 자유로워질 수 있을까?

{ 세월에 의한 기득권 }

"나이 드니 나도 좋은 걸!"

2008년 4월, 만 4년간의 라디오 토크쇼 진행을 마무리 짓고 보도본부로 다시 돌아왔다. 4년이면 강산이 절반 정도는 바뀔 시점인가. 강산의 변화를 느낄 정도로 예민한 사람은 아니지만, 보도본부로 돌아오니 분명히 달라진 것이 하나 있었다. 정치부에 내 위보다 내 아래가 더 많아졌다는 것이다.

사실 한창 후배들과 부대꼈어야 할 시기에 4년씩이나 보도본부를 비운 셈이라서 처음에는 후배들을 대하는 게 좀 어색했다. 단기간에 급격한 사회 변화를 겪어온 한국 사회에서는 몇 년의 터울에도 세대 차이란 걸 느끼기가 쉽다. 그래서 그런지 선배들에게 예의는 지키지만 자신의 틀에 대한 보호 의지가 강한, 젊은 후배들을 대하기가 어렵게 느껴질 때가 많았다. 그런 후배들도 조직 내의 두드러진 위계질서에는 자연스럽게 적응을 한다. 식사 때건 늘 연배에 따라 자리에 앉고, 리포트도 선배들은 9시 뉴스, 후배들은 아침 뉴스, 이런 식으로 배치를 하는 경우가 많았다.

국회팀의 취재는 각 정당 고위급의 아침회의에서브터 시작되는데, 그 회의에서 나온 한 마디 한 마디가 주요 정치적 이슈의 방향타가 된다. 그래서 그 내용을 노트북에 빠짐없이 받아 쳐 녹취록을 작성하는 게 기자들의 기본 업무다. 국회 본회의나 각 당의 의원총회, 중요 이슈가 걸린 위원회의 회의록을 작성하는 것도 마찬가지다.

이 받아치기는 한마디로 강도 높은 육체노동이다. 때로 몇 시간씩 의원들의 말을 받아 치다 브면 어깨, 팔, 손목이 마비될 듯 아파온다. 그런데 그런 궂은 일 역시 거의 대부분 후배들의 몫이었다. 그렇게 나는 후배들에게 해주는 것도 없이 선배의 지위를 누렸고, 어느샌가 그런 것들이 당연하게 느껴지기 시작했다.

국회 취재 기자들은 정치인들로부터 좀 더 허심탄회한 애기를 듣기 위해 비공식 취재 모임을 갖는다. 각 언론사별로 따로 정치인들을 만나기도 하지만, 여러 언론사 기자들끼리 팀을 꾸려 함께 만나기도 한다. 나 역시 친한 여기자들끼리 비공식적으로 그런 모임을 만들어 국회의원들을 만나곤 했는데, 그 모임에서도 나는 연배가 위에 속했다. 모임을 하게 되면 항상 상석에 앉아 질문을 주도하고, 그게 반복되다 보니 언제부턴가 그게 나의 자존심과 연결되는 것처럼 느껴지면서, 후배들 가운데 사소하게라도 그런 배려를 잊어버리는 이가 있으면 괜히 기분이

나빠지는 것이다. 고작 30대 후반의 나이에 나 역시, 나도 모르는 사이에, '꼰대'가 돼가고 있었다.

나이가 들고 운 좋게 그에 걸맞은 지위를 유지할 수 있을 때, 그저 그렇게 세월을 조금 더 살았다는 이유로 얻게 되는 혜택은 의외로 크다. 나는 그저 후배들과 마찬가지의 평기자였을 뿐인데도, 단지 몇 년 일찍 입사했다는 이유로 그런 혜택을 입었다. 거기다 반장이 되고, 부장이 되고, 국장이 되고, 더 높은 자리까지 올라 권력을 실질적으로 행사할 수 있게 될 경우, 나이와 지위가 시너지를 이루면서 발휘되는 권위주의의 혜택들은 업무와 상관없는 생활의 사소한 모든 것들에 스며들어 우리를 자연스럽게 거기 빠져들게 한다. 몸이 편해지고, 부리는 즐거움이 있으며, 가끔 비합리적인 요구들도 나이에 묻혀 해결되니 이보다 더 좋을 수가 없는 것이다.

권위주의에의 중독, 달콤하지만 아슬아슬한

권위주의적인 문화가 쉽사리 없어지지 않는 이유 중 하나가 바로 이런 것이다. 당했던 사람들도 세월만 지나면 자연스럽게 그 수혜자가 되기 때문에 나이가 들면 들수록 젊은 시절의 치기를 잊어버리는 기억상실증에 빠져간다. 그리고 한번 거기에 맛을 들이면 그 권위가 무너지지 않을까 전전긍긍하게 된다.

내가 모임에서 상석에 앉지 않으면 불편했던 이유는, 후배들로부터 그런 대접을 받지 못하게 될 경우 그것을 바라보는 다른 사람들이 나를 우습게 생각하지 않을까 하는 데서 오는 두려움 때문이었던 것 같다.

생각해보자. 앞에서 말한 지하철의 50대 쩍벌남이 20대 청년에게 손찌검까지 하게 된 이유는, 비록 모르는 사람들 앞이지만, 공공장소에서 새파란 어린 것한테 '지적질'을 당하면서 자신의 권위와 체면이 손상됐다고 느끼는 데서 오는 좌절감과 공포감 때문일 것이다. '내가 얼마나 우습게 보일까' 하는 좌절감을 보상하고 자신의 권위를 되살리려다 그게 영 안 되니 물리적인 폭력까지 동원하게 되는 것이다.

아랫사람을 줄줄이 거느리고 다니는 상관이나, 도열한 지방 공무원들의 인사를 받는 단체장이나, 강제로라도 학생들에서 대접을 받는 교수들이나, 모두들 그런 두려움에 휩싸여 있다. '내가 세게 나가지 않으면 그들이 나를 구시하지 않을까? 그러면 나는 어떻게 되나? 아, 두섭다. 그냥 계속 권위 있는 척하자.'

이게 그토록 달콤하지만, 그토록 아슬아슬한 권위주의의 실체다. 사실은 나이 든 사람들도 알고 있기 때문이다. 권위는 권위주의에서 나오지 않는다는 것을. 이제 좀 솔직해지자.

사실은 권위 따위 다 집어던지고

그렇다면 이런 상하 위계의 조직 문화는, 나이 든 사람에게는 참 좋을 것이다. 일단 나이가 들고 조직의 위로 올라가면 절대적인 권력을 행사할 수 있게 될 테니까 말이다. 하지만 한 가지 간과한 게 있다. 모든 조직은 피라미드가 아닌가? 100명의 신입사원이 입사했다면 그중 몇 사람이나 임원이 될 수 있겠는가? 임원이 되지 않으면 나머지는? 다 나가야 한다.

기자 생활을 시작한 지 15년이 되었다. 미국 연수를 오기 전부터 선배들로부터 이런 소리를 들었다. "할 수 있을 때 리포트 많이 해라. 이제 너도 현장에서 떠날 날이 얼마 남지 않았어." 나는 여전히 현장에서 취재하고 리포트를 하는 게 좋다. 데스크에 앉아서 지시를 하거나 컨펌하는 일에는 별 매력을 느끼지 못한다. 하지만 나도 현장에서 떠날 날이 얼마 남지 않았다. 몇 년 안에 데스크가 되거나 아니면 한직으로 쫓겨 가거나 둘 중 하나가 될 것이다.

우리 사회는 나이에 따른 업무의 구분이 너무 철저하다. 물론 입사 5년차 기자가 데스크를 할 수 없는 것은, 그럴 수 있겠다. 5년의 경험으로 업무 종합 능력과 판단력, 리더십 등을 발휘하기는 쉽지 않을 테니까 말이다. 하지만 입사 20년차가 현장에서 일하지 못하는 문화는 쉽게 이해가 되지 않는다. 더 많은 경험과 더 많은 인맥, 더 훌륭한 노하우를 갖고 있는데도 현장에서 뛸 수 없다니, 이게 과연 합리적인 방식인가?

외국의 뉴스 채널을 보면 한국으로 치면 할머니, 할아버지 취급을 받을 사람들이 리포트를 하는 경우가 비일비재하다. 그런데 왜 한국에서는 안 되는가?

우리 법원의 문화를 보자. 해마다 인사철이 되면 많은 판사들이 옷을 벗고 변호사가 된다. 특정 기수가 서울지법 부장판사, 또는 지방법원장, 고등법원 부장판사 등의 승진을 할 때가 되면(사실 그런 게 기수에 따라

연차적으로 진행되는 문화도 우습다) 그 기수 가운데 승진에서 밀린 사람들이 단체로 옷을 벗는 것이다.

이 무슨 국가적인 낭비인가? 판사들이 너무 젊어 다각적인 경험에서 우러나오는 판단을 못하는 건 아닌가 우려된다는 지적이 많다. 그런데 왜 경험 많은 판사들은 해마다 옷을 벗는가? 이들이 다시 단독 판사가 되어 현명한 판결을 내려주면 안 되는 것인가? 안 된다. 그것은 위계질서, 부장판사까지 한 그들의 체면에 완전히 어긋나는 것이다. 적어도 한국에서는.

최근 출간된 《가장 뛰어난 중년의 뇌》라는 번역서에 의하면, 40~65세의 중년들이 집중력이나 단기 기억력 등은 떨어지지만, 판단력·종합능력·직관력·통찰력·어휘력 등에서는 오히려 젊은 사람보다 뛰어난 능력을 발휘한다고 한다. 우리는 뛰어난 혜안과 통찰력, 판단력을 발휘하는 중장년을 보고 놀라는 일이 많다. 그런데 왜 이들은 기업에서 퇴물 취급을 당하는가?

나이 들었다고 무게만 잡고 육체적으로 힘든 일은 기피하고, 새로운 것은 배우려 하지 않고, 외부 변화에 취약한 데다 월급만 많이 달라고 하니, 기업에서 점점 쓸모가 없어지는 것이다. 평생을 통틀어 최상으로 기능한다는 직관력을 발휘해 현장에 나가 새로운 아이디어를 짜내고 역동적으로 일을 수행하려고 하는 의지가 우리의 중년들에게는 별로 없어 보인다.

그런데 아니다. 사실은 그들도 열심히 일하고 싶다. 사실은 권위 따위 다 집어던지고 월급 적게 줘도 좋으니 회사에 나와서 일하고 싶다.

계속 사회인이고 싶고, 계속 생산적인 사람이고 싶다. 왜 체면이라는 게 있어서 아직 펄펄 살아 있는 열정을 억누르게 하는지 모르겠다. 좋은 줄만 알았던 장유유서적 권위주의가 정말 거추장스럽다. 이런 상황이 남 얘기로만 들리는가?

회사에서 새로 만든 업무용 컴퓨터 소프트웨어, 예전보다 더 편리해졌다는데 이런 거 익숙하지가 않아 할 때마다 헷갈린다. 까마득한 후배한테 슬쩍 물어보니 와서 뭐라 뭐라 설명을 하는데, 너무 빨리 말하니까 뭔 말인지 못 알아듣겠다. 여러 번 말해줘도 못 알아듣는 것 같으니까 후배가 한숨을 쉰다. 한마디 하고 싶지만 참는다. '야, 한숨 쉬는 소리 다 들리거든.' 창피하다. 에이, 모르겠다.
"그냥, 네가 좀 해줘라."
오늘도 나는 그거 못 배웠다.
얘가 나 무시할 것 같다. 안 되겠다. 내일은 저녁에 술이라도 사주고 권위 좀 세워야겠다. 아, 근데 나도 저거 배워야 되는데….

70대 자동차 영업사원

미국에서 1년 이상 거주할 경우 한국에서 만들어진 차를 사서 타다 다시 한국으로 가지고 가면 세제 혜택을 받을 수 있다. 나도 '메이드 인 코리아'의 차를 사기 위해 한국 차 대리점을 찾아갔다. 원래 다른 사람에게 소개받은 젊은 딜러가 있었는데, 마침 그 사람이 그날 2명의 고

객과 계약을 체결해야 해 도저히 나를 상담해줄 시간이 없었다. 다른 딜러에게 상담을 받겠느냐고 묻기에 그러겠다고 했더니 한 할아버지 딜러를 소개해주었다.

70대 초반의 할아버지 딜러였다. 그는 일본계, 한국계 등 수십 년 동안 여러 아시아계 자동차 회사의 딜러로 일한 베테랑이었다. 수년 전 회사 지원으로 한국에 다녀온 이야기와 한국 차가 요즘 얼마나 좋아졌는지, 우리는 다양한 잡담을 나누며 상담을 했다. 고객을 대하는 그의 태도, 자동차에 대한 지식과 판단력, 강요하기보다 판단을 유도하는 대화법 등을 지켜보며, 나는 그에게서 젊은 사람에게서는 느낄 수 없는 여유과 경륜을 느낄 수 있었다. 한국으로 치면 그는 '70대의 자동차 영업사원'이었다.

한국에서는 아직도 한창 일할 나이인 50~60대에 은퇴를 강요당하는 사람들이 많다. 평균 수명은 길어져 90세, 100세 장수가 드물지 않다. 그런데, 40대부터 꼰대가 돼 퇴물 취급을 받는다면 절반도 더 남은 긴 인생을 대체 어찌 살겠는가.

아마 우리의 중장년들도 젊은이들과 얘기를 하고 싶을 것이다. 일자리만 준다면 젊은이들과 섞여 일하는 것도 마다하지 않을 것이다. 하지만 그 전에 먼저 해야 할 일이 있다. '나이'라는 숫자의 힘을 스스로 부정하는 것이다. 세월에 의한 기득권을 스스로 내려놓는 것이다. 거추장스러운 장유유서를 집어던지면, 아마 후배들보다 선배들이 먼저 해방감을 느끼게 될 것이다.

{ 모든 의심을
공론화하라 }

장유유서는 권위주의에 유죄인가?

　기록의 수단이 없었던 과거, 원시시대에는 세월의 힘이 참으로 컸다. 생존과 직결되는 삶의 지혜, 가령 어떤 경우에 비가 많이 내리는지, 비가 많이 내렸을 때 홍수는 어떻게 피하는지, 어떤 경우에 가뭄이 드는지, 가뭄이 들었을 때 식수는 어디에 가서 찾는지, 겨울에 눈이 많이 내리면 먹이를 어디서 구하는지, 어떤 동물들이 주로 어디서 돌아다니는지 등, 경험과 기억에 의존하지 않고는 지혜를 얻을 수 없었던 시대였기 때문이다. 그래서 연장자들은 살아 있는 권위이자 권력이었다. 그들을 따르지 않으면 생명을 유지하기도 어려웠을 테니 말이다.
　하지만 과학이 발전하고 단순한 잉여 가치나 생산성의 논쟁을 뛰어넘어 지식경제의 시대로 접어든 지금, 세월만으로 권위를 인정받기는 어렵게 되었다. 사회는 모든 개인을 존엄한 인격체로 존중하고, 개개인의 자유와 평등을 기본 가치로 받아들이며, 사회가 합의한 법제도로 질서를 유지하는 민주주의에 합의했다. 그러므로 그것이 무엇이든, 인간이 다른 인간을 법제도에 의해 주어지지 않은 권력이나, 법제도에 의해 인정받지 못하는 방식으로 위에서부터 찍어 누르는, 권위주의적인 강요나 권력 행사를 할 수 없게 된 것이다. 하지만 아무리 법과 제도로 권위주의를 막아도 문화 속에 스며들어 있는 권위주의를 없애기는 쉽지 않다.

어른을 공경하지 말자는 주장이 아니다. 오로지 자연의 질서인 '세월'로부터 부여받은 경험의 무게, 그리고 거기서 오는 삶의 지혜는 여전히 우리들의 머리를 숙이게 한다. 하지만 그 공경은 자연스러워야 한다. 각자가 스스로 느끼고 스스로 겸허해지고 스스로 기꺼이 행하는 식이어야 한다. 나이가 연하의 사람들에 대한 부당한 요구나 압력을 정당화하는 수단으로 기능해서는 안 된다는 것이다.

처음의 질문으로 되돌아가보자. 장유유서는 권위주의에 유죄인가? 장유유서의 본래적 개념이 무엇인지는 학자들의 논쟁거리로 남겨둔다. 다만 한국 사회의 권위주의적 문화에 스며 있는 장유유서의 잔재, 즉 '찬 물에도 위아래가 있다'는 단순한 논리가 여전히 정당한 것으로 받아들여지는 문화 속에서, 장유유서는 권위주의에 유죄다.

장유유서의 미풍양속은 살리고 권위주의만 없애자고 수천 번 수만 번도 더 외쳤다. 하지만 보라. 우리가 일상에서 매일 경험하는 권위주의적 문화는 결코 그걸 없애자고 선언하는 것만으로 없어지지 않는다.

정-반-합에 이르기 위하여

헤겔은 사물의 변화 과정을 정-반-합의 변증법적 과정으로 설명했다. 한 시대에 그저 옳다고 받아들여졌던 '정'은 그다음 시대에 그 단점이 명백해지면서 정면으로 부정된다. 그리고 이 '반'을 거치면서 '정'의 본래 좋았던 점들이 새로운 시대에 맞게 변화하며 비로소 '합'을 이룬다. 이렇게 정이 전면 부정되는 반의 과정을 거쳐야 비로소 합을 이뤄 사회는 앞으로 나아갈 수 있다.

하지만 한국 사회에서 현대까지 살아남은 유교적 윤리규범의 대부분은 그것 자체가 정면으로 부정되는 '반'의 과정을 거치지 못했다. 장유유서는 물론 효나 충과 같은 개념이 모두 그렇다. 부부유별처럼 재고와 반성의 역사를 일부 거친 규범들도 있지만, 장유유서는 그 같은 흔들림조차 거의 없었다. 자유민주주의를 표방하면서도 자유민주주의의 실현에 전혀 관심이 없고, 오히려 자유민주주의 억압에 골몰했던 권위주의 정부들이 이를 굳건히 지원해준 덕이다.

그저 옳다고 믿었던 상식적 규범들에 대한 의심을 공론화하는 것은 결코 케케묵은 시도가 아니다. 오히려 한국 사회에 지금 가장 필요한 것이 바로 의심의 공론화다. 나는 우선 장유유서라는 한 가지 규범을 걸고넘어졌지만, 우리가 의심을 공론화해야 할 것은 이 하나뿐만이 아니다. 우리는 모든 것에 대한 의심을 공론화해야 한다. 더 정확히 말하면 의심의 공론화에 익숙해져야 한다.

장유유서에 대한 도발은 기성 가치 규범을 의심하고 부정하는 모든 시도에 대해 어떤 터부나 제약도 있어서는 안 된다는 나의 항변이다.

나는 싸가지 없는 니들이 좋다

프로 야구 최고령 현역선수, 이종범. 그는 40대의 나이에 여전히 현역으로 남아 있다. 이종범은 스스로 나서서 후배들과 똑같이 고된 훈련을 소화한다. 새파란 젊은 후배들과 주전 경쟁을 벌이겠다고 선언한다. 전성기 시절 무수히 기록을 갈아치우고 '야구 천재'라는 소리를 들었던 그다. 이제는 머리가 있어도 몸이 따라오지 않아, 전성기 때처럼 벼락같은 스윙도, 시원한 홈런도, 날랜 도루도 할 수가 없다.

그래도 그는 은퇴해 지도자의 길을 걷기보다 한사코 그라운드에 서기를 원한다. 후배들과의 경쟁으로 주전에서 밀려도, 몸이 따라오지 않아 타석에서 헛방망이를 돌려도, 스피드가 모자라 수비를 하다 공을 놓쳐도, 그는 몸을 더 만들어 다시 후배들과 경쟁해 다시 그라운드에 선다. 그에게 그런 것들은 굴욕이 아니다. 그라운드에 서서 계속 야구를 할 수만 있다면 말이다.

권위주의를 내다버린 그에게서는 장인 정신의 향기가 느껴진다. 더그아웃에서 운동장을 바라보는 그의 눈빛에서는 권위 '주의'가 없어도 '권위'가 느껴진다.

정치부에 있을 때 한 언론사의 선배는 부장급이 넘은 나이인데도 전문 기자라는 이름으로 후배들과 함께 현장에 와 있었다. 그는 국회의원들의 아침 회의, 의원 총회 등 굳이 본인이 가지 않아도 후배들이 녹취록을 다 만들어줄 회의에 직접 모습을 드러냈다. 현장의 분위기를 보기 위해서다. 그러면서 그는 자신만의 색깔이 묻어나는, 스타일이 있는 기사를 썼다. 가끔 사적인 모임에서 만날 때도 권위나 허세를 부리는 적이 없다. 늘 후배들을 존중했다.

그는 그 뒤 편집국장이 되었다. 나는 그의 그다음 모습이 더 궁금했다. 취재기자로서 최고의 자리인 편집국장에 오른 그가, 그 자리에서 내려오면 어떤 모습이 될 것인가. 나는 그 뒤에도 그가 여전히 어디에선가 기자의 직분으로 기사와 칼럼을 쓰리라 믿었다. 그는 지위로 사는 게 아니라 그저 기자로 살고 있기 때문이다.

그는 편집국장을 마친 뒤 정말로 다시 그렇게 돌아갔다.

나도 그런 사람이 되고 싶다.

미국에 갔다 오니 왜 이렇게 갑자기 한국이 낯선가? 40년 가까이 살았던 곳인데 말이다. 새로운 부서에 배치 받으니 후배들이 압도적으로 많다. 그런데 이제는 후배들 기수도 헷갈린다. 몇 년 아래인지도 모르겠다. 5년 아래나, 10년 아래나, 15년 아래나 다 똑같아 보인다.

그런데 녀석들이 일도 참 잘한다. 나도 저 나이 때 저렇게 열심히 일했었나 싶다.

그들은 알까? 나는 그들이 참 무섭다. 내가 어떤 사람인지 제대로 파악할까 봐 무섭고, 겉으로는 깍듯하면서 속으로는 선배 취급도 안 할까 봐 무섭고, 괜히 친한 척했다 무시당할까 봐 무섭고, 어떻게 대하는 게 제일 괜찮은 방식인지 몰라 무섭다.

"그래도 니들 아냐? 나는 싸가지 없는 니들이 참 좋다."

Part 2

장미는 백합을 부러워하지 않는다

{ 경쟁의 나라, 대한민국 }

캥거루가 사는 거나, 사람이 사는 거나

10년 전쯤 호주 여행을 갔을 때다. 농장 지대로 이뤄진 넓은 평원을 지나던 중 가이드가 말했다.

"참 넓죠. 이 거대한 농장 한가운데, 농장 주인이 사는 집이 한 채씩 있습니다. 근데 농장이 이렇게 넓다 보니, 여기 사는 아이들은 매일 학교를 다니기가 쉽지 않습니다. 그래서 실제로 이곳 아이들은 매일 학교에 가지 않습니다."

이른바 재택 학습을 한다는 거다. 학교에서 학습계획과 자료 등을 주면 그걸 가지고 집에서 공부한단다. 학교는 때때로 나가고, 어떤 경우에는 시험도 집에서 그냥 본다고 했다. 시험을 집에서? 학교에서 우편으로 시험 문제를 브내준다. 그러면 아이들이 집에서 시험 문제를 풀고,

그것을 우편으로 다시 학교로 보낸다는 거다.

속으로 '아니, 어떻게 그런 일이 가능할까? 다 백점 맞으면 어떻게 성적을 내지?' 하고 생각을 하던 그때, 가이드는 먼저 이렇게 말한다. "평가가 제대로 안 될 것 같죠? 그런데 여기 아이들은 그냥 혼자 풀어서 보냅니다. 여기서는 시험이라는 게 등수를 매기기 위한 게 아니니까요. 자기가 얼마나 공부를 제대로 했는가를 평가하고 그걸 보완하기 위한 것으로 봅니다."

그렇다. 시험이란 그런 거였다. 성적으로 줄을 세우기 위한 게 아니라 내가 뭘 알고 뭘 모르는지, 내가 뭘 잘하고 뭘 못하는지를 평가해, 그걸 보완하기 위한 거였다. 시험은 원래 그런 거였다.

호텔방에서 텔레비전을 켰다. 첫 번째 뉴스가 '바다표범이 줄고 있어 대책이 요구된다'는 거다. 땡모 뉴스나 정치, 경제 뉴스보다 그게 더 중요한 소식인가 보다.

저녁에는 시드니의 밤거리를 구경했다. 클럽에서 현지 젊은이들과 합석하게 되었다. 20대 초반인 그들은 주급을 받고 일한다고 했다. 한국의 젊은이들처럼 미래에 대한 불안감이나 강박적인 목표에 시달리는 것 같아 보이지 않았다. 그저 유쾌한 웃음이 가득했다.

호주 관광이라는 게 대부분, 특정 동물의 서식지에 가서 동물들을 '있는 그대로' 보는 것이다. 바다 한가운데로 나가 돌고래 서식지에서 돌고래를 본다거나 해안가의 바다표범 서식지에 가서 바다표범을 본다. 그 외에도 물개 서식지, 캥거루 서식지, 코알라 서식지 등등, 동물원에 가둬놓지 않고 그냥 사는 데 가서 본다. 그 동물들을 보면서, 호주에서는 돌고래가 사는 거나 물개가 사는 거나 캥거루가 사는 거나, '사람'이 사는 거나 다 똑같다는 생각이 들었다. 그저 자연스럽게 태어나서 자연스럽게 살다 자연스럽게 가는 것이다.

그곳에서 나는 마치 이상한 나라에 간 앨리스처럼 생경하기만 했다. 그런 식의 삶이 있을 수도 있다는 것을 그 이전까지 한 번도 상상해본 적이 없었기 때문이다. 매순간 치열한 목표를 세우지 않고도 살 수 있다니, 남을 밟고 올라서지 않으면 생존할 수 없다는 강박감에 휩싸이지 않고도 살 수 있다니, 자의든 타의든 다른 사람과 끊임없이 비교당하지 않고도 살 수 있다니…. 그런 식의 삶이 가능하다는 것을 상정조차 해보지 않았던 것이다.

이 기분은 언젠가 다른 곳에서 느꼈던 어떤 허탈함을 떠올리게 했다. 대학교 1학년 때부터 나는 자주 혼자서 여행을 다녔다. 그런데 그렇게 혼자서 여행을 다니면서도 늘, '오늘은 여기 가서 이걸 보고, 내일은 저기 가서 저걸 봐야지' 하고, 빡빡하게 계획을 짜고 그 계획을 수행하며 다녔다.

그렇게 한 독일 여행이 거의 끝나갈 무렵, 독일 남부의 한 도시에서 성을 구경하는 중이었다. 그날도 다른 날과 마찬가지로 바쁘게 뛰어다니며 관광을 마치고 성의 뒤뜰에 갔는데, 한 가족이 그저 햇볕을 쬐고 있었다. 아이들은 정원에서 뛰어다니고, 부부는 벤치에 앉아 하염없이 햇볕을 쬐고 있었다. 남편의 어깨에 머리를 기댄 채 눈을 지그시 감고 있던 부인은 세상 그 누구보다 편안해 보였다. 나는 문득, 내 여행의 여러 날들 중에 저런 '멍한' 순간이 한 번이라도 있었나 되돌아봤다. 없었다. 나는 "온종일 차나 타고 다니면서 발 한 번 찍고 사진 한 장 찍고…, 그런 패키지여행은 딱 질색이야."라고 잘난 척을 했지만, 그저 이동 거리가 그보다 짧고 체류 시간이 그보다 길었다 뿐이지, 패키지여행과 별반 다르지 않은 방식으로 여행을 하고 있었던 것이다.

나는 착각하고 있었다. 뭘 하든 철저한 목표와 계획 하에 알찬 내용물(처럼 보이는 것)을 넘치도록 구겨넣지 않으면 안 되는 삶, 무엇을 하며 어디서 살고 무엇을 먹고 무엇을 입고 누구를 만나고 하는 모든 것이 다른 사람과의 비교 대상이 되는 삶, 그래서 경쟁하고 이겨야 살 수 있는 삶, 그런 방식의 삶에 너무 익숙해져, 세상 모든 사람들이 다 그렇게 사는 줄 알았다.

프로젝트 인생

첫 아이를 제왕절개로 낳고, 둘째 아이도 제왕절개를 해야 했던 친구가 있다. 그녀가 수술 날짜를 잡기 위해 찾은 곳은 병원이 아니라 점집이었다. 제왕절개가 가능한 2주의 기간 중 가장 좋은 날을 잡아달라고 했다. 아기의 사주팔자가 가장 좋을 날을 잡아 수술을 하겠다는 것이다. 그런 날이면 산부인과는 제왕절개를 하려는 산모들로 미어터진다. 심지어 자연분만이 가능한 사람들도 '그날'을 잡아 제왕절개 수술을 한다. 사주팔자가 좋은 아이를 낳아서, 내 자식 만큼은 반드시 성공시키겠다는 부모의 집념! 자연의 섭리마저 뜯어고친다. 아이 낳기 프로젝트다.

한국인들은 태어나서 죽을 때까지 프로젝트를 수행하듯, 마치 숙제를 하듯 인생을 산다. 부모들은 출산 프로젝트를 끝내면, 빨리 걷게 하기,

말 잘하는 아이 만들기, 영어도 능통한 아이 만들기 프로젝트에 돌입한다. 그리고 학교에 들어가면 무려 12년에 걸쳐 국제중, 특수고 진학이라는 서브 프로젝트를 포함한, 대학 입학 프로젝트에 돌입한다.

대학 입학 뒤에는 또다시 취업 프로젝트다. 공무원, 대기업, '사'자 돌림의 전문직…. 그뿐이랴? 직장에 들어가면 때맞춰 결혼도 해야 하고, 차도 사야 하고, 집도 사야 하고, 승진도 해야 하고, 여행도 가야 하고, 골프 등 운동도 해야 하고, 아이 낳아 잘 길러야 하고, 심지어 요즘은 나이를 짐작할 수 없는 '동안'을 유지하면서 몸매도 잘 가꾸어야 하니, 한국인으로 '웬만큼' 살아가려면 일생 동안 숙제하다 인생 다 보낸다.

왜 그럴까? 그럴 수밖에 없다. 경쟁에서 뒤처지지 않기 위해서다. 사회에서 낙오되지 않기 위해서다. 자칫 잘못하다가는 태어나 20년도 채 살지 못하고 일찍부터 패자의 멍에를 뒤집어쓰게 되는 곳이 바로 우리 사회다. 이 사회에서 물개나 캥거루처럼 '자연스럽게' 살아가기는 매우 어렵다.

카이스트 학생들의 죽음

대한민국 최고의 이공계 대학 카이스트에서 2011년 1월부터 4월 사이에 무려 4명의 학생이 자살을 했다. 원래 전교생 국비 장학생 체제였던 이 대학에 서남표 총장이 취임해, 성적에 따른 등록금 차등 부과 정책을 도입한 후에 일어난 일이다. 성적이 낮으면 등록금을 내야 했다. 성적이 낮으면 F가 아니어도 의무적으로 재수강을 하도록 했고, 전 과목의 영어

강의화를 추진하면서 학생이고 교수고 스트레스가 극에 달했다.

대한민국 최고의 과학 영재들을 모아놓고 하는 일이 고작 성적과 돈을 맞바꾸게 하는 일이라니, 카이스트에 들어와서도 창의력을 극대화시키는 대신 성적의 노예가 되기를 강요하는 이 같은 발상은 어디에서 나오는 것인가? 아래는 4번째 자살 사고가 일어나기 직전, 카이스트 학내에 붙었던 한 학생의 대자보다.

"학교는 우리를 컨베이어벨트에 줄 세워놓고 네모난 틀에 억지로 몸을 끼워 맞추도록 강요한다. 숫자 몇 개가 사람을 평가하는 유일하고 절대적인 잣대가 되었고, 우리는 진리를 찾아 듣고 싶은 강의를 선택하기보다 그저 학점 잘 주는 강의를 찾고 있다. 진리의 전당은 이제 여기에 없다. 학점 경쟁에서 밀려나면 패배자 소리를 들어야 하고, 힘든 일이 있어도 서로 고민을 나눌 여유조차 없다. 이 학교에서 우리는 행복하지 않다."

전 세계 각 나라의 행복지수 조사 결과를 보면, 국민소득 2만 달러, 세계 10위권의 경제 규모를 가진 우리나라의 국민 행복도 등수는 매우 절망적이다. 2010년 갤럽의 조사에서는 155개국 중 56위, 2009년 유럽 신경제재단(NEF) 조사에서는 143개국 중 68위, 2008년 영국 레스터 대학 조사에서는 178개국 중 102위였다. 2009년 보건사회연구원의 OECD 행복지수 분석에서도 우리나라는 30개국 중 25위로 최하위권이었다.

한국인들은 가진 게 많아도 행복하지 않다. 아니, 가진 게 많다는 생각을 해본 적이 없으니 행복하지 않다. 저 위를 보면 내 인생은 항상 초라하니 행복하지 않다. 우리는 항상 위아래로만 사고하니 행복하지 않다. 내가 정말 원하는 인생을 살고 있는지 모르겠으니, 행복하지 않다. 아니 이제는 내가 정말 뭘 원하는지도 모르니 행복하지 않다.

누가 정했는지 모를 '성공의 길', 내가 정말 원하는지 아닌지도 모를 '잘사는 길'을 향해 허덕허덕 달려가며 끊임없이 패배감에 시달리는 한국인들. 그 지독한 비교와 경쟁은 도대체 어디에서 시작된 것일까?

{ '원 스탠다드'를 강요하는 사회 }

지금 알고 있는 걸 그때도 알았더라면

그녀는 어려서부터 공부를 잘했다. 그녀보다 공부를 더 못하는 친구들도 외국어고등학교에 가겠다고 학원에 다니는 걸 보고, 자신도 외국어고에 가야겠다는 생각을 했다. 그래서 중학교 3학년 내내 죽도록 공부에 매달렸고, 우수한 성적으로 외국어고에 들어갔다. 모두들 칭찬해주었고, 부모님은 자랑스러워했으며, 그녀 스스로도 으쓱하고 우쭐해졌다.

그런데 외국어고의 생활은 기대했던 것과 달랐다. 아침 6시 반에 스쿨버스를 타고 학교에 갔다 자율학습까지 마치고 집에 돌아오면 11시였다. 주말에도 특별 과외를 위해 학원에 다녔다. 외국어 특성화 교육인 줄 알았더니 그저 입시 교육뿐. 친구들도 의대, 법대, 미국 아이비리그 대학 입시를 준비하느라 바쁘다. 그놈의 내신 때문에 애들끼리 노트도 안 빌려주고, 서로 눈치를 보며 몰래몰래 공부하고…. 삶이 점점 피폐해져갔다.

하지만 진짜 괴로운 건 따로 있었다. 생각해보니 하고 있는 공부가, 정말 자신이 하고 싶은 게 아니라는 것이었다. '내 꿈은 원래 화가였는데, 나는 지금 여기서 뭘 하고 있는 거지? 대체 내가 왜 여기에 있는 거지?' 하는 생각이 머릿속을 떠나질 않았다.

그녀는 크게 용기를 내어, 부모님께 미술 공부를 하고 싶다고 말했다. 그랬더니 부모님은 일단 대학부터 들어가란다. 선생님께도 미술을 전공하겠다고 하니, 일단 좋은 대학 들어가고 미술은 취미로 하란다. 그녀는 그때를 회상하며 이렇게 말했다.

"정말 힘들었던 건요, 제 얘기를 진심으로 들어주는 사람이 아무도 없었다는 거예요. 선생님도, 부모님도, 일단 대학부터 들어가라고 하고, 친구들도 저를 이상하게 보고, 상담소도 없잖아요. 학교 상담이라는 게 그냥 성적 상담하는 거지, 그게 무슨 진로 상담인가요? 시간이 갈수록 막막해지면서 계속 그곳에 있다가는 진짜 죽을 것 같았어요. 미술을 어떻게 취미로 해요? 내가 제일 하고 싶은 게 그건데, 그걸 어떻게 취미로 해요?"

그녀는 결국 외국어고를 자퇴하기로 결심했다. 집안은 거의 재난 수준이 되었단다. 말리다 지친 아버지는 딸과 아예 말을 끊었고, 엄마는 딸을 붙들고 매일 울었다. 그래도 그녀의 결심은 변하지 않았다. 결국 자퇴를 강행했고, 아버지는 그 뒤 1년 넘도록 딸과 얘기를 하지 않았다.

"집에 있기도 힘들고, 미술 실기도 많이 뒤졌고 해서, 미술학원 옆에 자취방을 구하러 다녔어요. 작은 셋방들을 보러 다니는데, 한 집에서 그만 엄마가 문지방에 걸려 넘어졌어요. 근데 엄마가 거기 그대로 주저앉아 울기 시작하는 거예요. 그때 둘이서 붙들고 얼마나 오래 울었는지 몰라요."

부모를 거역해야 했던 그녀 역시 몹시 아팠던 것이다.

나는 그녀를 라스베이거스에서 만났다. 인터넷 여행 카페에서 라스베이거스 여행 동행자를 찾던 중 캘리포니아의 한 대학에 교환학생으로 온 이 친구를 알게 되었다. 그녀는 검정고시로 대학에 들어가 지금 미술을 전공하고 있다. 같은 과 친구들 중에는 자기보다 더 극심한 집안의 반대를 무릅쓰고 가출, 단식 등으로 투쟁한 끝에 미대 진학이라는 꿈을 이룬 경우가 적지 않다고 했다.

그녀는 친구들과 종종 그런 얘기를 나눈다고 한다. 만약 좀 더 일찍 미술을 하겠다는 꿈을 키웠더라면, 그래서 초등학교나 중학교 때부터 미술관도 다니고 미술 탐방 프로그램도 참가하고 그랬더라면 얼마나 좋았을까? 왜 20년을 자신이 원하지도 않는 것에 매달리느라고 시간을 허비했을까?

"다들 꿈을 버리고 오는 거죠."

기자 : 왜 공무원이 되려고 하는 거죠?
청년A : 안정적이고, 나이 들어서도 계속 돈 벌 수 있고⋯.
청년B : 여유 시간이 많잖아요, 남는 시간에 하고 싶은 거 하려고요.

기자 : 뭘 하고 싶은데요?

청년A : 원래 스포츠 쪽 일을 하고 싶었거든요.

청년B : 저는 귀농이 꿈이라 농촌으로 배치 받아서 농장 하려고요.

기자 : 그러니까 공무원 자체가 목적이 아니라 남는 시간이 목적이군요.

청년A : 학고 때 '꿈이 공무원이다', 이렇게 갈하는 사람은 거의 없어요.

기자 : 여기 고시촌에 10만 명이나 있는데요?

청년B : 다, 자기 꿈을 버리고 오는 거죠.

미국에서 돌아와 처음으로 만든 리포트가 '청년들의 꿈'에 대한 것이었다. 노량진 고시촌에서 고시생들을 만나 술을 한잔 마시며 얘기를 나눠봤다. 처음에는 공무원의 장점에 대해 늘어놓던 그들이, 꿈에 대해 묻자 진심을 털어놓았다. 사실은 모두 하고 싶은 지 있었단다. 축구선수가 되고 싶었고, 무용가가 되고 싶었고, 농대에 다니며 동물을 키우고 싶었다. 하지만, 결국 공무원이 되기 위해 고시촌에 들어왔다.

초등학생들에게 꿈에 대해 물었다. 맛있는 빵을 구워 사람들에게 먹여주고 싶고, 바리스타가 돼 커피를 팔고 싶단다. 우주 비행사가 돼 화성도 탐사해보고 싶고, 탐험가가 돼 여러 나라도 여행해보고 싶고, 발명가가 돼 멋진 물건을 만들어보고 싶단다. 중국집 아들은 요리사가 돼 아버지의 뒤를 이어 중국집을 하고 싶다고 했다.

하지만 고등학생들에게 꿈을 묻자, '힘들다'고 한다. 꿈을 키우자니 좋은 대학에 갈 수 없을 것 같아서 고민이라고 한다. 대학생들은 스펙을 쌓으면서도 방황한다. 시간이 가고 주변의 압력이 밀려오면 막을 힘이 없다고 했다.

우리 청년들은 이렇게 꿈을 잃어간다. 사회가 그들을 그렇게 몰아가고 있다. 왜? 우리 사회는 모든 사람들에게 오로지 한 가지 기준, 원 스탠다드one standard에 맞춰 살도록 강요하기 때문이다.

대학에는 좋은 대학이라는 게 있다, 서열로 순위까지 매겼다. 직업에도 좋은 직업이 있다. 예부터 내려온 '관'을 쓰는 것으로 분류될 수 있는 것들이다. 결혼에는 적령기라는 게 있고, 모든 특정한 장소에는 적합한 복장이라는 게 있고, 심지어 잘사는 게 뭔지에 대해서도 답이 정해져 있는 듯하다.

이렇게 한국 사회는 모든 사람들에게 하나의 길을 따라가라고 강요한다. 사회가 좋다고 인정한, 남들 보기에 그럴 듯하다고 여겨지는 그 길을 쫓아가느라 자신까지 잃어버린다. 그 좁은 1차선 길에 들어가려고 아등바등하는 사람이 5,000만 명, 지독한 비교와 경쟁은 필연적인 결과다.

10대들의 로우킥

로우킥, 10대들 사이에서 유행하고 있는 새로운 종류의 일탈이다. 적나라한 동영상이 언론에 두세 차례 공개되어 충격을 준 바 있다. 로우킥은 10대들이 자신보다 힘없는 초등학생들을 발을 걸어 넘어뜨리거나 발길질을 하고 도망가는 것이다. 특별한 이유는 없다. 괜히, 그냥, 재미로 하는 장난이란다. 초등학생뿐 아니라 노약자나 노숙자도 그들의 로

우킥 장난의 대상이 된다. 나는 이 10대들의 로우킥에서 끔찍한 패자의 심리를 본다.

요즘 중고등학생들에게 학교란 더 이상 인성과 교양을 기르는 곳이 아니다. 성적이라는 단 하나의 기준으로 순위를 매기고, 그를 기준으로 인격적인 모독과 차별까지 가하는 가혹한 곳이다. 다양한 잠재력을 시험해보며 미래에 대한 꿈을 키워야 할 시기에, 성적순으로 인격까지 평가받는 아이들의 스트레스는 어떨까.

단 하나의 기준, '성적'으로 사춘기에 이미 패자가 되는 그 아이들의 로우킥은, 힘없는 초등학생이라도 한번 넘어뜨려서 잠시나마 누군가를 이겨보고 싶은, 그렇게 해서라도 일상의 열패감을 극복해보려는 패자의 심리다. 그런 방법 외에는 지독한 상실감을 달랠 방법이 없는 그들의 처지를 보여주는 듯하다.

오로지 하나의 기준에 의한 경쟁이 사회 전체를 지배하고 있고, 그래서 그 기준에서 벗어나서는 도저히 생존할 수가 없다면, 패자들에게 살아남을 방법은 하나밖에 없다. 정상적으로 이길 수 없으면 비정상적으로라도 이기는 것이다.

어차피 내가 세운 목표도 아니지 않은가? 사회가 만들어놓은 목표다. 가고 싶은지 아닌지 생각해본 적도 없고, 가야 할 이유도 잘 모른다. 하지만 가야만 한다고, 이겨야 한다고 한다. 그러니 어떻게 해서든 이기기만 하면 되는 것이다.

시험지를 통째로 훔쳐서 커닝을 하고, 아예 학교 선생님을 개인 과외 선생님으로 섭외(?)해서 내신을 높이고, 가고 싶은 대학의 교수에게 미리 음악, 미술 레슨을 받아 고지를 선점하는 일들이 아무렇지도 않게 일어난다. 중상모략을 해서라도 경쟁자들을 넘어뜨리고, 소위 연줄, 빽줄을 동원해서라도 승진을 한다. 뇌물을 써서라도 입찰을 따내면 되고, 속이 부실하면 겉이라도 번지르르하게 만들어 좋은 평가를 받으면 된다. 잘할 수 있나 없나, 제대로 했나 안 했나가 뭐가 중요한가, 그냥 이기기만 하면 되는 것을…. 목표를 달성하기 위해 과정의 부당함쯤은 눈감아버릴 수 있는 용기, 자신이 세우지도 않은 목표를 위한 경쟁에 내몰린 데서 오는 폐해다.

그런데 그것조차 할 수 없는 사람들이 많다. 공부도 안 되는 것 같고, 집에는 돈도 없다. 아마 죽을 때까지 따라가려고 노력해도 안 될 것 같다. 불현듯 화가 치민다. 에라, 모르겠다. 오늘은 집에 가다 애들이나 한번 발로 차봐야겠다.

패자부활전이 없다

한국의 서열주의가 다른 사회보다 더욱 지독한 경쟁을 낳게 된 이유는, 하나의 기준에서 한 차례만 낙오돼도 그게 낙인이 돼 평생 회복하기가 어렵기 때문이다. 누구나 쉽게, 한순간에 인생의 영원한 패자가 될 수 있다. 이른바 '패자부활전'이 존재하지 않는다.

내가 다닌 미국의 주립대학에서는, 한국으로 치면 과거의 전문대 같은 2년제 대학을 나온 후 편입한 학생들을 드물지 않게 볼 수 있었다. 사실 미국의 유명 사립대학은 등록금이 어마어마해 돈은 없고 공부만 잘하는 학생들이 들어가기가 쉽지 않다. 가난한 학생들에게는 유명 주립대학의 등록금도 부담스럽다. 그런 학생들은 등록금이 싼 2년제 대학에 일단 들어간다. 거기서 돈을 벌면서 열심히 공부하면 4년제 대학으로의 편입이 어렵지 않다. 주립대학에서 두각을 나타내면 유명 사립대 대학원에 장학생으로 진학할 수도 있다.

직장도 마찬가지다. 지방의 작은 회사에서 말단직원으로 시작해 마이크로소프트 같은 우량기업까지 차곡차곡 단계를 밟아갈 수도 있다. 우리처럼 스무 살에 어느 대학에 입학하느냐, 첫 직장은 어디에 입사하느냐가 평생을 좌우하지 않는다는 것이다. 패자부활전이 가능한 사회다. 우리 사회에는 아직 이게 없다. 고등학교 딱지, 대학 딱지, 첫 직장의 딱지…. 이런 딱지들이 평생 붙어 다닌다.

그러니 언제 어디서든 승자가 돼야 한다. 그런데 어디 그게 쉬운 일인가? 1등부터 꼴찌까지 세워놓은 줄에서 앞으로 앞으로 부지런히 앞 사람을 따돌리고 가면, 끝에 가서 결국 1등을 거꾸러뜨리고 그 자리를 차지할 수 있다. 하지만 언제 다른 사람에게 밟힐지 모른다. 서열이란 본래가 그런 것이다. 결국 1등은 1명뿐이다. 극단적으로 말해 1등을 제외하고는 나머지가 100명이든 1,000명이든 수백만, 수천만 명이든 모두 패자다. 현재의 1등 역시 이 서열주의의 사회에서는 언제 패배자가 될지 모르는 운명이다. 서열의 상위를 점하든 하위로 떨어지든 결국은 누구도 행복해질 수 없는 이유다.

내가 좋아하는 가수 양희은의 노래 중에 '우리가 오를 봉우리는'이라는 노래가 있다. 산에 오르면 가끔 불러본다. 김민기가 지은, 독백이 반인 노래의 가사가 이렇다.

사람들은 손을 들어 가리키지.
높고 뾰죽한 봉우리만을 골라서….

내가 전에 올라 가봤던 봉우리 얘기 해줄까?
봉우리….
지금은 그냥 아주 작은 동산일 뿐이지만 그래도 그때 난
그보다 더 큰 다른 산이 있다고는 생각지 않았어.
나한텐 그게 전부였거든.
혼자였지. 난 내가 아는 제일 높은 봉우리를 향해 오르고 있었던 거야.
너무 높이 올라온 것일까? 너무 멀리 떠나온 것일까?
얼마 남진 않았는데…. 잊어버려. 일단 무조건 올라보는 거야.
봉우리에 올라서 손을 흔드는 거야. 고함도 치면서.
지금 힘든 것은 아무것도 아냐.
저 위, 제일 높은 봉우리에서 늘어지게 한숨 잘 텐데 뭐….

허나, 내가 오른 곳은 그저 고갯마루였을 뿐.
길은 다시 다른 봉우리로….
거기 부러진 나무 등걸에 걸터앉아서 나는 봤지.
낮은 데로만 흘러 고인 바다.
작은 배들이 연기 뿜으며 가고….
(후략)

봉우리란 넘어가는 고갯마루일 뿐이다. 산 정상에 올라보면 무엇이 보이는가? 다시 다른 봉우리들뿐이다. 우리가 우리 자신의 길을 가지 않는 한, 스스로의 길을 가지 않는 한, 봉우리에 오르더라도 그게 행복을 가져다주지는 않는다.

{ 승자
　　vs. 패자 }

서울대 대학원의 추억

　대학 시절 여러 고민들로 진로에 대해 갈피를 잡지 못하던 나는 대학을 졸업할 때가 다 돼서야 심리학과 대학원에 가기로 결심했다. 이미 그 이듬해 대학원 입학을 위한 시험은 다 끝나버렸고, 심리학에 대해서는 학부 때 교양과목 2개를 들은 것 외에는 아는 것도 없는 상태여서, 1년을 대학원 입시 준비에 투여하기로 결정했다.

　그런데 당시 내가 학부를 졸업한 대학에는 심리학과가 없었다. 그래서 서울대 심리학과 대학원에 가기로 결심했다. 왜 하필 서울대인가? '등록금이 싸서'라고 말하곤 했지만, 글쎄다. 나도 간판이란 걸 따고 싶었을까. 어쨌든 그 결심 이후 나는 그때껏 산 23년 인생에서 한 번도 겪어보지 못한 일들을 경험하게 된다.

호랑이를 잡으려면 호랑이굴에 들어가야 한다는 심정으로 새 학기가 시작하자 서울대로 등교하기 시작했다. 물론 그냥 도서관에서 공부하는 청강생이다. 서울대 도서관에는 그런 학생들이 적지 않았다. 대학원 입학시험 과목은 심리학의 모든 세부 분야를 망라해 13과목이나 됐고, 영어에 제2외국어까지, 대학 때 공부를 안 했으니 완전히 새로 공부해야 했다.

몇 과목의 심리학과 학부 강의를 청강하기 시작했다. 서클활동을 통해 알게 된 서울대 친구를 통해 심리학과 대학원 시험을 준비하는 4학년생 1명을 소개받았고, 그가 이른바 '족보'라는 시험 준비 자료도 건네주었다.

하지만 힘든 시간들이었다. 아는 사람이 거의 없는 남의 학교 도서관에 매일 새벽부터 혼자 가 앉아 공부를 하다, 청강 때는 맨 뒤에서 조용히 앉아 있었고, 점심도 혼자 먹었다. 젊은 여자에게 학생회관처럼 사람이 많은 식당에서 매일 혼자 밥을 먹는 건 결코 즐거운 일일 수 없었다. 그런 환경에서 느끼는 기분 자체가, 늘 잘난 척을 하며 살던 내 인생에 찾아온, 최초의 아주 실질적인 굴욕 같은 것이었다. 함께 서울대 대학원을 준비하던 같은 대학 출신 동창은, 1주일 만에 그 생활을 포기하고 동네 도서관으로 가버렸지만, 나는 대학원 시험이 끝날 때까지 그 생활을 고집했다.

청강을 하면서 대학원 시험을 준비하던 본교의 몇몇 4학년생들과 알게 돼 간혹 수인사를 하는 사이가 되었다. 여름방학이 다가올 무렵, 그들이 스터디그룹을 만들었다는 얘기를 들었다. 족보를 건네주었던 학생을 통해 그 스터디그룹에 낄 수 있는지 물었다. 어차피 본교생인 그들

중에 시험에 떨어질 사람은 없어 보였고, 남은 한두 자리에 다른 대학 출신들이 들어가는 것이니 별 문제 없는 제안이라고 생각했다.

하지만 돌아온 대답은 '노No'였다. 내가 너무 순진했던 걸까? 감히 본교생들 스터디그룹에 끼겠다는 건방진 생각을 하다니. 일순 무안해졌다. 그래도 거기까지는 괜찮았다. 그럴 수도 있겠다 싶었다. 하지만 나를 당황스럽게 만들었던 것은, 평소 지나치면 수인사를 하던 그들이 내가 그 제안을 한 이후로 나를 외면하며 인사조차 하지 않았다는 것이다.

더부살이 같았던 서울대 도서관에서의 시간은 그처럼 깔깔했다. 10여 개월을 그렇게 보낸 뒤, 나는 대학원 시험에 합격했다. 10명이 약간 넘는 학생이 합격했는데 나를 포함해 3명이 타교 출신이었다. 이제는 그들과 대등한 입장이 된 것인가? 그것은 또 한 번의 착각이었다.

사건은 모든 대학원 1학기생의 공통과목인 심리통계 시간에 벌어졌다. 심리통계는 심리학 실험 분석의 기초가 되는 통계학 소프트웨어의 활용과 해석법을 배우는 것이다. 두세 번 강의를 들은 후 매주 소프트웨어를 활용한 분석 리포트를 제출해야 했는데, 첫 번째 리포트를 제출한 그다음 시간이었다. 교수가 강의 첫머리에, 학생들이 제출한 리포트들을 되돌려주며 내 리포트를 특별히 지목해, "이게 아주 잘됐어, 다들 돌려보고 이런 식으로 작성하라구."라고 말했다. 내가 얼마나 열심히 리포트를 작성했을지 상상해보라. 나를 무시했던 그들에게 내가 어떤 사람인지 보여주겠다던 오기로 가득 차 있었으니 말이다.

하지만 그건 좋은 대응방식이 아니었다. 그들은 대한민국 최고의 대학, 서울대에 들어간 승자들이다. 그들에게 나는, 한낱 '패자였던' 사람일 뿐이다. 그런 너가 그들이 참고해야 할 대단한 리포트를 작성한다는 게 말이 되는가? 나는 항상 한 걸음 뒤처지는 사람이어야 한다. 그들의 기준으로는.

스터디그룹에 넣어달라는 말을 했을 때 대놓고 나를 외면했던 몇 명은 그 사건 이후 드디어 나를 외면하기 시작했다. 하지만 나 역시 이번에는 그들이 두렵지 않았다. '똑같은 조건에서 평가받는다면 나도 자신 있어.' 하는 심정으로 더 독하게 공부했다. 교수들도 동급생들도 1년 정도가 지나고 나서(어찌 보면 그때서야) 나를 동기로 인정하는 것 같았지만, 나는 왠지 행복해지지 않았다.

"너는 원래 패자였잖아!"라며 나를 무시하려는 그들이나, "두고 봐, 나도 너희들을 이길 수 있다구!"라고 오기를 부리는 나나, 다를 게 무언가? 똑같았다.

승패 가르기와 서열 매기기가 너무 당연한 나라

한 예능프로그램 출연자가 '키 작은 사람은 루저(loser, 패자)'라는 말을 해 사회적으로 큰 파문을 일으킨 적이 있다. 승자와 패자를 가르는 기준이 의지나 노력으로 어찌할 수 없는 '외모', 그중에서도 수술조차 불가능한 '키'의 문제로까지 번지게 된 것이다. 전 세계의 키 작은 남성들이여, 대한민국에서 태어나지 않은 것을 감사할지어다.

우리 사회가 분야를 막론하고 얼마나 승자와 패자 가르기에 익숙한지, 이 사건은 잘 보여준다. 내가 참여했던 미 국무부 국제방문단 프르

그램에서는, 예전에 국회의원들을 대상으로 한 미국 방문 프로그램도 운영했었다. 거기에서 전해 내려오는 웃지 못할 일화가 하나 있다. 프로그램에 참여한 한 국회의원이 미국 대학을 안내해주던 대학원생에게 '이 대학은 미국에서 서열이 몇 위나 되느냐?'고 물었다는 것이다. 그 대학원생은 '우리 대학을 이렇게 서열로 매기려 하는 사람들에게는 불쾌해서 소개를 못하겠다.'며 가이드를 거부해 망신을 당했단다.

이렇게 대학의 서열이 당연한 우리나라에서, 서울대는 우리 사회 최고의 승자들이 모여 있는 곳이다. 그렇다면 이 20대 초반의 승자들은 그 안에서 행복할까?

서울대 상담센터에는 우울증을 호소하는 학생들이 적잖이 찾아온다. 심리적인 문제를 호소한다고 하면 무슨 정신병처럼 생각하는 사람들도 많지만, 병원에 입원할 정도가 아니라도 많은 사람들이 일상생활에서 무기력과 대인기피 등 지속적인 우울증 증세들을 경험할 수 있다. 그런데 왜 일상이 자신감에 차 있고 행복에 겨워야 할 서울대생들이 대학에 들어와 뒤늦게 우울증을 겪게 된단 말인가?

서울대에 들어온 학생들 대부분이 12년 동안 공부만 알고, 공부를 잘한다는 이유로 칭찬만 받던 이들이다. 그런데 막상 대학에 들어와 보니 더 이상 공부가 전부가 아니란 걸 깨닫게 된다. 자신이 최고인 줄 알았는데, 수재 정도가 아니라 천재 수준의 친구들이 있는가 하면, 공부 외에도 운동, 음악, 영화 등등 다양한 재능을 가진 친구들을 보게 된다. 자기만큼 공부를 잘했던 이들이 잔뜩 모여 있는 그곳에서, 고등학교 때 1등을 했다는 게 더 이상 자신을 승자로 만들어줄 수 없고, 어쩌면 자신은 공부 외에 다른 건 할 줄 모르는 사람으로 전락할지도 모를 일이다. 승승장구했던 지난 12년의 세월과 달리 앞으로는 승자가 될 수 없을지도 모른다는 불안감, 더 이상 승자의 기분에 취해 살 수 없는 데서 오는 우울함 등이 엄습하는 이유다. 그렇다면 이들이 승자 의식을 유지할 수 있는 방법은 무엇인가?

승자들의 두려움

그것은 바로 배타주의다. 비록 이 승자들끼리의 공간에서는 자신의 배타적 승자 의식을 유지할 수 없지만, 서울대가 1위인 한, 서울대가 승자의 대학인 한, 자신은 서울대 바깥에 있는 사람들에 대해서는 계속 승자일 수 있다. 그러니 서울대 바깥에 있는 사람들은 계속 무시돼야 하고, 서울대 바깥에 있는 사람들의 상대적 열등은 계속 증명돼야 한다. 1등을 유지하는 데 가장 중요한 것은 1등 이외의 사람들을 원천적으로 패배시키는 것이다. 절대 이겨보겠다고 기어오르지 못하도록 말이다.

이것은 비단 서울대나 경기고 같은 명실공히 1등 조직에 속한 사람들에게서만 나타나는 게 아니다. 1등은 2등, 3등, 4등에 대해, 2등은 3등, 4등, 5등에 대해, 서울 소재 대학은 지방 소재 대학에 대해, 지방 국립대는 지방 사립대에 대해…. 이처럼 사회적으로 자신보다 서열이 낮은 위치에 있는 사람들을 무시하고, 진입장벽을 높여서 그들에 대한 배타성을 최대한 견고하게 유지하려는 태도는 끊임없이 확장된다.

직장에서도 마찬가지다. 여자들은 좀 빠져주면 좋겠고, 지방대생은 좀 비켜주면 좋겠고, 특정지역 출신들은 좀 배제하면 좋겠고…. 어떤 사회적 기준이든 자신보다 낮게 위치한 사람들은 동등한 경쟁의 대열에서 좀 빠져줘야 경쟁에서 유리하지 않겠는가?

우리나라에서는 중소기업에서 일하다 실력을 인정받아 대기업으로 옮기는 게 거의 불가능하다. 한 번 대기업 출신은 영원히 대기업 출신이고, 한 번 중소기업에 들어가면 영원히 중소기업 출신이니, 취업난은 심각하다는데 중소기업에는 가려는 사람이 없어 중소기업은 구인난에 시달린다.

'기자가 되기 위해 고시 같은 시험을 본다'고 하면 미국 사람들은 어리둥절해한다. 래리 킹을 보라. 지방의 작은 방송국에서 라디오 진행자로 시작해 몇 단계를 거쳐 세계적인 방송 CNN의 프라임타임 토크쇼 진행자로 우뚝 섰다. KBS도 경력기자를 뽑은 적이 있다. 하지만 중앙일간지에서 일하던 1~2년차 기자들이 방송국으로 자리를 옮기는 경우가 대부분이지, 케이블 방송이나 지방 방송국에서 이름을 날렸다고 스카우트되는 경우는 없다. 그저 비슷한 기득권을 가진 사람들끼리 서로 왔다 갔다 할 뿐인 것이다.

조금이라도 기득권을 가졌다고 생각되는 사람들은 자신들이 속한 영역의 진입장벽을 철저히 높여놓는다. 기득권을 유지하는 데 배타주의만큼 좋은 방법은 없기 때문이다.

그게 승자의 여유로움일까? 아니다. '실력으로 평가한다면 혹시 내가 다시 패자가 되지 않을까?' 하는 두려움이다. 일단 지금 움켜쥔 기득권을 철저히 유지해 이 기득권 안에 있는 사람들끼리만 경쟁하고자 하는 이유다. 그러니 가장 낮은 단계부터 가장 높은 단계까지 깨기 어려운 진입장벽들이 차례로 만들어진다.

  이러한 배타성의 본질은 승자 의식이 아니라 바로 패자 의식이다. 이 얼마나 슬픈 현실인가? 인간을 인간이 아닌, 승자와 패자로 가름하는 세상에서, 사실은 누구도 진정한 승자가 될 수 없으니 말이다. 패자가 되지 않기 위해, 조금이라도 더 승자처럼 보이기 위해 몸부림치는 슬픈 군상들만 우울하게 서성거린다.

{ 사촌이 논을 사면 배가 아프다 }

문제는 그가 너무 잘났다는 것

'사촌이 논을 사면 배가 아프다'는 말이 있다. 언제부터 생긴 말일까? 사촌이란 말이 만들어진 후일 것이고 논에 짓는 벼농사가 중요한 시기이니, 아마 조선시대에 생긴 게 아닐까 싶다. 가족의 촌수를 사돈의 팔촌까지 따져가며 그 유대를 중요시한 유교사회에서, 가깝다면 가까운 사촌이 논을 사는데 왜 배가 아픈가? 축하는 못해줄 망정 왜 배까지 아파 생병이 나느냐는 말이다. 나도 잘되고 너도 잘되자는 마음보다, 내가 안될 바에야 너도 안되는 게 낫다는 마음이 일반적이기 때문이다.

산호세에 갔을 때다. 실리콘밸리를 구경하겠다고 하니 가봐야 건물들만 죽 늘어서 있는데 뭐하러 거길 가느냐며 그보다는 스탠포드 대학을 구경하라는 조언을 들었다. 이미 중년에 접어든 나이에, 주로 한국 부모들이 초중고등학생을 데리고 나서는 대학 순례 같은 데는 관심이 없었지만, 추천자의 말을 믿어보기로 했다.

막상 스탠포드 대학에 가보니, 그저 보는 것만으로도 경탄이 나올 만큼 멋진 캠퍼스였다. 황금빛을 테마로 한 주요 건물들은 중세의 유럽과 이슬람 양식을 따와, 마치 스페인의 어느 옛 궁전에 와 있는 듯한 착각이 들게 했고, 로댕 정원에서는 박물관을 하나 만들어도 부족하지 않을 정도의 역작들이 방문객들의 발길을 붙잡았다. 돈이 많지 않은 주립대학의 딱딱한 캠퍼스만 보다 건물 하나하나가 예술작품 같은 명문 사립대의 캠퍼스를 보니 부러움마저 들었다. 캠퍼스를 어슬렁거리다 보니 문득 '스탠포드 대 졸업 학력 위조' 파문으로 곤욕을 치른 가수 타블로가 생각났다. 그때 동행한 미국인에게 "우리나라 가수 하나가 스탠프드 대학을 졸업을 했느니 안 했느니 하는 일로 곤욕을 치렀다."고 했더니 "누구? 가수? 가수에게 학력이 중요해?"라고 되물었다.

타블로의 학력 위조 파문은 그 전개 과정과 결말이 참으로 어처구니없는 사건이었다. 일부 네티즌이 스탠포드 대 졸업자 명단에 타블로의 이름이 없다며 학력 위조 의혹을 제기하자 많은 네티즌이 호기심을 가졌고 인터넷에 '타진요(타블로에게 진실을 요구합니다)'라는 카페까지 만들어져 타블로의 학력 위조 의혹을 본격적으로 확산시켰다.

이에 타블로는 스탠포드 대 친구들과 찍은 사진, 성적증명서, 교수의 발언까지 내놓으며 결백을 주장했고 스탠포드 대 측에서 직접 나서서 타블로의 졸업 사실을 확증했는데도, 일부 네티즌들은 타블로를 전산 조작으로 고발하는 등 끝까지 타블로를 믿지 않았다. 결국 경찰이 '타블로의 스탠포드 대 학력은 진짜'라는 결과를 내놓은 뒤에야(일부는 그 뒤에도 믿지 않았지만) 사건은 일단락되었다. 타블로는 아니 땐 굴뚝에서 난 들불로 만신창이가 된 채 연예활동을 중단했다. EBS에서 영어강사로 활동하던 타블로의 형 이선민 씨는(그 또한 학력 위조 의혹에 시달렸다) "우리 말은 처음부터 아무도 믿어주지 않았다."며 고통을 회고했다.

확실한 근거도 없는 일부 네티즌의 의혹 제기가, 왜 끊임없이 결백을 주장하며 그 증거를 제시하는 타블로 측보다도 더 많은 사람들을 움직였는가? 왜 사람들은 증거를 제시하는 타블로 측이 아니라 근거도 없이 의혹을 제기하는 타진요의 말을 더 믿고 싶어 했는가? 왜 의혹 제기에 동참하는 네티즌들은 목소리를 높이는데, 그 반대편의 사람들은 그토록 조용하게 침묵을 지켰는가? 왜 우리 사회는 죄 없는 한 젊은이에 대한 마녀사냥을 그냥 그렇게 바라보기만 했는가?

2003년 '에픽하이'라는 힙합그룹으로 데뷔했을 때부터 타블로는 대중의 특별한 관심을 받았다. 범상치 않은 재능에 미국 명문 스탠포드 대 석사 학위. 학력 위주의 풍토가 만연한 승자 찬양의 사회에서 그럴듯하지 않은가? 노래는 물론 작곡과 작사, 라디오 DJ 등 다방면에서 재능을 드러낸 그의 모습은 한마디로 이 시대의 '엄친아'로 세인의 부러움을 사기에 충분했다.

그는 연기력으로 승부하는 배우 강혜정과 공식 연인이 됐다. 그리고 강혜정의 혼전 임신 사실을 당당히 고백했다. 나는 이 부분이 가장 아슬아슬하게 느껴졌다. "요즘 세상에 혼전 임신이 무슨 흠이라고!"라고 말하는 사람들이 많지만, 우리의 전통 규범에서 혼전 임신은 여전히 흠이다(물론 나는 그렇게 생각하지 않는다). 따라서 사람들은 혼전 임신을 눈 가리고 아웅 하듯 숨기고, 그 사실을 아는 주위 사람들 역시 알아도 모른 체한다. 하지만 미국에서 자란 타블로에게 그런 사회통념이 영향을 미쳤겠는가? 그는 당당히 알렸다.

이처럼 그는 가진 게 지나치게 많았을 뿐 아니라, 사생활 문제에 대해서까지 지나치게 당당했다. 하지만 그에게는 미묘한 약점이 하나 있었다. 대한민국 국적자가 아니라는 것이다(이에 대해서는 4부 '멜팅 팟 vs. 모자이크' 편을 참고하라). 미국이라는 나라는 여전히 우리에게 부러움과 질시의 대상이 아닌가? 거기에서 살다 갑자기 한국으로 넘어와 온갖 부귀를 누리는 그에 대해 누군가는 이미 틈을 보고 있었다.

비교와 경쟁, 우리 사회의 집단 병리

승자와 패자를 엄격하게 가르고, 승자들이 가진 기득권의 장벽이 패자들이 넘보기에 지나치지 견고한 사회에서는 시민 대다수가 패자감에 시달릴 수밖에 없다. 그래서 승자들은 때로 공공의 적이 된다.

승자들이 승자가 될 만한 수준의 능력이나 경력, 학력을 갖고 있지 않거나, 승자가 되기에 충분한 자격을 입증하지 못하는 경우, 또는 승자가 되었다고 지나치게 잘난 척을 하며 겸양의 미덕을 보여주지 못할 경우에(승자들에게는 때로 지나친 솔직함과 당당함이 흠이 될 수 있다) 문제가 생긴다. 그런 승자에게 어떤 틈이 포착되면, 시민들은 조용히 지켜보다 '그럴 줄 알았다'는 듯 갑자기 들고 일어난다. 마녀사냥이 시작되는 것이다. 마치 '승자 흠집 내기 집단 발동' 같다.

최근에는 반대의 사례들도 나타나고 있다. 집단의 힘으로, 승자가 될 수 없을 것 같은 사람들을 승자로 만들어주는 것이다. '미친 존재감'이라는 별칭으로 네티즌의 폭발적인 관심을 받아 일약 스타덤에 오른 '티벳궁녀' 최나경의 경우가 그렇다. 또한 키 163센티미터에, 중졸, 가난한 배관공 출신의 허각이 재미교포 출신의 미끈한 존박을 이긴 '슈퍼스타 K'의 반전드라마도 같은 경우다.

나는 이 두 종류의 정반대 사례들이 우리 사회의 다른 면을 보여준다고 생각지 않는다. 틈을 보이는 승자는 가차 없이 끌어내리고 싶어 하고, 가망이 없어 보이는 듯한 사람들을 때로 승자로 만들어주고 싶어 하는 우리 사회의 집단 심리는, 시민들이 승자와 패자의 가름질에 얼마나 예민한지를 보여준다. 얼마나 승자가 되고 싶어 하는지, 승자가 되지 못한 데서 오는 패배감이 얼마나 아린지를 보여주고 있다. 사촌이 논을 사면 배가 아프듯이 말이다.

옷 잘 입기도 경쟁?

전 세계 유명 도시를 돌아다니며 거리 패션 사진을 찍는 사진작가 스콧 슈만은 어느 일간지와의 인터뷰에서 서울 여성들의 패션에 대해 "놀라울 정도로 대담하고 트렌디하지만, 마치 여자들끼리 서로 경쟁하는 옷차림 같다."고 평했다.

미국에 살면서 가장 편했던 게 옷 입는 것이었다. 미국 사람들은 옷을 정말 '아무렇게나' 입는다. 옷을 꼭 어떻게 입어야 한다고 사회적으로 강제되는 공간이 많지 않다. 꼭 필요한 경우에는 미리 드레스 코드가 공시된다. 그래서인지 다들 그냥 편하게 입고 다닌다. 일부는 자신의 패션 취향을 강하게 어필하지만, 그렇더라도 자기 취향대로지 다른 사람들이 나를 어떻게 볼까를 신경 쓰는 옷차림은 아니다.

거기서는 나도 티셔츠에 슬리퍼 신고, 때로는 핫팬츠에 파마머리를 치렁치렁 늘어뜨리면서 하고 싶은 대로 마음껏 하고 다녔다. 아무도 나를 신경 쓰지 않았고, 나 역시 아무도 신경 쓰지 않았다.

우리나라 사람들은 남에게 보여주기 위해 옷을 입는다. 옷은 물론이고 헤어스타일, 가방, 구두, 액세서리까지, 우리는 그 사람이 꾸민 겉이 그 사람의 속까지 보여준다고 믿는다. 모두 정장을 입은 장소에 혼자 캐주얼한 옷을 입고 나타났다면, 그는 예의가 없는 사람이자 뭘 잘 모르는 사람이고 아마 평소에 정장을 잘 입지 않는, 즉 사회적으로 낮은 계층에 속하는 사람으로 취급될 가능성이 높다. 사람들이 실제로 그렇게 평가를 한다.

유행에도 민감하다. 여자들의 경우 부츠컷, 즉 아래로 갈수록 폭이 넓어지는 바지가 유행할 때는 다 그런 바지를 입는다. 나만 혼자 쫄바지를 입으면 왠지 혼자만 뒤처지는 것처럼 느껴지기 때문이다. 유행하는 부츠컷 스타일의 바지를 살 돈이 없어서 어쩔 수 없이 쫄바지를 입는 기분이다. 반대로 레깅스 스타일이 유행할 때는 레깅스를 입어야 한다. 그때 철 지난 부츠컷 바지를 입으면 또 똑같이 그런 기분을 느끼게 된다. 일명 '뽕'이라 불리는 어깨 패드가 한껏 들어간 스타일이 유행할 때는 그런 옷을 한 벌쯤 사서 입어줘야 하고, 미니멀한 스타일이 유행할 때는 또 그런 식으로 옷을 사 입어야 한다. 남자들도 마찬가지다. 원 버튼 스타일이 유행일 때 쓰리 버튼 스타일의 자켓만 계속 입고 출근하는 게 어색한 적이 없었을까? 이렇게 남의 눈을 의식하니, 패션모델처럼 화려하고 트렌디하게 차려도 각자의 개성은 별로 없다.

꾸미기 경쟁도 곳곳에서 벌어진다. 한 달에 한 번 동창회에 나가는 중년의 부인들에게 옷차림과 액세서리, 가방은 곧 자신의 신분을 나타내주는 결정적인 지표다. 모피코트와 명품 가방이 필요한 이유다. 딸내미가 결혼반지로 다이아몬드를 받았는지 못 받았는지, 반 캐럿인지, 1캐럿인지, 2캐럿인지는 결혼에 관한 이런저런 이슈들 중 가장 큰 관심사다. 만약 다이아몬드 반지를 받지 못했을 경우 "사실은 우리 애가 너무 알뜰해서 반지를 안 받고 그걸로 집 얻는 데 보태겠다고 해서 그렇게 된 거야."라고 친지들에게 일일이 설명을 하고 다녀야 한다. 아니, 왜 그런 것까지 설명해야 하나. 도대체 누구를 위한 결혼인가 아리송하다.

일상을 감시당하다

비교와 경쟁은 규범을 만나 더욱 시너지를 일으킨다.

나는 기자가 된 후로 머리를 기른 적이 별로 없다. 내근을 하거나 라디오 진행을 할 때는 머리를 기른 적이 있지만, 취재기자로 일할 때는 항상 머리를 짧게 잘랐다. 데스크들은 옷차림과 머리 모양은 물론 '입술이 빨갛다', '귀걸이가 너무 반짝거린다' 등등, 시시콜콜 지적을 했다. 옷 색깔은 검은색, 회색, 어두운 남색, 갈색 등을 주로 입었다. 빨간색이나 노란색 같은 화사한 색깔의 옷이나 여성스러움이 느껴지는 치마 같은 것은 입지 않았다.

물론 나 스스로 그렇게 했지만, 그게 꼭 스스로의 선택이었는지는 모르겠다. 이런저런 지적들을 통해 터득한 회사의 기준에 따른 것이니 말이다. 기자로서의 이미지를 유지하기 위해 너무 여성스럽게 보여서도 안 되고 너무 튀어서도 안 된다고 회사는 내게 가르쳐주었다.

10년쯤 전이었을까? 여기자들이 부쩍 많이 들어오기 시작했는데, 신입 여기자가 치마를 입고 출근을 했다. 보도본부 내부의 인트라넷 게시판에 희한한 논쟁이 벌어졌다. 기자가 치마를 입고 취재를 나가도 되느냐에 대한 논쟁이었다. 기자가 나풀나풀 치마를 입고 취재를 나간다면 현장에서 제대로 취재를 할 수 있겠냐, 혹은 취재원들에게 어떤 이미지를 주겠냐 등에 관한 얘기가 오갔다.

나는 그 논쟁이 후배 여기자들을 길들이기 위한 논쟁이었다고 본다. 옷차림의 규범을 문제 삼아 갑자기 많이 들어온 여기자들에게 군기를 한번 잡아보려는 것이다. 논쟁을 촉발한 사람들은 부인할 수도 있다. 그저 취재를 제대로 하려던 좀 더 업무에 적합하고 효율적인 옷차림을 해야 한다는 뜻이었다고. 옳은 말이다. 하지만 그 후배 여기자는 바보가 아니다. 기자로서 어떤 옷을 입을지는 스스로 판단하고 책임질 문제다. 그게 취재 활동을 결정적으로 방해하고, 시청자들에게 "저 여기자의 리포트는 옷차림 때문에 도저히 못 보겠어." 하는 소리를 듣지만 않는다면 말이다.

등산이라도 한 번 가려면 등산복을 사야 하고, 모임에 한 번 나가려 해도 옷차림을 고민해야 한다. 규범이다. 다른 사람들이 적합하다고 생각할 만한 옷을 입었는지, 남들에 비해 너무 처지지는 않는지, 그렇다고 혼자 튀지는 않는지도 점검해야 한다. 비교다. 그러다 보면 다른 사람 못지않게 옷을 잘 입어야 할 것 같다. 경쟁이다. 혼수와 예단 문제로 결혼이 파탄에 이르기까지 하는 결혼 문화의 허례허식은 이런 규범, 비교, 경쟁의 복합체를 보여주는 대표적인 예다.

'남들 보기 창피해서 어떻게 그러느냐'는 말 자주 듣는다. 한국 사람들은 이렇게 일상을 다른 사람에게 감시당하는 기분으로 산다. 단일한 기준에 따르도록 끊임없이 강제되는 우리에게는, 자신의 미래를 결정할 자유는 물론, 마음대로 옷을 입을 자유조차 사실은 없다.

{ 괴로워도 결과는 좋다? }

죽도록 노력하는데 왜 행복하지 않을까?

2011년 5월, 영국의 경제잡지 〈이코노미스트〉가 한국에 대해 흥미로운 기사를 썼다. 한국의 이명박 대통령은 '왜 우리 젊은이들 가운데는 마크 주커버그(페이스북 창업자) 같은 창업자가 안 나오느냐'고 한탄하지만, 훌륭한 능력을 가진 한국 젊은이들의 창업을 가로막는 진짜 장애물은 바로 한국 사회 자체라는 것이다.

〈이코노미스트〉는 한국의 부모들은 '안정성'이 최우선이라고 생각하며, 자녀들이 대기업 사원이나 공무원, 전문직이 되기만을 원한다고 말했다. 〈이코노미스트〉는 그것을 '꿈을 낮춰 잡도록' 몰아가는 것이라고 지적했다.

참 재미있지 않은가? 대기업 사원, 공무원, 전문직…, 이게 꿈을 낮춰 잡는 것이란다. 한국인들이 가장 선호하는 이 '꿈의 직업'들을 '낮춰 잡은 꿈'이라고 하다니, 이 대체 무슨 말인가.

한국 사회의 지독한 '경쟁' 문화에 긍정적인 가치를 부여하는 이들이 적지 않다. 좁은 땅에 변변한 천연자원 하나 없는 이 작은 나라에서 믿을 건 인적 자원밖에 없고, 그러다 보니 인적 경쟁력을 최고로 만드는 것만이 우리가 살 길이며, 결국 그를 위해 국민의 전반적인 행복감과 개개인에 대한 인격적 존중을 다소 희생하는 건 불가피하다는 것이다.

일면 옳은 말일 수도 있다. 세계 최저 수준의 문맹률과 세계 최고 수준의 대학 진학률을 자랑할 정도로 한국의 교육 수준은 높다. 중고생들은 국제 수학, 과학 경시대회에 나가 줄곧 상위권을 독차지할 정도로 똑똑하다. 오바마 미국 대통령도 수차례 한국의 교육을 칭찬하며 본받자고 말했다. 물론 대부분 자신의 공공교육 정책에 필요한 예산을 확보하기 위한 강력한 호소의 맥락에서 언급된 것들이지만 말이다.

하지만 나는 이런 주장을 두 가지 면에서 반대한다. 첫째는 죽도록 공부만 하지 꿈을 꾸지 않기 때문이고, 둘째는 죽도록 일해도 행복해지지 않기 때문이다.

'분류' 작업

분류 작업. 경제학자이자 베스트셀러 작가이기도 한 영국 캠브리지 대 경제학과 장하준 교수는 《그들이 말하지 않는 23가지》에서 한국의 교육을 '분류 작업'이라 칭했다.

장 교수는 '왜 대학 진학률이 47%에 불과한 스위스가 대학 진학률 96%의 한국보다 잘 사는가?'(2007년 기준) 묻는다. 기계화로 노동자들이 알아야 할 전문지식은 오히려 더 줄어드는 마당에, 96%가 대학에 가서 배우는 지식은 사실 생산성에 전혀 도움이 안 되는 경우가 대부분이기 때문이라는 것이다.

장 교수는 오히려 이 학력 인플레 현상으로 '분류 작업'에 드는 비용만 쓸데없이 낭비된다고 지적한다. 그저 외국어고 출신이 일반고 출신보다, 대학을 나오면 안 나온 사람보다, 이 대학을 나오면 저 대학을 나온 사람보다 나을 것이라는 가정을 완성하기 위해, 즉 사람을 세밀하게 분류하기 위해 사회 전체가 막대한 돈을 내버리고 있다는 뜻이다.

한번 스스로에게 묻자. 초중고 12년 동안, 밤에 잠도 제대로 못 자고, 취미 생활 한 번 마음껏 못하고 대학 입시를 위해 공부했다. 대학에 들어간 후에도 취업을 위한 스펙을 쌓기 위해 지겹도록 '열심히 공부하는' 사람들이 바로 한국 젊은이들이다. 이들의 실력이, 대학 진학률이 세계 최고인 것처럼, 정말 세계 최고 수준이라고 생각하는가?

아니다. 아니라는 것을 우리 스스로도 알고 있다. 우리의 교육은 오로지 남을 이기기 위한 입시 교육으로, 창의력과 잠재력을 말살하는 죽은 교육이라는 것을 누구보다도 우리 자신이 잘 알고 있다. 오히려 21세기 지식경제 시대, 소프트웨어 산업 시대에 맞는 인재를 기르지 못하고 있는 게 우리의 고민이다.

〈이코노미스트〉의 지적은 정확하다. 우리 사회는 젊은이들을 한 길로 가도록 몰아간다. 꿈을 꾸게 하는 게 아니라 꿈을 죽이도록 훈련시킨다.

그러니 젊은이들의 자생력이 취약해질 수밖에 없다. 중소기업에 들어가 내 손으로 한번 기업을 키워보겠다는 자신감도 없어 보이고, 혼자서라도 창업해 자신이 정말 하고 싶은 일로 세상에 우뚝 서보겠다는 포부도 드물다. 대통령은 마크 주커버그가 안 나온다고 한탄하고, 중소기업은 인재 구하기가 하늘의 별따기라고 하소연하는데도, 대기업 사원, 전문직, 공무원이 되려고 세월 보내는 청년 실업자만 나날이 늘어간다.

줄 안 세워주면 뽑지도 못하나?

최근 대학수학능력시험의 만점자를 1% 대로 맞추겠다는 교육당국의 방침이 정해졌다. 그러자 주요 대학들은 수능이 너무 쉬워지면 변별력이 없어진다며 도대체 어떻게 선발을 하라는 것이냐고 볼멘소리를 해댔다.

좀 심하게 말하자. 기가 막힐 정도로 한심하다. 수능과 내신, 게다가 특목고, 외국어고, 과학고들의 서열까지, 그렇게 학생들을 죽 한 줄로 세워주면 순서대로 뽑겠다는 것인가? 그게 우리나라 유수 대학들이 하는 일인가?

대학은 자신의 교육 이념을 세우고, 다양한 가능성을 가진 인재들을 뽑아, 그 잠재력을 폭발시켜 사회에 배출하는 역할을 맡은 곳이다. 하지만 우리의 대학들은 다양한 가능성을 가진 인재들을 뽑는 데도, 그 잠재력을 폭발시키는 데도 관심이 없다. 그저 고등학생 서열에서 좀 더 위쪽에 있는 학생들을 뽑아 고시 합격자를 늘리고 대기업 취업률을 높이고…, 그렇게 해서 자기 대학의 서열을 높이는 일에만 관심이 있다.

대학수학능력시험은 말 그대로 대학의 학업과정을 수학할 능력이 있는지를 평가하는 것이다. 수능에서 1등을 한 학생과 100등을 한 학생, 1,000등을 한 학생, 10,000등을 한 학생이 수학이나 영어 문제를 푸는 능력이나 과외비를 대줄 부모의 경제능력에서는 차이가 날지 모른다. 하지만 화학적 난제를 풀 아이디어를 고안해낼 능력이나, 경제학적 개념을 실제 마케팅 현장에 적용하는 능력이나, 스마트폰 소프트웨어를 개발해낼 능력에서 어떤 차이가 있는지는 아무도 모른다.

대학들은 각자의 기준으로 다양한 가능성이 있는 학생들을 찾아내는 일에 적극적인 투자를 해야 한다. 진흙 속에서 될성부른 돌덩이를 골라 다이아몬드로 만들어내는 일을 할 줄 알아야 한다. 학생들을 데려와 5시간 심층면접을 하든, 앉아서 직접 자기 소개서를 쓰게 하든, 독서 토론을 시키든, 로봇 만들기 아이디어를 내게 하든, 보다 창의적인 방법으로 학생들을 뽑았으면 한다. 그리고 수능과 내신 성적은 변별력이 더 낮아져야 한다. 줄 세우기의 충동을 그만둘 수 있도록 말이다.

물론 말처럼 쉬운 일은 아니다. 각 대학들은 입학사정관제도를 도입해 독자적인 방법으로 학생들을 선발하기 위해 나름대로 시늉은 하고 있다. 하지만 장을 담그기에는 아직 구더기가 너무 무섭다. 지나치게 재량권을 발휘할 경우 특정인을 봐줬다는 특혜 논란이 제기될 것이고, '대체 무슨 기준으로 우리 애를 떨어뜨리고 저 학생을 뽑았느냐?'는 학부모들의 항의도 우려된다. 그래서 이 제도는 실효성을 발휘하지 못하고 있는 실정이다.

서울대 해체가 어려운 이유

그렇다면 어떻게 해야 대학 서열화를 없앨 수 있을까? 차라리 서울대를 해체하자. 서울대 학부는 없애고, 대학민국 학술원 같은 학술 대학원으로 만들기를 제안한다. 법학 전문 대학원이나 의학 전문 대학원도 거기서 분리했으면 좋겠다. 그야말로 기초학문에 충실한 곳으로 만들자는 것이다.

그렇게 말하면 혹자들은, 서울대가 없어지더라도 나머지 대학 사이에 서열이 생길 테니 똑같아질 것이라고 반박한다. 방법은 또 있다. 연세대는 경영학 전문 대학, 고려대는 행정학 전문 대학, 서강대는 언론학 전문 대학, 성균관대는 인문학 전문 대학, 한양대는 공학 전문 대학으로 만들어버리면 된다. 그런 제안을 하면 아마 이 모든 대학의 졸업생들이 나를 지옥으로 보내려 할지도 모르겠다.

서울대 해체가 왜 어려운지 아는가? 이 사회의 기득권을 점유하고 있는 서울대 출신들 때문이다. '서울대 해체'라는 위험한 주장을 하며 설치다가는 사회적으로 매장될 수도 있다.

그래도 뭔가 해야 한다. 대학의 서열과 대학 입시제도가 우리 사회 모든 서열의 시작이자 끝이 되고 있지 않은가? 이 모든 것을 뜯어고치는 데는 소소한 개혁으로도 부족하다. 우리 사회에 혁명이 필요한 부분이 있다면 바로 여기다.

{ 급진적 '다양주의'를
권유함 }

분배 정책만으로 충분하지 않다

한국 사회에 대한 책을 쓰고 있다고 하자, 미국 대학의 교수가 주제가 뭐냐고 물었다. '한국인의 행복'에 대해 생각해보고 있다고 대답했더니, 그렇게 거대한 주제를 감당할 수 있겠느냐는 표정을 지었다. 그렇다. 내가 정말 하고 싶은 얘기는 그렇게 감당하기도 어려운 거대한 주제, 한국인의 행복이다.

전후 60여 년 동안 앞만 보며 달려온 한국인들은 '한강의 기적'이라는 세계적으로 보기 드문 최단 기간의 경제 발전을 이뤘다. IMF 경제 위기의 파고도 가뿐히 넘어 선진국 진입을 눈앞에 두고 있다. 그렇게 한국인들은 하루하루를 전쟁처럼 치열하게 사는데도 왜 '행복'하지 않은가.

이 땅의 많은 중도, 좌파 활동가들이 빈부 격차의 해소, 분배 정책의 확대를 주장한다. 그 말에 백번 동의한다. 빈부 격차는 갈수록 커지고 1% 대 99%의 논리가 현실이 되어가고 있다. 하지만 아무리 분배와 복지, 사회안전망 확충을 위한 정책을 확대해도, 승자와 패자를 철저히 가르는 지독한 비교와 경쟁의 문화가 계속된다면, 빈자에 대한 복지는 뒤늦은 적선에 그칠 우려가 있다. 되지도 않을 경쟁에 내몰아 패자감에 시달리게 해놓고, 뒤늦게 분배한다며 적선한다고 해서 그들이 이 사회의 승자가 될 수 있는 것은 아니다.

누구든, 다른 사람과 비교하지 않고 스스로의 철학에 따라 살면서도 행복을 느낄 수 있도록, 제도를 뛰어넘어 문화 자체까지 변화시킬 필요가 있다. 국영수 학원에 가지 못해도 다른 재능으로 인생을 개척해나갈 꿈을 꿀 수 있어야 하고, 지방 대학에 들어가더라도 간판이 아닌 학업적 성취로 평가받을 수 있어야 한다. 삼성전자, 엘지전자의 신기술 3D TV 판매를 활성화하기 위해 정부가 나서 3D 방송을 육성하듯, 중소기업의 기술을 부당한 방법으로 앗아가는 대기업의 횡포에 대해서도 엄한 처벌 규정을 확립해야 중소기업의 노동자들도 자부심을 가질 수 있다.

'너는 이겼고 나는 졌다'가 아니라, 그저 나는 너와 다를 뿐이라고, '나의 삶이 아름답듯 너의 삶도 보기 좋다'고 담담히 말할 수 있어야 한다.

삶의 가치를 스스로 결정하는 개인

그렇게 되기 위해서는 무엇보다 우리 사회를 움직이는 문화적 코드가

'단일 가치'에서 '다양성'으로 바뀌어야 한다. 하나의 가치 기준을 모두가 맹목적으로 인정하고 추종하는 게 아니라, 다양한 사고, 다양한 생활방식, 다양한 가치가 공존할 수 있도록 만드는 것이다.

그러려면 우선 일상의 곳곳을 지배하고 있는 단일 가치 규범들을 걷어내야 한다. 그를 위해 당연히 옳다고 믿었던 모든 가치에 대해 의심하고 부정해볼 필요가 있다. 그리고 개개인의 삶을 있는 그대로 존중해야 한다. 존엄한 인격체인 개인의 삶에 대해 사회가 기준을 만들어 한 방향으로 강요하고, 그 기준에 따라 감시를 하듯 평가를 해대서는 안 된다. 다양성은 개개인이 스스로 삶의 목표와 양식을 선택할 자유를 인정하는 데서만 실현될 수 있다.

그렇다면 결국 '경쟁 문화의 해법이 서구식 개인주의냐?'라는 반문이 나올 수 있다. 많은 한국인들이 '개인주의'를 '이기주의'와 같은 개념으로 본다. 공동체와 조직을 강조하는 유교적 전통 때문이다. 우리나라는 아직 과거로부터 이어져온 유교적 가치 규범에 대해 제대로 반성한 적이 없다. 합리적 개인주의가 제대로 뿌리내리기도 전에, 향촌 어른들의 호통 속에 '개인주의'에 대한 오해와 혐오만 깊어졌다. 하지만 법과 질서를 해치거나 사회와 다른 사람들의 인생에 해악을 끼치지 않는다면, 개개인의 삶은 그들의 소유로 존중돼야 한다. 그것은 인간의 존엄성에 대한 기본적 존중일 뿐, 법질서도 무시한 채 제멋대로 살게 내버려두자는 방종의 개념으로 오해될 필요가 없다.

개인은, 공동체가 옳다고 주장하는 특정 가치를 맹목적으로 따라가야 하는 절대종교의 맹신도들이 아니다. 공동체의 바람직한 모습을 위해, 교양 있고 성숙한 시민의식을 갖도록 하는 것은 필수적이지만, 개개인이 어떤 가치로 살아갈 것인가는 각자 스스로 결정할 수 있어야 한다. 여러 개인의 가치들이 충돌하고 갈등하는 과정에서 공동체의 모습이 결정되는 것이지, 개인이 스스로 만들지도 않은 공동체의 가치에 짓눌려서는 곤란하다.

목수가 된 변호사

캘리포니아를 여행하던 중 반(半)한국인을 만난 적이 있다. 한국인 아버지와 미국인 어머니 사이에서 태어난 미국 국적의 그는 내가 한국인이라고 하자 무척 반가워하면서 자신도 반한국인으로 은퇴한 변호사라고 소개했다.

50대 정도로밖에 보이지 않던 그에게 벌써 은퇴를 했느냐고 묻자, 사실은 변호사 일이 싫어 그만뒀단다. 원래는 검사였지만 매일 죄인들을 대하는 게 싫어서 변호사로 전업했고, 지금은 그것도 싫어서 집 짓는 일을 한다고 했다. "그러니까 내 직업이 정확히는 은퇴한 변호사가 아니라 목수지요."라면서 말이다.

집 짓는 일이 즐겁고, 자신의 진짜 재능은 거기에 있다며 대수롭지 않게 말하던 그의 모습. 한국에서는 절대 찾아볼 수 없을 일이 그토록 자연스러울 수 있다니. 그가 삶을 살아가는 가치는 다른 누구의 것도 아닌 온전한 그의 것이기 때문에 가능한 일이 아닐까?

한국에 돌아와 이사를 했다. 전화, 인터넷, TV 등을 모두 새로 신청

해야 해 어떤 회사로 할지 고민하고 있었다. 그러다 미국에 가기 전 집 근처 대형 마트에서 늘 보던 한 통신회사 영업사원의 얼굴이 떠올랐다. 6개월 이상 나는 그를 낮이고 밤이고 마트에 갈 때마다 보았다. 너무 자주 마주치다 보니 서로 인사까지 하게 될 지경이었다. 늘 웃음 띤 얼굴이었지만 늘 힘들어 보였던 그 영업사원. '참 열심히 일하던 사람이었는데, 거기 가서 그 사람한테 신청할까' 싶은 생각마저 들었다.

새로 이사를 한 집 근처에는 다른 대형 마트가 있다. 미국에 가기 전 생활 살림을 모두 없앴던 터라 물건을 사러 마트에 가야 할 일이 많았다. 그런데 이게 웬일인가, 그 영업사원을 그 마트에서 마주쳤다.

"아니, 왜 여기 계세요?"

"이사하셨나 봐요. 아이고, 말도 마세요. 제가 거기서 너무 영업이 안 돼서 경기도로 갔다가 거기서도 너무나 고생하고요. 몇 달 전에 여기로 왔어요."

나는 그에게 인터넷과 전화를 신청했다, 3년 약정으로.

그를 보며 생각했다. 공부를 열심히 해서 교수가 되고 싶은 꿈처럼, 제빵 고등학교에 들어가 한국 최고의 빵쟁이가 되겠다는 꿈도 존중됐으면 좋겠다. 삼성전자 연구소에서 세계 최고 수준의 반도체를 만드는 연구원이 자부심을 갖듯, 마트에서 고객 만족을 위해 최선을 다하는 판매원의 업무에도, 조그만 인터넷 쇼핑몰을 운영하는 자영업자의 인생에도 자부심과 성취감이 깃들었으면 좋겠다.

나팔바지를 입든 레깅스를 입든 나를 돋보이게 하는 옷을 입을 수 있도록, 남들의 사소한 일상에 시시콜콜 참견하는 일은 그만두자. 폭탄주를 마시는 사람들 틈에서 맥주를 선택할 자유도, 댄스곡으로 흥겨운 노래방에서 자신만의 가곡으로 분위기를 깰 자유도 보장하자.

스무 살에 결혼을 할 수 있듯이 쉰 살까지 혼자 살아도 문제 있는 사람으로 취급하지 않고, 결혼한 부부가 아이를 낳지 않을 수 있듯, 혼자 사는 여자가 아이를 2명 낳을 수도 있음을 인정하는 사회를 바란다. 결혼 전까지 순결을 지켜야 한다는 가치와 살아보지도 않고 결혼하는 건 모험이니 동거부터 해야겠다는 가치가 공존하는 문화, 다양성이 살아 숨 쉬는 문화를 간절히 소망해본다.

Part 3

일상을 지옥으로 만드는 '우리'

{ '우리' 의식의 함정 }

'우리'라는 말을 유독 좋아하는 우리

2002년 월드컵 때, 직접 경기를 보러 한국에 왔던 외국인들이 가장 놀란 것은, 잘 지어놓은 월드컵 경기장이나 발전한 서울의 거리 같은 것이 아니었다. 그들이 정말 놀란 것은 머리에는 붉은 띠, 몸에는 붉은 티셔츠, 손에는 태극기를 들고 서울 광장에 모였던 거대한 응원 인파, 하나가 되어 열광적으로 대한민국의 승전을 외치던 함성이었다.

많은 외국인들이 한국인에게는 '공동체를 향한 강한 열정'이 있는 것 같다고 말한다. 월드컵 때의 거리 응원, IMF 경제 위기를 극복하기 위해 장롱 속에 깊숙이 넣어두었던 결혼 반지, 돌 반지까지 내어놓던 금 모으기 운동, 태안반도 기름 유출 사건 때 기름떼를 없애기 위해 연인원 120만여 명이 봉사에 나섰던 일화 등을 보면, 기실 한국인들에게는 남다른 '공동체 의식'이 있는 듯하다.

하지만 그 '우리'의 의식은 진정 바람직한 공동체 의식이기만 한 걸까?

한국인들은 유독 '우리'라는 말을 좋아한다. 가족이나 집을 지칭할 때도 영어는 나의 집(my house), 나의 부모(my parents)라고 하지, 우리 집, 우리 부모, 우리 동생이라고 부르지 않는다. 한국인들은 가족은 물론 직장이나 조직, 학교, 나라 등을 지칭할 때도 항상 '우리'다. 우리 회사, 우리 학교, 우리나라 등등. 나와 관련된 모든 것에 '나의'라는 말 대신 '우리'를 붙여 부르는 것이다.

이는 자신과 관련된 것들에 대해 '나' 개인을 기준으로 사고하는 게 아니라 '우리'라는 집단을 기준으로 사고하고 있음을 말해준다. 한국인에게 이토록 자연스러운 '우리' 의식은 어디에서 나오는 것일까?

"우리가 남이가?" vs. "우리가 남이여?"

"우리가 남이가?"는 경상도, "우리가 남이여?"는 전라도식 어법이다. 경상도와 전라도, 혹은 전라도와 경상도 사람들은 서로 무슨 철천지원수라도 된 것처럼 대한다. 이것은 지극히 정서적인 문제이기에, '생각하는 것'도 아니고, '인식하는 것'도 아닌, '느끼는 것'이다. 주는 것 없이 미운, 괜히 싫은, 그런 감정이다. 물론 여기서 전라도 사람들이 경상도 사람들을 싫어한다고 대는 이유들과, 경상도 사람들이 전라도 사람들을 싫어한다며 대는 이유들을 시시콜콜 나열하지는 않겠다. 그런 이유를 설명하는 것 자체가 마치 지역 감정에 합리적인 이유라도 있는 양 비칠 수 있기 때문이다.

제대로 정치를 하는 모습을 보여준 적도 없고, 무슨 정책적 비전을 가졌는지도 모르겠고, 후보가 썩 마음에 들지도 않는데도, 심지어 자신과 정치적 신념이 전혀 다른데도, 전라도 사람들은 전라도 정당의 전라도 후보를 찍고, 경상도 사람들은 경상도 정당의 경상도 후보를 찍는다. 우리나라 정당들은 이렇게 거저먹는 표가 많으니, 국민을 그렇듯 우습게 보는 건지도 모른다.

이 "우리가 남이가?" "우리가 남이여?"라는 말 속에 투영되는 '우리' 의식의 본질은, "대~한민국!"을 외칠 때의 그 의식과 본질적으로 다를까? "대~한민국!"을 외칠 때는 하나가 되었다가, 전라도 – 경상도 얘기가 나올 때는 그들을 쩍쩍 갈라놓는 이 가변적인 '우리'의 정체는 뭘까? 짐짓 합리적인 체하다가도 사람을 뽑을 때면, '우리 고향' 출신, '우리 학교' 출신, 심지어 '우리 교회' 출신에게까지 특혜를 주는, 비합리성을 상징하기도 하는 '우리'. 이처럼 '우리' 의식의 본질은 그리 순수하지 않다.

'우리' 의식의 가장 치명적인 문제점은 지나친 '우리' 의식이 '우리'와 그 바깥의 '남'을 자꾸 가르게 만든다는 것이다. "우리가 남이가?"라는 말을 곱씹어보자. '우리'가 '남'이냐고 묻고 있다. 우리는 남이 아니라는 뜻이다. 이 '우리' 안에 들어가면 '남'이 아닌 같은 조직의 구성원이 되고, 이 '우리' 안에 못 들어가면 '남'이 된다.

그렇다면 '우리'에게 '남'은 어떤 존재일까?

'우리' 속에서 '나'를 잃어버리다

미국에 있다 보면 입양아들을 종종 만난다. 학교에서 한국 출신 입양아 대학생들도 만났고, 체육관의 트레이너는 베트남 출신 입양아였다. 그들은 스스럼없이 자신이 입양아임을 밝혔다.

한국 출신 입양아 대학생은 매일 아르바이트로 바쁘다. 자신을 포함해 4남매인 형제자매 중에는 또 다른 입양아가 있다고 했다. 대학생이 된 만큼 자신이 하고 싶은 일에 드는 비용은 스스로 해결하겠다는 의지가 강했다. 그녀는 대학에 들어간 뒤 자신이 번 돈으로 매년 여름 한국과 중국 등을 방문해 아시아를 경험하고 있다.

체육관의 트레이너는 이미 3명의 친자녀를 둔 미국인 부모에게 입양됐다. 자랄 때 특별한 어려움은 없었느냐고 묻자, 동네에 동양인이 자신 혼자뿐이어서 좀 튀기는 했지만, 가족 관계에서 어려움을 느낀 적은 전혀 없었다고 말한다. 내가 베트남에 가봤다고 하니 무척 반가워하며, 베트남에 대한 나의 느낌을 알고 싶어 했다. 그는 고향인 베트남에 방문하기 위해 돈을 저축하고 있다고 했다.

앞에서 말한 한국 출신 입양아는 열 살 때, 베트남 출신 입양아는 일곱 살 때 각각 미국에 입양됐다. 우리나라의 드문 입양 문화에서는 입양이 고려되지도 않을 만큼 많은 나이였다. 서구의 많은 나라들에서는 입양을 자랑스러운 일로 간주한다. 자식을 키우는 즐거움, 가족을 확장하는 데서 오는 따뜻함, 고아들에 대한 관대함이 입양의 주된 이유라고 한다. 입양에 대한 인식이 매우 긍정적이어서 숨길 필요도 없고, 주변 사람들 역시 입양 부모를 존경한다.

하지만 우리나라는 과거 대표적인 고아 수출국이었다. 요즘은 해외 입양이 줄었다는데, 그건 정부가 고아 수출국의 오명을 벗기 위해 매년 해외 입양아의 수를 총원으로 제한하고 있기 때문이다. 그 때문에 입양을 원하는 해외의 양부모 후보들이 있고, 입양이 필요한 한국의 아기가 있는데도, 입양을 하지 못하는 상황이 벌어지고 있다. 해외 입양 희망 부부들이 한국의 아기를 입양하기 위해 번호표를 받아 기다리고 있다고 한다. 이런 제도에서 입양 시기를 놓친 아기들은 고아가 된다. 국내 입양은 여전히 매우 미미하기 때문이다.

한국인에게 혈연적 관계가 아닌 사람을 가족으로 받아들이는 입양은, 아직 너무 어려운 일이다. 가족의 범위를 혈연관계와 결혼으로만 규정하고, 가족 내부 구성원이 깊은 종속적 유대감을 갖기 때문이다. 자식에게 있는 돈, 없는 돈 다 끌어다 헌신하는 게 일반화돼 있는 한국 부모들이, 피 한 방울 섞이지 않은(그래서 남이라고 생각하는) 다른 자식의 입양을 생각할 수 있겠는가?

2011년 2월, 세 살배기 어린아이가 아버지에게 독행당해 숨졌다. 갈도 제대로 못하는 나이, 세 살 김 모 군은 아버지의 구타에 매일 새벽이면 몇 시간씩 울고 늘 온몸에 피멍이 들어 있었다고 한다. 아버지 김 씨는 가출했던 아내가 낳은 김 군이, 자기 핏줄인지 믿을 수 없다며 매일 폭행을 일삼았다. 결국 그 아들은 도가 넘은 구타에 숨을 거두고 말았다.

도대체 우리에게 가족이란 무엇인가? 내 핏줄이 아니면 가족도 될 수 없고, 내 핏줄인지 아닌지 의심되면(결국 혈연적 가족이 아니라면) 세 살배기를 때려죽일 수도 있단 말인가? 핏줄로 연결된 가족이 아니라면 지키고 돌볼 필요도 없다는 식으로까지 발전하는 이 '우리' 가족만의 견고함. 이 '우리' 가족의 절대성은 '우리'와 '남'을 가르는 배타주의의 한 원천이 되고 있다.

이렇듯 '우리' 의식이 주는 지나친 유대감은 부작용을 낳지만, 자신에 속한 모든 조직을 '우리'로 사고하는 '우리' 의식은 가족을 시작으로 끝없이 확장된다. 우리 학교, 우리 마을, 우리 회사, 우리 모임, 우리 종교, 우리나라가 모두 깊은 유대감을 근저에 두고 있다.

왜 그럴까? 앞 장에서 살펴본 것처럼 한국인들은 인생의 가치와 목표 등을 스스로 결정하기보다 조직과 집단, 사회에 의해 결정당하는 문화 속에서 살아왔기 때문이다. 개인으로서의 삶이 아닌, '우리' 가족의 아들이나 딸, 엄마나 아빠로서의 삶이 더 중요하고, 개인적 성취보다 학교와 회사의 명예를 높이는 게 더 중요하며, 개인적 인권의 희생이 민족의 부흥을 위해서라는 명분에 의해 정당화되기도 한다. 개인이 개인 그 자체가 아니라 그가 속한 조직의 조직원으로만 인식되는 것이다.

물론 한국인의 '우리' 의식은 태안반도 자원봉사의 물결처럼 일부의 아픔을 공동체의 과제로 승화시키고, 월드컵에서 입증된 바와 같이 객관적인 실력 이상을 일구어내게 하는 에너지의 원천이 되기도 한다. 그러나, 이 '우리' 의식 속에, 독립적인 개인을 무력화하는 함정이 숨어 있다면, 그래서 시시때때로 '우리' 속에서 '나'의 존재를 잊어버리게 만든다면, 이제는 그 '우리' 의식의 맹목성에 대해서도 되돌아볼 필요가 있다.

{ 한국에서 가장 강력한 존재, 엄마 }

나는 왜 기자가 되었을까?

나는 그 많은 직업 중에서 왜 하필이면 KBS의 기자가 되었을까? 초등학교 시절에는 하고 싶은 게 너무 많아서 진짜 꿈이 뭐였는지 헷갈린다. 중학생이 되면서 나는 '다른 사람의 마음'을 치료하는 사람이 되고 싶었다. 마음이 아픈 게 정말 큰 문제라고 생각됐기 때문이다. 심리상담사나 사회복지사가 좋을 것 같았다. 근데 엄마가 그런 건 별로란다. 힘들고 돈도 못 벌고…. 그럼 정신과 의사? 어쨌든 의사가 되려면 의대에 들어가야 하니 의사가 되는 건 괜찮다고 했다.

그런데 나는 수학보다 국어나 영어를 더 잘했다. 그래서 고등학교에 진학하면서 의사라는 꿈은 접었다. 이과가 아닌 문과를 선택해야 하니까 말이다. 그렇게 의사라는 꿈을 접게 되면서 '마음을 치료하는 사람'

이 되고 싶다는 꿈도 함께 접었다. 엄마는 딸이 정신과 의사가 되는 건 괜찮지만 심리상담사나 사회복지사가 되기를 원하지는 않았다.

엄마는 내가 아나운서가 되기를 바랐다. 어릴 때부터 나는 '입만 살았다'는 말을 곧잘 들을 만큼 말재주가 있었다. 엄마는 텔레비전에 나오는 아나운서가 좋아 보였나 보다. 대한민국의 모든 엄마들이 그렇겠지만 말이다.

'아나운서…. 방송국? 언론인? 기자…. 거, 기자 좋네. 사회의 파수꾼이 되는 거야!'

그래서 나는 기자가 되기로 했다. 아나운서가 됐으면 했던 엄마의 바람이, 아나운서가 되고 싶지 않았던 딸에게서 한 번 왜곡되면서, 내 꿈이 '기자'가 된 것이다. 물론 기자가 되겠다니까 다들 나랑 딱 어울리겠다고 하기는 했다.

이른바 SKY(서울대, 고려대, 연세대)에 들어가는 데 실패하면서 부모님은 자존심에 적잖이 상처를 입었다. 잘난 줄 알았던 딸이 SKY에 못 들어간 것이다. 내가 대학 졸업 후 굳이 다른 학교가 아닌 서울대 대학원에 들어가기로 했던 이유가 혹시 엄마 때문은 아니었을까? 암튼 엄마는 내가 서울대 대학원에 합격하자 기뻐서 울었다. 나는 다시 자랑스러운 딸이 되었다.

그리고 3년 뒤, 앞서 얘기했듯 대학원 생활이 그다지 행복하지 않았던 나는 다시 기자 시험을 준비하기로 결심한다. 당시는 나이 제한이 매우 엄격해, 아예 시험을 못 보는 신문사도 많았다. 원래는 신문 기자가 되고 싶었는데, 닥치는 대로 언론사 시험을 보다 덜컥 KBS에 붙었다.

사실 그때는 나도 쫓기는 심정이어서 아무 데나 붙으면 좋겠다고 생각했다. 그런데 이게 웬일인가? 집안의 경사란다. 엄마가 정말 좋아하신다. 물론 나도 기자가 돼서 좋기는 하지만, 엄마는 마치 자기 꿈이 이뤄진 것인 양 나보다 더 좋아하신다.

아, 나는 드디어 엄마에게 정말로 자랑스러운 딸이 되었다!

'엄마'의 무게

한국에서 오래 산 한 외국인이, 한국에서 가장 강력한 존재는 '엄마'인 것 같다는 말을 한 적이 있다. 자식의 인생에 대한 엄마의 영향력과 자식의 인생을 위한 엄마의 희생이, 서구의 어느 나라에서도 찾아볼 수 없을 정도로 강력하다는 것이다. 그렇다. 많은 자식들이 부도에 대해, 평생 가족을 위해 헌신한 엄마에 대해 부채의식을 느낄 정도로 한국의 부모들은 자식을 위해 많은 것을 희생한다. 그런데 그 희생은 무조건적인 희생이 아니다. 때로 '조건'이 붙는다. 거의 모든 부모가 '우리가 이만큼 희생했으니, 너희들은 우리가 바라는 삶을 살기 바란다' 하고 강제하기 때문이다.

한국의 부모들은 자식에 대한 애정이 남다르다. 맞는 말인가? 맞다. 하지만 또 그렇지 않다. 전 세계의 모든 부모들은 자식에 대한 애정이 남다르다. 그렇다면 한국의 부모에게 정말 남다른 점은 무엇인가? 자식을 자신에게 속한 존재, 즉 소유물이나, 자신의 인생이 투영된 또 다른 자신으로 본다는 점이다.

한국의 부모들은 지나치게 자식에게 매달린다. 자식의 성공이 마치 자신의 성공인 듯 일체감을 느낀다. 자식에게 끝없이 헌신하며, 자식들의 인생에 끝없이 개입한다. 무수한 자식들이 결국에는 부모들을 배신하는 일을 저지름에도 불구하고(자식들은 자신을 부모의 소유물로만 묶어두고 싶어 하지 않지만, 부모로부터 지원을 받을 때는 전통적 사고에 의존한다. 그러다 부모의 부양에 대해서는 다시 신세대적 사고로 돌아서는 경향이 있다), 부모들의 기대에는 끝이 없다.

자식들의 입장에서 보면 어떤가? 많은 아들들이 '너는 집안의 기둥'이라는 말을 들으며 자란다. 때로는 부모가 자신에게 형편에 넘치는 지원을 해왔다는 사실을 알기에, 자랄수록 점점 더 부담을 느끼고 스스로 자신의 인생을 결정하는 데 어려움을 느낀다. 집안의 기둥 역할을 해야 한다는 책임감이, 인생을 어떻게 살고 싶다는 스스로의 가치보다 더 커져버리기 때문이다.

부모는 끊임없이 자식에게 자신의 꿈과 인생을 투영하며 의존하고, 자식은 헌신과 혜택을 당연한 것으로 받아들이며 부모에게 의존한다. 하지만 그 이면은 어떤가? 자식은 부모에 대한 부담감에 힘들어하고, 부모는 자꾸만 좌절되는 자식에 대한 기대감에 힘들어한다. 서로에 대한 구속은 강한 애착을 형성하지만, 동시에 부모와 자식 모두 각자의 인생을 독립적으로 끌고 나가지 못하게 하는 결과를 낳고 있는 것이다.

딸의 눈을 멀게 한 아비

　1993년에 개봉해 100만 관객을 동원했던 영화 '서편제'. 원작 소설가 이청준부터 감독 임권택, 주연배우였던 김명곤, 오정해까지 모두 개인적으로 아주 좋아하는 예술가들이다. 한恨과 가족들 사이의 질긴 정, 판소리에 대한 집념, 그 외길을 향한 인생의 회한 등 한국인의 전통적인 정서를 예술적으로 그려냈다. 그런데 당시 이 영화를 볼 때, 보는 내내 내용을 정확히 이해하지 못한 부분이 있었다. 소설을 읽지 않은 상태에서 영화를 보았던 나는, 딸의 득음을 위해 아비가 약을 써 딸의 눈을 일부러 멀게 한다는 내용이 믿기지가 않았다.

　소리꾼이었던 아버지 유봉은 딸 송화의 판소리에 대한 재능을 극대화하기 위해, 송화가 소리에만 집중하도록 약을 써 송화의 눈을 서서히 멀게 한다. 장님이 된 송화는 득음을 하게 되지만, 유봉은 딸에 대한 죄책감으로 괴로워하며 죽음을 맞는다. 영화가 끝날 구렵에야 '정말 아버지가 딸의 눈을 멀게 한 거야?'라고 생각하며 뒤늦게 놀랐다.

　작가 이청준이 말하려 했던 주제가 어떠한지를 떠나, 이런 설정은 한국의 전통적인 가족 관계를 잘 보여준다. 아버지는 소리에 대한 자신의 집념을 딸에게 투영시켜, 딸이 소리에만 집중하도록 눈을 멀게 한다. 딸의 인생을 특정한 방향으로 강제한 것만으로 모자라, 딸의 육체까지 자신의 목표 안에 종속시킨 것이다. 아비는 결국 딸의 눈을 일부러 멀게 했다는 죄책감에 죽는 순간까지 괴로워한다.

　외국에는 자신이 소유한 집을 은행에 담보로 주고 죽을 때까지 은행에서 돈을 받아 쓰다가, 죽으면 집 가격에서 쓰고 남은 돈만큼만 남기고 갈 수 있는 대출이 있다. 많은 노인들이 이를 선택해 말년을 편히 지 낸다(한국에도 있지만 거의 이용하는 사람이 없다). 한국의 부모들은 어떤 가? 한국의 부모들은 항상 물질적으로 쪼들린다. 자식을 위해 지출해야 할 돈이 너무 많기 때문이다. 대학은 물론 대학원, 취업까지 뒷바라지 한 뒤, 집 얻어주고 세간까지 마련해주며 결혼시켜놓고도 죽을 때까지 돈을 모은다. 자식에게 한 푼이라도 더 남겨주기 위해서. 얼마나 부당 한 일인가? 이것은 분명 부모의 일방적인 희생이다. 하지만 혹시 자식 들의 인생을 좌지우지하고 싶은 욕심이 그 안에 숨어 있는 건 아닐까?

'나' 라는 개인이 아닌 가족 구성원으로서의 삶

한국인에게 가족은 그런 의미다. 개인은 독립적인 개체 아무개로서의 삶이 아닌 '우리' 가족의 구성원으로서의 삶을 산다. 가족이라는 조직 의 목표가 자신의 삶의 목표로 투영된다. 조직의 운명이 곧 자신의 운 명, 자신과 조직은 공동 운명체다. 물론 혈연으로 맺어진 가족은 원래 그 유대감이 강력하다. 일면 공동 운명체가 맞다. 다른 나라들도 다 마 찬가지다. 하지만 개념이 비슷하다고 해서 그 '정도'까지 비슷한 건 아 니다. 한국의 부모들은 자식을 소유물처럼 생각하고, 자식의 인생을 특 정한 방향으로 강제하는 게 부모의 의무라고 인식한다. 또한 자식은 부 모의 희생을 당연하게 여기며 마치 빌려준 돈을 받는 것처럼 당당하다. 이런 관계 속에서 설령 가족이라 할지라도 개인을 독립된 인격체로 존 중해야 한다는 관점은 희박하다.

이런 지나친 유대가 낳는 부작용 사례는 많다. '결국 나는 누구의 인생을 살고 있는 것인가?' 하는 허탈함은 자식에게든 부모에게든 언제든 찾아올 수 있다. 자식 문제로 발목 잡힌 사람이 한둘인가? 역대 대통령 중 상당수가, 나눠줘서는 안 될 자신의 권력 일부를 자식들이 실질적으로 공유하게 해 곤욕을 치렀다. 외교정책에서는 그렇게나 신중했던 유명환 전 장관 역시 딸을 특혜 임용해 자신의 공무원 인생을 치욕으로 마감하지 않았던가.

그런가 하면 가족을 공동 운명체로 간주하는 법제도는 엉뚱한 피해자들을 낳기도 한다. 자녀로부터 경제적인 지원을 전혀 받지 못하는데도 서류상 자녀가 있다는 이유로 생활보호대상자가 되지 못하는 독거노인이 허다하다. 내 인생과 전혀 상관없는 형제자매에게 재산이 있다는 이유로 국가의 사회안전망 대상자에서 탈락되는 경우가 부지기수다.

이처럼 가족은 그 조직원에게 절대적이고 무조건적인 지지 세력이지만, 때로 그 절대성이 조직원들을 옥죄는 족쇄가 되기도 한다.

나는 더 이상 자랑스러운 딸이고 싶지 않다

미국에서 연수 중인 딸과 그 딸의 자식인 손녀를 뒷바라지하기 위해, 뒤늦게 미국 생활에 합류했던 부모님은 머지않아 우울증에 걸리셨다

미국 뉴욕 주 롱아일랜드. 미국에서 손꼽힐 정도로 유색인종의 비율이 낮은 곳이다. 딸 지안이가 다니던 초등학교에는 전교생 중 흑인이 딱 2명, 남미계가 대여섯 명, 동양인은 10여 명에 불과했다. 그 정도로

백인 비율이 압도적인 곳이니 당연히 한국인들도 적었다.

영어를 전혀 못하시는 부모님께서는 그렇게 백인들에 둘러싸인 감옥 같은 곳에서 사셨다. 자동차가 없으면 슈퍼마켓도 못 가시고, 미국 달러의 단위를 익히시는 데도 한참이 걸렸다. 나도 그 정도로 힘들어하실 줄은 예상하지 못했었다. 외국 생활의 본질인 외로움, 그 외로움을 심하게 느끼셨다. 우울증은 당연한 일이다.

나는 그렇게 부모님께 또 빚을 졌다. KBS에 들어가 자랑스럽기만 한 줄 알았던 딸이 결혼하고 출산을 한 뒤 너무 바빠 자식을 키울 수 없게 되자, 부모님께서 내내 나의 딸을 키워주셨다. 그리고 미국까지 동행. 나 역시 부모의 희생에 무한정 기대는 양심 없는 딸이다.

한국에 돌아온 후, 딸 지안이는 엄마 얼굴을 자주 못 본다. 엄마는 그저 회사 일 하느라, 책 수정하느라 다시 정신없이 바빠졌기 때문이다. 주말에나 겨우 놀아준다. 미국에서도 별반 다르지 않았다. 낮에는 학교 공부에, 밤에는 책 집필에, 방학에는 여행에….

지안이는 묻곤 했다. "엄마는 왜 여기서도 바빠?" 그래도 아침저녁으로 밥 같이 먹고, 밤이면 엄마가 옆에 누워 잠을 재워주던 그때가 좋았단다. 얼마 전 지안이에게 물었다.

"미국에 있었던 1년 동안, 언제가 제일 재밌었어? 플로리다 디즈니월드 갔을 때? 워싱턴 여행 갔을 때? 아니면 할머니 할아버지랑 알래스카 크루즈 탔을 때?"

"아니, 엄마랑 호텔 집에서 살았을 때."

지안이는 호텔을 집이라고 불렀다. 내가 낮에 할 일을 끝내면 호텔로

향하면서 '이제 집에 가자' 하곤 했더니 그렇게 부른다.

처음 미국에 도착했을 때 집 계약 날짜가 늦어져 2주 동안 호텔에서 살았다. 그 2주 동안 나의 딸 지안이는 젖 떼고 난 뒤 처음으로 엄마를 독차지했다. 학교 가서 정착 상담 받고, 교수 면담하고, 여기저기 등록하러 다니고, 이것저것 살림살이 사러 다니고…. 지안이랑 놀아주는 시간은 아니었지만, 초등학교가 개학하기 전, 부모님이 지안이를 돌봐주기 위해 뒤늦게 미국 생활에 합류하기 전이었던 그 2주, 336시간 동안 지안이와 나는 꼭 붙어 있었다. 엄마와 늘 함께 있었던 그 2주가 제일 좋았단다, 엄마를 차지하기 어려운 나의 딸 지안이는.

그 말을 들으니 울컥했다. 그 생각만 하면 눈물이 난다. 지안이는 내가 그렇게 그리웠구나. 마음이 아프다. 이런 게 엄마 마음이구나. 그러면서 나의 엄마를 생각한다. 미국에 괜히 따라갔다고, 너무 힘들었다고 그렇게 짐짓 짜증을 부리다 "그래도 너는 내 딸이야." 하시던 엄마가 생각난다. 눈물이 더 난다. 자꾸 눈물이 난다.

그래도 나는 결심했다. 이제는 더 이상 자랑스러운 딸이 되지 않겠다고. 엄마를 사랑해도 엄마를 위해 무엇이 되지는 않겠다고. 자랑스러운 딸이라는 허울 좋은 이름으로 엄마를 더 이상 힘들게 하지도 않겠다고.

그리고 나에게 자랑스러운 딸이 되라고 지안이의 등을 떠밀지도 않겠다고. 내가 지금 이 책을 쓰고 있듯이, 지안이도 그의 인생을 살도록 내버려둬야지. 그냥 그저 너 자신을 찾으라고 격려만 해야지.

결심하고 또 결심한다. 나의 엄마도, 나도 그리고 나의 딸 지안이도 그저 각자의 삶 속에서 행복해질 수 있도록 말이다.

{ 우리는 마피아 조직 }

'고대 마피아' 따라 하기

이명박 대통령이 취임한 첫 해였던 2008년 겨울, 서울 여의도에서는 정치권에 몸담고 있는 연세대학교 출신들의 송년모임이 신문에 날 정도로 성대하게 열렸다. 평소 개인주의적이어서 서로를 좀 엉성히 챙기기로 소문난 연세대학교 출신들이 남들 보란 듯 요란하게 송년회를 연 이유는 무엇일까?

고려대학교 출신인 이명박 대통령의 당선에는 고려대학교 동창회가 결정적인 역할을 했다. 물론 모든 고려대 출신들이 그렇지는 않았겠지만, 이명박 대통령의 당선을 위한 고려대 출신들의 '묻지마' 지원은 실로 요란하고 노골적이었다.

고대 출신들을 일컬어 '고대 마피아'라고 부르는 사람들이 있다. 그들이 마치 마피아 조직처럼 행동한다는 뜻이다. 마피아 조직의 속성은 무엇인가? 조직의 명령에 무조건 복종하고, 조직을 위해 목숨을 거는 일이 당연하다. 거기에 합리적 이유 같은 것은 필요 없다. 그들의 행동에 대한 유일한 명분이자 유일한 이유는 '우리' 조직이다. 고려대 출신이기 때문에 이명박 후보의 당선을 도와야 한다는 이상한 논리가 그런 분위기에서는 자연스럽게 나온다.

고대 출신들의 선후배 챙기기는 원래 유명했다. 그대 출신들은 영업할 때 다른 얘기 안 한다. 고대 선배를 찾아가, '저 고대 나왔어요' 하면 된단다. 연대는 그런 게 잘 안 되는 걸로 종종 고대와 비교되곤 한다.

그러다 드디어 고대 출신 대통령이 배출된 것이다. 그 뒤 사회 각계에서 고대 출신들의 약진을 바라본 연세대 출신들, '아뿔싸!' 싶었다. 전통의 라이벌인 고려대가 저렇게 '마피아 정신'으로 대통령까지 배출시켰다면 우리도 저런 정신을 본받아 한번 그렇게 해보자며 모였던 것이다. 2008년 겨울, 여의도 말고도 여러 곳에서 연세대 출신들이 뜻을 뭉쳤을 것이다.

지금도 마찬가지다. 2012년 대선을 앞두고 유력한 대권 후보들 주변에 그들의 '우리' 조직 출신들이 구름처럼 몰려들고 있다. 출신 중고교, 출신 대학, 출신 지역, 그가 몸담았던 각종 공적 조직들은 물론 사소한 친목모임, 취미모임까지 그 밑에 발을 들이대고 있다. 이 후보가 바로 '우리' 조직원이라며 마피아적 조직들의 줄을 대는 데 열을 올리고 있는 것이다. 후보들로서는 나쁠 일이 없다. 자기 밑에 사람이 저렇게 모이는 데 말릴 게 무언가. 불미스러운 일이 벌어질 경우 책임지지 않아도 될 정도로만 관리하며 그냥 내버려두면 된다.

왜 그런 조직들을 만드는가? 그가 대통령이 되면 나에게 분명 도움이 될 것이라고 보기 때문이다. 우리 조직의 실력이 모자라고 우리 조직원이 그리 적합한 사람이 아니어도, 그가 대통령이 되면 '우리' 조직을 도와줄 것이고 '우리' 조직원을 높이 쓸 것이라고 보기 때문이다. '팔이 안으로 굽어' '떡고물'들이 크든 적든 떨어질 것이라 기대하는 것이다.

실제로 그런 일들이 버젓이 증명돼왔으니 그렇게 기대하는 것도 당연한 듯하다. 이명박 대통령 집권 초기 '고소영' 내각(고려대, 소망교회, 영남 지역 출신들만 내각에 중용됐다는 말)을 보라. 자기 사람 아니면 못 믿겠단다. 어서 가서 미리미리 충성 맹세를 할 일이다.

독립하면 배신자?

갱스터. 조직폭력배 대신 갱스터란 말을 써보자. 한때 갱스터 영화가 많이 나오던 때가 있었다. 이탈리아 갱스터와 홍콩 갱스터를 비롯해, 우리나라 조폭을 소재로 한 영화들이 유행했다. 이러한 갱스터 영화의 내러티브 중 가장 핵심적인 요소는 바로 충성과 배신이다.

갱스터 집단에서 가장 큰 범죄는 살인도, 강도도, 폭력도 아니다. 바로 배신이다. 기쁠 때나 슬플 때나, 돈이 있을 때나 없을 때나, 같이 죽고 같이 살아야 한다. 한 번 조직원이면 영원히 조직원이라, 심지어 조직을 떠날 자유도 그들에게는 없다. 그래서 갱스터 집단에서 가장 어려운 일이 혼자서 조용히 조직에서 손을 씻는 일이다.

이처럼 '우리' 조직이란, 개인이 원치 않는다고 해서 벗어날 수 있는 게 아니다. 당연히 어떤 조직에 속해야 할 사람이, 그 조직을 나 몰라라 하고 독립적인 개체로서의 행동에 집중할 경우, 그는 '싸가지 없는 인간'으로 찍히게 된다.

동창회에 나오지 않는 사람, 동창회 선배들에게 인사치레를 하지 않는 사람, 동창회 후배를 챙기지 않는 사람, 조금 편의를 봐줘도 무방한 일인데 업무에서 '공정성'을 기하기 위해 동창회 선배를 봐주지 않는 사람, 비슷한 실력이면 당연히 뽑았어야 할 동창회 후배를 탈락시킨 사람들…. 이들 모두가 싸가지 없는 인간으로 찍힐 조건들을 갖춘 사람들이다. '우리' 조직은 이런 사람들을 가만히 놔두지 않는다. 약하게는 소문과 평판을 안 좋게 몰아가는 것부터, 강하게는 물리적인 압력까지 행사한다. 결과는 둘 중 하나다. '우리' 안으로 확실히 들어오게 굴복시키거나, 또는 완전히 '아웃'되도록 도태시키거나.

조직이 더 본질적이라는 것은, 이처럼 조직의 힘이 늘 개인을 압도하고 있다는 것이다. 업무를 추진할 때도, 사람을 뽑을 때도, 조직을 만들 때도, 우리 사람인가 아닌가, 우리 편인가 남인가가 그 일의 합리적인 목적보다 더 중요해진다.

물론 어느 사회에나 사적인 조직이나 집단은 있다. 하지만 그저 어떤 조직에 함께 속했다는 이유만으로 그 사람에게 특혜를 준다면, 단지 그 조직에 속하지 않았다는 이유로 다른 사람들은 피해를 보게 된다는 뜻이다. 결국 사람들은 실력을 양성하기보다 '우리' 조직을 만들고 '우리' 조직에 충성하는 데 더 열중할 것이다. 아무리 실력을 양성해봐야 그 조직에 들어가지 못하면, 이른바 연줄을 잡지 못하면 아무 소용이 없을 테니 말이다.

"실력 있다고 성공하나? 네트워크가 좋아야지."

스토니브룩 뉴욕 주립대학에 연수를 가서 한국 학생들이 많은 걸 보고 놀랐다. 교환학생 프로그램이 정말 많기는 많은가 보다. 학교 도서관이고 식당이고 돌아다니면 여기저기서 한국어로 재잘대는 목소리들이 들려온다.

나도 경험해보았지만 타국 생활이 힘들긴 힘들다. 언어적 장벽은 물론이고 문화적 장벽 등으로 순간순간 긴장하고 늘 뭔가 불편하다. 그 때문일까? 한국 학생들은 꼭 한국 학생들끼리 몰려다닌다. 물론 함께 어려움을 겪고 있는 처지이니, 서로서로 어려운 것들을 물어보고 의지하면 참 좋을 것이다. 그런데 한편으로는 이런 생각도 들었다. 힘들게 외국에 온 이유는 외국을 경험하기 위한 것인데, 저렇게 한국 학생들끼리만 몰려다니면 어떻게 외국을 제대로 경험할까? 싶은 생각 말이다. 그런데 그렇게 몰려다니는 데는 다 이유가 있었다.

모임에 적극 참여하지 않으면 왕따시킨단다. 방문학자로 와 있던 한 한국인 교수가 해준 얘기다. 그분의 아들은 뉴욕에서 대학을 다녔는데, 한국 유학생들은 모임을 만들고 선후배간 질서를 철저히 따지며, 그 모임에 참여하지 않으면 고깝게 본다고 한다. 어렵더라도 타국에서만 경험할 수 있는 것들을 제대로 경험하기 위해 현지인들과의 관계에 더 치중하겠다고 하면 왕따를 당하게 된다는 것이다. 혼자만 잘나가려고, 한국 사람보다 외국 사람하고 더 친하게 지내겠다고 잘난 척하는 이로 찍혀버리는 것이다.

'내'가 아닌 '우리'를 중심으로 돌아가는 문화는 개인에게 조직에 대한 맹목적 순응을 요구한다. 이런 조직들은 대개 철저한 '상하 위계와 권위주의'를 그 운영 원리로 삼는다. 이런 사회에서 개인이 조직에 소속되지 않은 채 자신의 꿈을 혼자서 개척하고 독립적으로 살아갈 자유가 과연 보장될 수 있을까? 조직의 논리를 거부하고 합리성에 기대어 과연 생존할 수 있을까? 약한 개인이여, 하루빨리 조직에 항복할수록 더 큰 복을 받을지어다!

"실력 있고 능력 있다고 성공하는 게 아니야, 운이 좋아야지." 이런 말을 자주 들었을 것이다. 맞다. 실력이나 능력만 가지고 성공하는 것은 아니다. 그럼 무엇이 필요할까? 우리 사회에서는 '빽' 좋고 '줄' 좋은 사람이 반드시 성공한다. 그걸 요즘 사람들은 '네트워크'라고 부른다.

"네트워크 많은 이들이여, 당신 참 운 좋은 사람이야!"

{ 내 편이 아니면 적 }

종교의 공존?

2011년 3월, 일본에서 대지진이 일어났을 때 여의도 순복음교회의 조용기 목사는 이렇게 말했다. "일본의 대지진은 하나님을 멀리하고 우상 숭배 등을 한 데 대한 하나님의 경고"라고.

할 말이 없다. 이웃 나라에서 1만 5,000여 명이 죽을 정도로 엄청난 천재지변이 일어나 전 세계가 애도하는 그때, 한국 개신교계의 가장 영향력 있는 지도자가 한 말이다. 다른 얘기는 다 필요 없다. 예수님께서는 일본 대지진을 보고 뭐라고 하셨을까? 그것만 생각해보자. 그런 말은 아니었을 거다.

한국을 방문했던 적이 있다는 한 미국인이 말했다. "한국은 어쩜 그렇게 다른 종교들이 서로 잘 공존할 수가 있어요?" 무슨 얘기냐고 묻자, 한국에서 어느 교수의 집에 방문했던 얘기를 들려준다.

저녁 식사에 초대받아 갔더니 다른 친구와 친지들도 여럿 참석했더라는 것이다. 그런데 그 가운데 개신교, 가톨릭, 불교 신자들이 모두 섞여 있었다고 한다. 정치, 사회적인 화제들로 대화를 나누는데, 이질적인 종교를 가진 사람들이 서로 자신의 종교적 정체성을 내세우며 논란을 벌이지 않아서 대화가 참으로 화기애애했다는 것이다. 그는 정말 놀랐다며 입에 침이 마르도록 한국의 세련된 종교 문화를 칭찬했다.

낙태와 동성애 등 종교적인 교리와 관련된 이슈가 선거의 핵심 쟁점이 되고, 유대인과 이슬람교도의 대립이 시시때때로 표면에 드러나는 미국에서 살고 있으니 한국의 그런 모습이 평화로워 보일 수도 있겠다.

하지만 나는 '맞다'고 동의할 수가 없어 어색한 웃음만 짓고 말았다. '공존'의 의미를 어떻게 정의하는지에 따라 달라지겠지만, 적어도 내 기준으로는 한국의 종교들이 가진 서로에 대한 태도나 문화가 '공존'이라는 이름에 어울리지는 않기 때문이다. 공존이란 '서로 다른' 상대방을 인정하는 것이다. 그런데 한국의 종교 문화가 과연 그러한가?

한국에서는 여러 사람이 모인 자리에서 절대로 꺼내서는 안 되는 몇 가지 금기 화제들이 있다. 그중 하나가 앞서 말한 바 있는 지역 얘기다. 고등학교 동창회나 향우회에 가서는 뭐라 떠들든 상관없지만, 사회적인 모임에서는 지역 얘기를 꺼내지 않는다. 정확히 말하면 지역에 대한 자신의 솔직한 생각을 절대로 드러내지 않는다. 왜? 그거 말하면 쌈 난다.

금기 화제 중 또 다른 하나가 종교다. 왜? 외국 사람들이 착각하는 것처럼 공존하는 문화라서? 아니다. 이것 역시 솔직하게 자기 생각 말하면 쌈 난다. 한국의 종교는 다른 종교를 절대 인정하지 않기 때문이다.

초등학교 1학년 때였을 거다. 교회 주일학교에서 하나님만이 올바른 신이고 개신교만이 올바른 종교이며 다른 건 모두 우상이라고 가르쳤다. 부처님은 나쁜 것이니 절 같은 데 절대로 가지 말란다. 정확히는 못 알아들었지만, 알라신 얘기도 있었던 것 같다. 저기 서쪽에 있는 싸움 좋아하는 나라들의 신은 더 나쁘단다.

그런데 얼마 뒤 학교에서 가을소풍을 절로 가게 됐다. 선생님이 절을 한 바퀴 구경시켜주며 불상 앞에서 석가모니에 대해 설명을 한다. 좋은 신이라는 것 같다. 사람들이 불상 앞에서 절도 하고 있다. 나는 속으로 생각했다. '아, 이거 큰일 났네, 부처님은 나쁜 거랬는데. 절에는 절대 가지 말랬는데. 아, 이거 큰일 났네.'

모든 곳에서 벌어지는 배타적 '편' 가르기

'내 편이 아니면 다 틀리고, 내 편이 아니면 다 적.' 한국 개신교 교회의 모습은 배타주의의 전형을 보여준다. 우리나라 개신교 교회에서는 대부분 '개신교' 이외의 종교는 다 틀렸다고 가르친다. 이슬람교는 악의 축이고, 불교는 우상이고, 가톨릭도 이단이라는 식이다. 심지어 같은 개신교 내의 세부 교파끼리도 서로 이단의 혐의가 있다고 공격하는 지경이다. 자신의 교파만이 절대적으로 옳다는 주장이다.

하지만, 도대체 누가 그렇다고 인정했는가? 누가 특정 교파의 교리만이 절대적으로 옳다고 인정했는가? 성경? 성경 자체가 논쟁 대상이다.

예수님의 생애를 그 제자들이 기록한 것으로 전해지고 있는 복음서들 사이의 모순된 내용은 기독교의 오랜 논쟁거리다. 실제로 성경은 수차례의 사본 과정을 거쳐 현대에 전해져 내려온 것이 대부분이다. 또, 하나의 복음서에 대해서도 복수의 사본들이 존재하며, 어떤 사본이 진짜인지, 사본들의 내용이 원본을 그대로 옮긴 것인지조차 정확하지 않다. 특정 교리의 배타적 절대성을 주장하기 어렵다는 것이다. 그런데 한국의 개신교는 자신들의 교파가 인정한 단 한 가지 해석만 절대적으로 맞다고 주장한다.

왜? 우리 종교, 우리 교파, 우리 교회만 배타적으로 키우기 위해서다.

교회에서 하는 기도의 내용을 들어보면 이를 잘 알 수 있다. '우리 교회의 발전, 우리 교인들의 부와 명예, 개신교의 교서 확장'만을 기원하고 있다. 옛날 뒷마당에 믈 떠놓고, 또는 무당을 불러 굿을 하며 했던 기도, 그 기복신앙과 다를 게 없다. 개신교가 다른 종교를 잠식해 더욱 확장하고, 개신교인이 대통령이 되고 사회적 지배 계층으로 성공하는 것이, 예수님의 진리를 세상에 내보이는 것이란다.

그러니 1만 5,000명의 그귀한 목숨을 앗아간 일본의 대지진이 '우상숭배에 대한 하나님의 경고'로 해석되는 것이다. 개신교 신자 아니면 죽어도 된다는 말인가? 적어도 그런 뜻은 아니었길 바랄 뿐이다. 한국의 개신교가 그 정도로 박애가 없는 종교라고 믿고 싶지는 않다.

비단 개신교만의 모습은 아니다. 한국의 종교는 대중들에게 진리를 깨우쳐주며 정신적 삶을 풍요롭게 하는 것보다, 자신들의 배타적 정당성을 강조하며 외형적 교세를 확장하는데 더 치중하고 있다.

　여기서는 종교를 예로 들었지만, 내 편만 옳고 다른 것은 다 틀렸다는 배타주의는 종교에서만 나타나는 게 아니다. 한국 학계의 배타주의적 속성은 유명하다. 한쪽 성향의 교수 밑에서 공부하던 대학원생은 연구하다 다른 관심사가 생겨도 절대 다른 교수 밑으로는 못 들어간다. 그러면 배신자 된다. 물론 돈이 많으면 관심 분야의 연구를 할 방법이 있기는 하다. 외국으로 가면 된다. 그렇게 한국을 등진 사람들, 나는 여럿 봤다.
　과거 학생운동 내부의 분열상도 그렇다. 1980년대 학생운동 조직은 크게 NL계과 PD계로 나뉘었다. 그들은 사상적 지향이 다르다. 하지만 그들의 1차적 목표는 하나였다. 권위주의 정권 타파. 그 목표를 위해 투쟁노선을 합치시키려고 노력해야 하는데, 일반 대중을 상대로 하는 가두투쟁마저 따로 하는 지경에까지 이른다. 물론 세부적으로 따지다 보면 큰 차이가 있을 수도 있다. 하지만 안타까웠던 것은 서로를, 같은 목표를 위해 같은 길을 가는 동지로 인정하지 않는 모습이었다.
　대학교 1학년 때, 과 학생회의 부학생회장이 3학년 여자 선배였다. 여학생이 흔하지 않았던 과라 '언니, 언니' 하면서 졸졸 따라다녔다. 힘들다고 하면 같이 술 마셔주다 취해 내 방에 와 함께 뻗어 자고, 연애를 포함한 각종 인생 상담도 해주고, 농촌활동 가서 피곤하다며 걸핏 하면 점심을 거르고 방에 들어가 토막잠을 자던 나를 '그래도 일은 열심히 한다'며 늘 감싸주던 언니였다. 그런데 그해 가을 나는 NL과 PD 중 한 쪽 계열로 조직화되었다. 그 언니와 다른 편이었다. 그 뒤로 그 언니와 밥 한 번 같이 먹기가 힘들었다. 그때는 그랬다.

왜 나는 그 언니를 붙잡고 이런 말도 한 번 못해봤을까?

"언니, 우리는 그래도 통하는 게 있잖아요."

아니, 차라리 이런 말이라도 해볼 걸.

"언니, 진짜 뭐야. 우리 누가 맞는지 한번 까놓고 끝장 토론이라도 해보자."

내 마음속 깊은 곳에서는 언니의 존재를 같은 길을 가는 동지로 인정하지 않았던 것은 아니었을까? 혹시 나 스스로에 대해 자신이 없기 때문은 아니었을까? 우리 '견'이 꼭 맞아야 되는데, 절대 우리 '편'이 틀리면 안 되는데, 혹시 밀릴까 봐 자신이 없었기 때문은 아니었을까?

서로를 백안시하는 종교계 지도자들, 학계 다른 학파의 거두들, 분열한 진보 인사들에게 묻고 싶다. 당신들 혹시 자신이 없기 때문은 아닌가요? 당신들의 목표는 무엇인가요? 그 목표의 대상은 누구인가요? 차라리 터놓고 끝장 토론이라도 해보든가, 서로를 인정하는 데서부터 출발할 수는 없을까요? 부정하고 부정당해야 발전할 수 있는 겁니다.

나는 의심하고 싶다

"꼭 예수님을 믿어야만 구원을 받을 수 있나요? 세상 어딘가에는 아예 예수님을 알 수도 없는 상태에서 평생을 사는 사람도 있을 수 있지 않나요?"

신자가 목사에게 묻는다. 그러자 목사가 대답한다.

"그러고 보면 한국은 참 축복받은 나라입니다. 세계에서 이렇게 짧은 시간 내에 개신교가 확장된 나라는 없을 겁니다. 그래서 우리나라가 이렇게 발전하지 않았습니까? 허허."

"그런데, 예수님을 전혀 모르고 살더라도 그들 중에는 오히려 우리보다 더 예수님의 모습처럼 평생을 착하게 사는 사람도 있을 수 있는데, 그들은 그럼 지옥으로 가는 건가요?"

"그래서 우리가 선교 헌금을 모으고 전 세계로 선교사들을 보내고 있지 않습니까?"

"하지만 그래도 못 가는 곳이 있잖아요. 그러면 그들은 착하게 살아도 모두 지옥으로 가는 건가요? 하나님은 그렇게 관용이 없으신 분인가요? 예수님을 알 수도 없는 채로 지금도 죽어가는 사람들이 있을 텐데…."

"오, 형제님! 믿으십시오. 의심하면 안 됩니다. 마귀가 형제님을 어지럽히고 있습니다. 자, 마귀의 유혹을 이겨내기 위해 같이 기도합시다."

어렸을 때 교회에 다니면서 가장 힘들었던 것은 의심하면 믿음이 없는 사람으로 낙인찍힌다는 점이었다.

우리 조직만 옳다고 믿는 문화의 가장 큰 폐해는 의심이 허락되지 않는다는 것이다. 우리 조직이 옳다고 인정한 교리에 대해, 이데올로기적 이론에 대해, 주류 학문의 경향에 대해, 의심하고 문제를 제기하는 것은 곧 믿음이 약한 것이요, 신념이 부족한 것이요, 충성심이 흔들리는 것으로 해석된다. 다른 조직과 속 터놓고 하는 대화와 교류도 어렵다. 자칫 잘못하다가는 '박쥐'과로 찍힌다.

그런 분위기에서 자유롭게 자신의 견해를 발전시키기는 극히 어렵다. 그저 주류가 말하는 대로 따라가야 한다. 그게 편하다. 의심과 논쟁, 다양한 견해의 충돌, 그 가운데서 해법을 찾아가는 과정에서만 가능한 진보, 사상과 이론의 풍부한 발전은 처음부터 불가능해진다. 마치 고인 물이 썩듯이, 서서히 썩어갈 뿐이다.

내가 1년간 머물렀던 스토니브룩 뉴욕 주립대 한국학 연구소의 박성배 소장은 미국 내 저명한 불교학자다. 그는 모든 종교, 즉 불교와 기독교, 이슬람교의 진리가 통한다고 본다. 진리란 본래가 하나로, 예수님과 부처님, 마호메트가 모두 같은 진리를 다른 방식으로 깨쳐 각각의 종교로 승화시켰을 뿐이라는 것이다. 따라서 각 종교의 교리는 하나의 몸에서 나온 다른 몸짓들일 뿐이다. 이 몸짓을 절대화하며 서로를 배타적으로 바라보는 것은, 그 몸짓의 주인인 몸, 즉 진리를 제대로 이해하지 못한 탓이라고 설명한다.

한국 나이로 올해 여든 살인 박 소장은 이처럼 여전히 독자적인 학문 세계를 구축하고 있으며, 아직도 학교에서 열정적으로 강의를 하고 있다. 그는 입버릇처럼 말한다. "만약 내가 한국에서 불교학자로 이런 논지를 폈다면 학자로서 생존하기도 어려웠을 겁니다."

한국학 연구소 정기 세미나에서는 방문학자들이 돌아가면서 자신이 연구하고 있는 것들을 주제로 발표를 하고 토론을 붙였다. 학자가 아닌 나는 별로 할 얘기가 없었다. 그래서 내가 쓰고 있던 이 책의 내용 가운데 일부로 발제를 했다. '장유유서는 권위주의에 유죄?'라는 제목으로,

앞에 나왔던 내용들의 일부였다.

교수들은 내가 얘기한 권위주의적 문화의 사례들에 대해서는 동의를 했다. 그러면서 두 가지를 비판했다. 첫째, 장유유서는 본래 그런 뜻이 아니라는 것이다. 둘째, 그럼 장유유서에 대한 구체적 해법이 도대체 뭐냐는 것, 즉 해법이 어렵다는 것이다. 그러면서 장유유서란 말은 **빼고** 권위주의만 비판하란다. 그래야 공격을 덜 받는다고, 그래야 뒤끝이 없을 거라고 말이다. 그 얘기를 죽 듣던 박성배 소장이 한 마디 하신다.

"나는 그 말에 반대예요. 박 기자 얘기를 들어보니까 박 기자 책은 한국 사회의 문화를 후련하게 한번 비판해보자는 것 같은데, 그런 책에서 왜 반론을 걱정합니까? 그냥 던지고, 사람들이 반응하고, 그러면서 서로서로 자기 생각을 얘기하게 하면 돼요. '장유유서는 권위주의에 유죄다!' 그냥 그렇게 가세요!"

나는 다른 모든 교수의 말을 무시하고 박 소장의 말을 따르기로 했다. 올해 여든 살인 박 소장이 그분들 중 가장 멋졌기 때문이다.

반론을 두려워하지 말고 던지라. 정말 멋지지 않은가?

{ 도덕만 있고
　　　철학이 없다 }

도덕 과목의 역설

초중고등학교 때 가장 싫어하는 과목이 도덕이었다(솔직히 고등학교 때는 수학이 더 싫었는데, 이건 다 싫어하는 거니까 열외로 치겠다). 너무 재미가 없었기 때문이다. 다 아는 것들, 당연하다 싶은 것들만 가르친다. '도대체 이 하나 마나 한 대기들을 왜 수업시간에 저렇게 지겹도록 가르치나' 하는 의문이 들 정도였다.

도덕 시간에 배운 당연한 것들은 주로 이런 것이다. 거짓말이나 도둑질을 해서는 안 된다, 윗사람을 공경하고 부모에게 효도하자, 나라에 충성하자, 공산주의는 나쁘다…. 그러니 시험 문제도 한심했다. 초등학교 때는 뭐가 올바른 행동인가, 상식을 묻는 문제들이 출제되었고, 중고등학교 때는 반공이나 민족주의, 이념이나 사상, 철학과 관련된 사소한 암기용 문제들이 출제되었다. 도덕은 학생들에게는 지나치게 평이해 재미없고, 입시와 관련해서도 전혀 중요하지 않은 과목이었다.

하지만 이런 학교 현장에서의 실제와 달리, 도덕이라는 과목이 차지하는 사회적인 위상은 대단히 높았다. 최근 고등학교 교육과정이 수월성을 강조하면서 다소 힘이 빠진 것을 차치하면, 도덕 과목은 대한민국의 역사 속에서 언제나 국가와 사회에 의해 필수불가결하게 중요하다고 강조돼온 과목이다.

왜 이 재미없고 유치한, 입시에 결정적이지도 않은 도덕을 중요하다고 하는 것인가? 도덕은, 지식을 가르치는 다른 과목들과 달리, '가치관 형성'에 관련돼 있기 때문이다. 무엇이 옳고 무엇이 그른가에 대해 가르치는 과목이라는 것이다. 그러니 도덕을 모르면 어떻게 행동하는 게 올바른 것인지 모르지 않겠는가? 10대의 일탈, 20대의 지나친 개인주의, 심지어 심각한 범죄가 발생하는 장면에서까지 한국에서는 이 도덕 교육의 소홀을 들먹이곤 한다.

그러나 나는 한국 현대사에서 이 집요한 도덕 교육의 역사가, 뭐가 옳고 그른지에 대한 제대로 된 사고력과 판단력을 상실하게 만든 가장 큰 원인이 되었다고 본다. 도덕 교육을 받으며 자란 신구 세대 모두에게 해당하는 말이다.

사전에서 찾아본 도덕의 정의는 다음과 같다.

> 도덕道德 : 사회의 구성원들이 양심, 사회적 여론, 관습 따위에 비추어 스스로 마땅히 지켜야 할 행동 준칙이나 규범의 총체. 외적

강제력을 갖는 법률과 달리 각자의 내면적 원리로서 작용하며, 또 종교와 달리 초월자와의 관계가 아닌 인간 상호 관계를 규정한다.

사회의 모든 구성원들이 마땅히 지켜야 할 행동 준칙과 규범이 도덕이다. 그런데 이 도덕이 초중고등학교를 합쳐 무려 10년 넘게 배워야 할 정도로 방대한 내용이란 말인가? 한국 사회에서는 사회의 모든 구성원들이 마땅히 지켜야 할 행동 준칙과 규범이 교과서 10권으로 써야 할 정도로 방대하다는 말인가?

그렇다. 한국 사회는 사회 구성원들이 당연히 배워 지켜야 할 절대선의 영역이 방대하게 존재한다고 본다. 사회 구성원들이 합의한 '옳은 것'이 교과서 10권을 채울 만큼 방대하게 존재하고 있다고 본다. 도덕은 바로 그 '옳은 것'을 가르치는 것이다.

가만 생각해보자. 이 얼마나 독재적 발상인가? 인구가 수천만이 넘는 세계 어느 나라에, 아니 인구가 단 100만 명밖에 되지 않는 나라라도, 모든 국민이 동의하는 절대 진리와 공동의 규범이 교과서 10권을 채울 분량으로 존재할 수 있겠는가? 우리 사회가 그 정도로 논란이 없는 사회인가, 그 정도로 통합적인가, 그 정도로 세대 간, 계층 간, 지역 간 합의가 잘 된다는 말인가?

아니다. 아닌데 왜? 실은 사회 구성원이 합의한 영역이 그 정도로 방대하게 존재하는 게 아니라, 이른바 기성세대가 구성원에게 강제하고 싶은 영역이, 국가가 국민에게 옳다고 주입시켜 따르게 하고 싶은 영역이, 한국 사회와 대한민국의 정부에는 그 정도로 집요하게 존재해온 것이다. 대한민국의 국민들에게는 행동할 자유는커녕 사고할 자유조차 없었다.

정의란 무엇인가

2010년 한국 출판가에 기적 같은 일이 하나 일어났다. 소설이나 처세술, 에세이가 아닌 인문서적이 최고의 베스트셀러에 오른 것이다. 미 하버드 대학교 마이클 샌델 교수의 《정의란 무엇인가》의 번역판이다.

인문서적, 것도 두꺼운 부피의 어려운 철학서적이 수개월 만에 수십만 부나 팔렸으니, 언론은 이 기현상의 원인을 분석하느라 분주했다. 우리 시대가 얼마나 '정의'에 목말라하는가, 우리 사회에서 최근 얼마나 정의가 실종됐는지를 방증해준다고 호들갑을 떨었다. 책을 살펴보고 정작 이 책이 '정의란 무엇인지'를 그다지 속 시원하게 알려주지 않는다는 걸 발견한 사람들은, '하버드 대'라는 이름과 대입 논술용 교재로서의 상품성 등을 이용한 출판사의 판매 전략이 성공한 것이라며 마케팅적 분석을 곁들이기도 했다.

어찌 보면 그다지 특별할 것도 없는(책을 산 사람 중에 몇 %나 끝까지 읽었을지도 의심스러운), 이 지루한 정치철학 입문서가 21세기를 사는 당대의 한국인들을 매료시킨 그 특별함은 무엇인가? 그 특별함은, 이 《정의란 무엇인가》가 사실은 정의가 무엇인지를 정확히 콕 집어주지 않는다는 데 있다.

저자인 샌델 교수는 서양 철학사에서 '공리주의'와 '자유주의' 사이의 지난한 대립의 역사를 철학자들의 기본 이론과 풍부한 사례를 통해 설명해준다. 그리고 마지막에 가서는 그 둘의 극단성을 보완하기 위해 자신이 주장하고 있는 공동체주의에 대해 환기시킨다. 이렇게 설명하면

별로 특별할 것이 없다. 하지만 사실은 특별하다. 우리에게는 그게 특별할 수도 있다.

마지막에 가서야 그 이론적 배경이 풍부하게 설명되는 공동체주의와 달리, 이 정치철학서의 골격을 이루는 공리주의나 자유주의는 사실 한국에서는 정의와 전혀 연결되지 않는 이론들이었다. 자본주의 경제체제의 철학적 근간이 되는 공리주의는, '최대 다수 최대 행복'의 목표 아래 명분보다 이익과 효용의 극대화에 치중한다. 그런가 하면 서구식 자유주의는 '집단이 아닌 개인의 권리'에 대한 최대 증진을 추구한다. 우리 사회가 그런 것들을 정의라 부른 적이 있던가? 한국 사회에서 그런 것들은 전혀 정의와 거리가 먼 것들이었다. 한국에서는 마지막에 가서야 샌델이 제시하는 공동체주의 정도가 정의와 연결될 수 있다.

하지만 서양에서 '정의' 논쟁을 지배해온 개념은 공리주의와 자유주의였다. 샌델이 책의 대부분에 걸쳐 제시한 많은 논쟁적 이슈들은 바로 이 공리주의와 자유주의의 대립 속에 존재한다. 이 책이 한국인에게 특별한 이유는, 첫째가 우리 사회에서는 전혀 '정의가 아닌 것들'이 서양에서는 '정의'로 규정돼왔다는 것을 새삼 실감하게 되는 데서 오는 놀라움이다. 그리고 둘째는 정의는 단일한 가치로 존재하는 게 아니라 다양한 관점에서 사고될 수 있으며, 다만 공동체 내부의 치열한 논쟁을 통해서만 합의될 수 있다는 주장이다.

우리는 개인보다는 사회, 즉 민족이나 국가, 돈보다는 명분, 효孝나 충忠으로 대표되는 전근대 시대로부터 전래된 규범적 가치 같은 것들만이 정의와 연결될 수 있다고 믿어왔다. 하지만 실제는 어떤가? 자본주의 사회에 살고 있는 우리의 삶 속에서는 공리주의적 가치나 자유주의적 가치들도 엄연히 우리를 움직이는 정의로 기능해왔다.

사회는 돈보다 명분을 지키는 게 중요하다는데, 살다 보니 돈을 위해서 영혼이라도 팔고 싶은 심정이다, 사회는 어떤 경우에라도 부모에게 효도해야 한다는데, 큰 아들도 작은 아들도 모두 부모님을 모시기는 싫다. 공동체를 위해 개인은 희생할 수도 있어야 한다는데, 그걸 왜 나보고 하라는 건지 모르겠다. 이렇게 규범적 가치를 있는 그대로 지키고 살다가는 질식해 죽거나 굶어죽을 것같이 느껴진다.

자신이 옳다고 배워 맞다고 믿어온 규범적 가치들과 자신의 삶을 실질적으로 움직이는 가치들이 다를 때, 개인은 가치관의 혼란에 빠진다. 사회가 옳다고 하는 것이 뭔지는 분명히 알면서도, 자신의 실제 삶을 거기에 맞출 수 없다면, 자신의 삶은 정의롭지 못한 게 되어 자꾸 진심을 숨기게 되며 인생은 위선으로 가득 찬다. 어떻게든 스스로의 삶을 사회의 규범적 가치와 맞추는 정직한 인생을 살고 싶지만, 쉽지가 않다.

그렇다고 돈이 최고요, 나이든 부모님은 유료 요양원에 보내는 게 최선이며, 공동체고 뭐고 나만 잘살면 된다고 대놓고 주장하기는 더 어렵다. 그러다 '싸가지 없는 사람'으로 찍혀 사회에서 매장당할지 모르기 때문이다.

하지만 《정의란 무엇인가》는 우리의 실제적 삶을 움직이는 모든 가치들이, 정의에 대한 논쟁의 역사에서 각각의 가치로 인정돼왔다는 것을 말해준다. 다양한 가치들이 시대와 상황에 따라 끊임없이 갈등해왔으며, 그 속에서 가장 합리적인 가치를 찾기 위한 공동체의 노력이 바로 민주주의라는 것을 말해주고 있다.

정해진 답이 있다는 게 가장 치명적인 결함이다

샌델이 제시한 다양한 가치가 충돌하는 논쟁거리들의 예를 들어보자.

1. 북한에서 비밀정찰을 하던 남한 특수부대 요원이 지나가는 북한의 평범한 주민을 만났다면 특수부대원은 이 주민을 죽여야 하는가?
2. 시민들이 렘브란트의 그림보다 투견놀이를 더 좋아한다면 시장은 미술전 대신 투견놀이대회를 유치해야 하는가?
3. 만약 형이 끔찍한 살인을 저지른 것을 동생이 알았다면 동생은 형을 보호해야 하는가, 밀고해야 하는가?
4. 동성혼을 금지하는 것은 개인의 혼인에 대한 자유를 억압하는 것인가?
5. 평화주의자라서 군대에 가기를 거부한다면 그 의사는 존중될 수 있는가?

샌델에 의하면 이런 것들이 다양한 가치가 팽팽히 충돌하는 논쟁거리들이다.

……(침묵!)

솔직히 고백하건대, 한국 사회에서는 아니다. 물론 한국 사회에서도 여러 가치들이 충돌하고 있지만, 앞서도 말했듯이 한국 사회에는 사회와 국가가 인정하고 도덕책이 가르치는 주류적 가치가 강력히 존재한다. 따라서 이런 것들이 만약 도덕 시험에 문제로 나온다면 잠시 고민을 하기는 하겠지만 결국 답을 찾기란 그리 어렵지 않다.

한국 도덕 교과서에 근거한 모범 답안은 다음과 같다.

1. 남과 북은 휴전 상태지만 원칙적으로는 아직 전쟁 중으로 북한 주민이 우리나라 특수부대원을 밀고할 수 있으므로 죽여야 한다.
2. 투견놀이를 사람들이 좋아해도 공공기관은 시민의 교양을 함양해야 하므로 미술전을 유치해야 한다.
3. 형을 설득해 자수하도록 해야 하며, 설득이 안 될 경우 동생이 형제라서 밀고하지 않았다면 동생을 비난할 수 없다.
4. 혼인은 남과 여 사이에 이뤄지는 것이다.
5. 병역은 국방의 의무이므로 평화주의에 의한 병역 거부는 인정될 수 없다.

이것이 한국 사회의 슬픈 현실이다. 이게 우리 도덕 교육의 치명적 결함이다. 서구 선진국 중 주류 문화적 전통이 가장 강한 미국에서조차 팽팽한 논쟁거리인 이런 질문들이 우리에게는 답이 금방 나오는 도덕 문제일 뿐이다. 사회가 장려하거나 국가가 주입하려는 단일한 가치를 꾸준히 학습해온 우리에게 정의는 처음부터 답이 정해져 있었던 것이다.

세상에는 다양한 가치가 존재하고, 그 다양한 가치는 공존할 수 있어야 하며, 합의된 원칙을 세우기 위해서는 공동체 구성원들의 풍부하고 치열한 논쟁이 전제돼야만 한다는 것, 샌델이 《정의란 무엇인가》를 통해 끊임없이 말하고 있는 그 당연한 진리를 우리는 제대로 배운 적이 없다.

도덕 교육만 있고 철학 교육은 없다

가치관에 답을 정해 모든 국민이 따르도록 강요하는 이 전체주의적 발상은 대체 어디에서부터 기원하는가?

우선 국가주의적 유교의 전통이다. 조선시대의 국가주의 유교는, 사회의 모든 영역에 철저한 규범을 만들어 백성에게 따르도록 가르쳤다. 성리학에 따르면 그게 국가가 해야 할 가장 중요한 일, 즉 국가의 존재 이유였다. 그리고 이 국가주의 유교의 전통은 일제의 통치방식은 물론, 무엇보다 근대 이후 대한민국 권위주의적 정부들의 통치 방식에 잘 맞아떨어졌다.

대한민국의 권위주의적 정부들은 진정한 자유민주주의를 추구할 이유도 필요도 없었다. 상하 위계의 유교적 가치들을 존속시켜 국민들이 국가와 민족에 충성하고, 정부가 주도하는 체제에 복종하도록 하면 되었다. 당연히 사상과 이념에서도 자유민주주의는 없었다. 분단 상황을 들어 정부는 오로지 반공의 이념이 유일무이하게 올바른 이데올로기요, 사상이요, 철학이라고 주입시켜왔다. 이에 의구심을 제기하는 모든 이론은 '반체제'로 취급했다. 이순신 신격화 등 '충'을 화두로 한 민족주의 교육을 통해 국방의 의무, 국적 고수, 다른 민족에 대한 배타주의 등을 끊임없이 학습시켰다. 우리는 10여 년에 걸쳐 이런 것들을 반복해서 배우고, 시험을 통해 정답을 찾았으며, 의심을 버리도록 훈련받아왔다.

도덕만 있지 철학은 없는 우리 교육의 실체다. 도덕이 공동체 구성원이 인정하는 단일한 가치를 가르치는 것이라면, 철학은 진리의 상대성을 가르치는 것이다. 다양한 관점에 대해 배우고, 실제로 그 가치들의 갈등에 직면해 논쟁하고 합의를 찾아가는 과정을 훈련함으로써, 스스로 가치를 판단할 능력을 기르는 것이다. 국가의 부속물로서의 국민이 아니라, 자유민주주의 사회의 자발적 시민이 되는 법을 깨우치는 과정이 철학 교육이다. 이 기본 교육이 도덕이라는 이름으로 왜곡돼온 것이다.

{ 왜 '내 의견'이 없나? }

정치인에게도 영혼이 없다

2004년 4월부터 만 4년 동안, '라디오 정보센터 곽에스더입니다'라는 KBS 1라디오의 100분짜리 토크쇼 프로그램의 앵커를 맡았었다. 정치, 외교, 경제, 사회의 논쟁적 이슈들에 대해 대통령 후보부터 정당 대표 등 정치인, 장관 등 관료, 각계의 여론 주도층, 이슈의 당사자들을 생방송으로 인터뷰하고, 찬반 토론을 붙이기도 하고, 청취자들의 의견도 듣는 정통 토크쇼다.

그 가운데서도 나는 한 사람에 대해 집중적으로 진행되는 긴 인터뷰를 즐겼다. 시민들에게 진실이 아닌 하고 싶은 말만 하려는 정치인과 관료들을 상대로, 수면 아래에 숨겨둔 그들의 진심을 끌어내려는 밀고 당기기는, 인터뷰를 진행하는 진행자뿐 아니라 듣는 청취자들에게도 긴장과 카타르시스를 동시에 주는 흥미진진한 작업이다.

처음에는 경제에 대한 전문지식이 부족해 애를 좀 먹었지만, 시간이 좀 지나자 가장 수월한 인터뷰 상대가 경제 관료였다. 고위 경제 관료들은 답이 준비되지 않은 상태에서는 인터뷰에 응하지 않고, 일단 인터뷰에 응하면 이른바 '답'이라고 생각되는 것들을 비교적 명료하게 제시해준다. 경제 정책이라는 게 대체로 구체적인 안을 가지고 진행되기 때문이다.

그와 반대로 시간이 지날수록 더욱 어렵게 느껴진 인터뷰 대상자는 외교 관료였다. 외교 이슈들은 항상 예민하다. 업무의 상대가 우리가 통제할 수 없는 외국이기에 우리나라의 일방적인 입장만을 고려할 수 없어 항상 명료하게 말하기보다는 다른 방향의 여지를 남겨두려 한다. 차라리 처음에 뭘 잘 몰랐을 때는 '왜 답을 내놓지 않느냐'고 꼬치꼬치 따져 묻기가 쉬웠다. 그런데 시간이 좀 지나자, 명료한 대답을 내놓으라고 다그치면 저쪽에서 '말할 수 없다는 걸 알면서 자꾸 그렇게 물으면 어쩌시나, 아직도 뭘 잘 모르시나'라는 식으로 어깃장을 놓는 대답을 내놓기 일쑤다.

그렇다면 정치인들은 어떨까? 정치인들은 자기 정당의 입장에서 하고 싶은 말만 한다. 심지어는 뻔히 자신의 말이 이치에 맞지 않고 비합리적이라는 것을 스스로 알면서도 계속 우기기까지 한다. 그게 대중들에게 먹힌다고 생각되면 틀린 논리인 줄 뻔히 알면서도 우겨댄다. '그건 논리에 안 맞지 않느냐'고 따져 물으면 역정을 내는 정치인까지 있었다.

그렇게 4년 동안 무수하게 했던 인터뷰들을 돌이켜보면, 우리나라를 이끌어간다는 정치인과 고위 관료들 가운데, '자신의 생각'을 얘기하는 사람이 참 드물었다는 생각이 든다. 모두가 어딘가의 입장에서 이야기를 한다. 그게 익숙하고 아주 잘 훈련돼 있다.

1997년, 50년 가까운 우파 정권의 집권 이후 첫 좌파 정권이 들어섰을 때(편의상 김대중, 노무현 정부를 좌파 정권이라 부르고, 나머지 정권을 우파 정권이라고 부르기로 하자. 물론 이 같은 도식적 분류에 대한, 그리고 김대중, 노무현 정권을 좌파 정권으로 규정하는 데 대한 이견도 있지만, 대중 다수의 정서적 분류를 그대로 도용한다) 공무원들의 변심(?)을 두고, 이전의 우파적 정책을 잘 수행하던 공무원들이 또 새로운 정부의 좌파적 정책역시 잘 수행하는 것을 보면서, "공무원에게는 영혼이 없다."는 말이생겨났다. 공무원들은 원래가 권력의 최상층부에서 결정한 것들을 집행하는 집행기관일 뿐이기에, 주관이란 게 애초에 있을 수 없다는 뜻이다. 공무원들의 변심을, 특히 고위 공무원들의 변심을 정당화하기 위한 말인지, 아니면 비난하기 위한 말인지 분명치 않지만, 그 두 가지 의미를모두 가진 중의적 표현으로 보인다. 어쨌든 관료들이야 권위주의적 관료체제에 의해, 국가에 고용된 공무원들이기에 그럴 수 있다 치자. 물론 그에 대해서도 이견이 있을 수 있겠지만 말이다.

하지만 정치인들, 특히 국회의원들은 자신의 소신을 가지고 대중 앞에 나서 선거운동을 펼치고 시민의 선택을 받은 사람들이다. 선출직으로서의 자리 안정성을 갖고 있다는 말이다. 그런데 이 국회의원들조차늘 정당의 입장을 그대로 읊기 바쁘다. "내 생각은 말이지요." 하면서정말 자신의 생각을 제대로 얘기하는 사람은 드물다.

국회의원들을 개별적으로 만나면 정당의 입장과 다른 얘기를 하는 사람들이 적지 않다. 하지만 인터뷰라도 하라면 "내 입장을 생각해줘야지, 그런 걸 해달라고 하면 어떻게 하나?"라며 손사래를 친다. 그런가 하면 좀 이름이 있는 비례대표 의원들은 정당의 지도부로부터 "지역구 공천 받고 싶으면 정당의 입장을 좀 나서서 얘기하고 다녀야지. 희생정신을 발휘해."라는 압력을 받는다. 실제로 정당의 공식적 입장과 다른 자신의 소신을 공개적으로 펼친 국회의원들은 '위험한 인물'로 찍혀 대개 다음 선거의 정당 공천에 탈락한다.

물론 정당에 소속된 정치인들이야말로 정당의 입장에 동의해 정치적 결사를 이룬 것이니, 당연히 정당의 입장에 따라야 한다고 말할 수도 있다. 하지만 사실은 그들 중 상당수가 정당의 입장에 동의해서라기보다 그 정당이 좋은 지역의 공천을 제안했거나, 자신이 기반을 두고 있는 지역에서 그 정당이 유리할 것으로 보기 때문에, 오로지 당선을 위해서 정당을 선택한 경우다. 이런 사례를 우리는 현실 정치에서 무수히 경험하지 않았는가?

실제로 한나라당에는 전혀 한나라당스럽지 않은 생각을 가진 정치인들이 드물지 않고, 민주당에도 전혀 민주당스럽지 않은 생각을 가진 정치인들이 드물지 않다. 하지만 그들의 공식적 언사는 늘 정당의 입장을 대변한다. 과거에 어떤 입장이었는지는 정당 소속 국회의원으로 당선된 순간 모두 잊어버리는 것처럼 보인다. 참 편리한 뇌 구조다. 우리나라에서는 그래도 된다. 어차피 정치인에게조차 소신은 없고 조직의 입장만 존재할 것이기 때문이다.

한국 사회에서는 공무원은 물론 정치인에게도 영혼은 없다.

한국에서 매버릭이 성공하지 못하는 이유

2008년 미국 대선에서 오바마 대통령과 대결했던 공화당 후보 존 매케인은 미국 정계의 대표적인 매버릭maverick이다. 매버릭은 정당이나 소속된 조직의 입장과 다른 자신의 소신에 따라 행동하는 사람을 일컫는 말이다.

2선 하원의원을 거쳐 3선의 상원의원으로 대선후보가 된 매케인은 미-베트남 관계 정상화와 흡연 연구 관련 건강기금 조성 등에서 공화당의 입장과 달리 민주당과 협력하는 소신정치를 펼쳐 주목을 받기 시작했다. 물론 2000년 첫 번째 대선 도전 실패 이후, 그 이전보다는 소신 행보가 줄었지만, 그는 매버릭으로서 전통적인 공화당 지지층의 경계를 받았음에도 공화당의 대통령 후보가 되었고, 70대 중반인 지금도 각종 정책에서 자신의 소신을 펼치고, 그의 의견은 여전히 영향력을 갖고 있다. 그러나 한국에서는 이런 종류의 정치인이 성공한 사례가 없다.

미국은 다당제의 전통을 갖고 있는 많은 유럽 나라들과 달리, 양당제 전통이 세계에서 가장 강한 나라다. 국민들 대다수가 민주당과 공화당, 두 정당 중 하나에 공공연한 정체성을 표명할 만큼 양 정당의 영향력이 강하다. 정치 체제로만 보면 어쩌면 한국보다 더 매버릭 류의 정치인들이 성공하기 어려운 구조라는 것이다.

하지만 미국인들은 매버릭을 아주 좋아한다. 자신의 소신을 펼치는 정치인들에게 후한 점수를 준다. 끊임없이 자신의 소신을 밝히도록 요구받는 문화에서, 오로지 당선을 위해 소신에 반하는 정당을 선택하거나, 이전의 소신과 다른, 정당의 입장만을 읊는 것 자체가 처음부터 쉽지가 않다.

한국 정치에서 매버릭이 성공하지 못하는 이유에 대해 정당 정치의 운용이 상향식이 아닌 하향식 전통을 유지해온 탓이라고 할 수도 있다. 하지만 한국 사회는 기본적으로 어떤 조직에 속한 개인이 그의 개인적 소신을 밝히는 데 호의적이지 않다. 자신의 소신을 밝히기를 좋아하는 사람들을 한국인들은 불편해한다. 왠지 조직과 집단의 안정을 해칠 것 같은 느낌이 들어 위험해 보이기 때문이다.

앞서의 얘기를 통해 살펴보았듯이, 한국인들은 사회로부터 일방적으로 가치관을 주입받는 문화에서 살아왔기에 자신의 고유한 견해를 발전시키는 데 익숙하지 않고, 자신의 소신을 드러내는 데도 익숙하지 않다. 괜히 사회가 인정하는 규범적 선과 다른, 독자적인 소신을 밝혔다가는 논란에 휩싸여서 위험에 빠지기 쉽다. 그러니 그냥 조직의 입장만 대변하거나, 사회의 다수가 인정한다고 생각되는 익숙한 가치들만 얘기하는 게 안전하다. 그게 한국 사회에서의 생존법이다.

'가만히 있으면 중간은 간다'는 말이 있지 않은가?

"자기 의견이 없는데 토크쇼가 되겠어요?"

4년간 정통 토크쇼 형식의 라디오 프로그램을 진행했던 나는, '왜 텔레비전에서는 이런 정통 토크쇼가 인기를 얻지 못하는 것일까?'라는 의문을 갖게 됐다. 서구의 방송에서는 한 사람의 진행자가 한두 사람을 초대해 집요하게 물어대는 토크쇼가 범람한다. 연예인들이 출연하는 예능 프로그램뿐만 아니다. 정치인이나 여론 주도층들이 출연하는 토크쇼들도 버젓이 프라임타임을 차지하곤 한다.

이를 보면서 한국에서 오랫동안 살아온 한 미국인에게 "한국에서는 왜 정통 토크쇼가 자리를 잡지 못하는 걸까요?" 하고 물었다. 그러자 그는 "한국 사람들은 자기 의견이란 게 없어요, 특히 텔레비전 같은 공개적인 데 나와서 정말 자기 생각을 말하는 사람이 거의 없어요, 그러니 토크쇼가 무슨 재미가 있겠어요? 정통 토크쇼가 성공할 수가 없죠."

그러면서 에피소드를 하나 들려줬다. 미국 텔레비전에서 공전의 히트를 기록한 드라마 시리즈에 한국계 배우가 출연했다. 한 토크쇼에 주연들이 함께 나와 드라마에 대해 얘기를 나눴는데, 다른 배우들은 모두 독특한 자신의 의견을 얘기한 반면, 이 한국계 배우는 다 좋았다는 식으로 하나 마나 한 얘기만 하더라는 것이다. 그래도 미국에 살고 있는 한국인은 좀 다르겠지 하던 생각마저 빗나갔다며 크게 실망했다고 한다.

직업이 언론인이니만큼 미국에 있는 동안에도 방송의 뉴스 채널들을 즐겨봤다. 미국의 같은 언론들은 자신의 정파성을 공공연히 표명한다. 폭스뉴스는 전형적인 보수주의적(conservative) 입장이고, MSNBC는 전형적인 자유주의적(liberal) 입장이다. 어떤 사건이 일어났을 때 그 사건을 해석하는 틀 자체가 완전히 다르다.

이를테면 이집트에서 무바라크 독재에 저항하는 반정부 시위가 일어났을 때, MSNBC의 한 유명 앵커는 "우리는 미국인입니다. 미국인은 시민의 자유와 민주주의를 지지하지 않습니까? 계속되는 반정부 시위에도 하야를 거부하는 독재자에 대해 오바마 대통령은 분명한 입장(하야하라는)을 표명해야 합니다."라고 거침없이 말해버린다. 그런가 하면 폭스뉴스는 반정부 시위를 주동하고 있는 무슬림 단체가 알카에다와 연계돼 있다며, 친미적인 무바라크 대통령이 하야할 경우 이집트 정부가 반미 과격 무슬림의 영향에 놓이게 될 것이라는 분석들을 계속 내놓는다. 물론 중립을 표방하는 매체들도 당연히 존재한다. 하지만 우리나라처럼 뻔히 우파적 매체이거나 뻔히 좌파적 매체이면서, 눈 가리고 아웅식으로 오로지 자신만이 중립적인 정론직필이라고 우기지는 않는다.

중요한 이슈들이 터지면 뉴스 프로그램에 여러 패널들이 나와 토론을 벌인다. 저녁 시간대에는 거의 모든 뉴스 채널, 거의 모든 뉴스 프로그램에서 수시로 난상 토론이 벌어진다. 내가 미국에 있는 동안 미국 내의 가장 큰 이슈는 '감세'였다. 경기 부양을 위해 행해졌던 부시 전 대통령의 한시적 감세 조치가 2010년 말 만료되었다. 하지만 '감세'를 되돌리겠다던, 특히 부유층에 대한 감세 조치는 반드시 해제하겠다던 오바마 대통령은 2010년 11월 중간선거에서 민주당이 패배한 뒤 2010년 말 공화당과 '감세' 조치 연장에 합의한다. 오바마 대통령은 2012년 대선을 앞두고 다시 부유층 과세안을 들고 나온다.

이 지속적인 세금 논쟁, 특히 부자들의 세금을 올리는 문제에 대해 텔레비전 뉴스에 나와서 자신의 주장을 펼치는 패널들의 의견 개진은 한국 같으면 바로 네티즌들의 뭇매를 맞아 생존이 불가능할 수준들이다.

CNN에서 한 보수 패널은 "도대체 왜 정부가 개인의 재산에 자꾸 손을 대려고 하는 건가요? 복지 예산, 복지 예산 하는데, 복지도 사적인 영역에 놔둬야지 정부가 하려고 해서는 안 됩니다. 개인들이 자발적으로 기부하고, 자선단체에서 하면 되는 겁니다."라고 말한다. 그런가 하면 자유주의 패널은 "돈 많은 사람들이 혼자 잘나서 돈을 많이 벌었다고 생각하는 건가요? 사회적인 도움 없이는 돈을 벌 수 없는 것이고, 그러니까 사회에 환원을 해야 하는 겁니다. 스스로 못하면 정부가 나서서 강제로라도 해야지요." 하는 식이다.

재정 감축 갈등을 두고도 자유주의 패널은 "경제 살리자면서 재정을 극단적으로 감축하고 정부 정책을 축소하려는 공화당은 2012년 대선 전까지 오히려 경제가 살아나지 않아서 오바마 대통령이 죽 쑤기를 바라고 있는 거예요."라고 쏘아붙이고, 보수 패널은 "재정이야 파탄이 나든 말든 계속 건강 보험 확대와 복지정책 확대를 주장하는 오바마 대통령은 자신의 차기 대선만 생각하지 정말 미국의 만성적인 재정적자를 해소할 생각은 없는 겁니다."라고 맞선다.

어차피 개개인의 판단이야 최종적으로 선거의 결과로 나타나겠지만, 이렇게 진행되는 토론 속에 중간은 없었다. 귀에 걸면 귀걸이, 코에 걸면 코걸이 같은 얘기를 하는 패널들은 생존하지 못한다. 한국에서는 사회적 영향력이 큰 사람일수록 혹시나 한쪽으로 쏠린다거나 지나치게 적나라하게 입장을 밝혀 피해를 입지 않을까 염려한다. 그래서 가급적 애매모호하게, 자기 의견보다는 지식과 정보를 전달하는 것처럼 보이려 애쓴다. 얼마나 대조적인가?

대통령이나 유력 정치인들 역시 마찬가지다. 끊임없이 자신의 입장을 개진하고 대중에게 그 입장을 설득하기 위해 노력한다. 오바마 대통령은 한 달에 최소한 한두 번 이상 뉴스 채널에서 생중계되는 장시간의 공개 기자회견을 여는데, 30분가량 연설을 하고 나면 1시간가량 기자들의 자유로운 질의응답에 응한다.

최근 이명박 대통령이 청와대 행사도 아니고, 지상파 방송의 특집 인터뷰 프로그램에 출연하면서 진행자, 방송 형식, 질문 내용 등 대본을 청와대에서 다 맡았다고 한다. 정 그렇게 하고 싶으면 원하는 대로 만들어 청와대 홈페이지에 걸면 될 일이지, 공공의 영역인 방송에서 짜고 치는 고스톱으로 국민을 기만하려 해서는 안 되는 것 아닌가?

물론 극단적 대립정치의 폐해도 있다. 미국이 양당정치의 덫에 갇혔다고 보는 사람들도 많다. 하지만 우리는 아직 그런 논의를 해야 할 수준에도 도달하지 못하고 있다. 정정당당하게 국민들 앞에 차이를 드러내는 그 첫 단계부터 막혀 있기 때문이다.

다양한 가치의 공존을 인정하고, 각자가 자유롭게 자신의 견해를 드러내고, 논쟁과 토론을 벌이고 대의 민주주의 제도인 선거를 통해 최종적인 심판을 받는 문화, 자유민주주의 제도의 기본이다. 법제도적으로는 다 보장돼 있다(물론 제도적 허점도 무수하다). 어쨌든 그런데도 왜 우리는 아직도 우리의 생각을 자유롭게 말할 수 없다고 느끼는 걸까? 왜 그런 마당이 별로 없다고 느끼는 걸까? 민주주의의 완성은 법제도를 통해서가 아니라, 민주주의적 문화의 정착을 통해서 실질적으로 가능해지기 때문이다.

예의와 거짓말

자신의 소신을 드러내는 문화는 거창한 정치 영역에서만 얘기될 수 있는 게 아니다. 좀 더 일상적이고 사소한 예를 들어보자.

미국 대학생들은 수업시간에 음식을 곧잘 먹는다. 학기가 시작할 때 교수가 '수업 중 취식 금지'라고 공표하지 않는 한 그냥 먹어도 된다고 본다. 햄버거도 먹고 스파게티도 책상에 갖다놓고 뜯으며 수업을 듣는다. 나는 그런 문화에 익숙하지 않아서 한 번도 수업시간에 뭘 먹어본 적은 없지만, 3시간짜리 대학원 수업을 들을 때는 휴식시간에 가끔 간식을 먹었다. 한 번은 집에서 만든 떡을 싸간 적이 있었다.

같이 수업을 듣던 2명의 여학생에게 '먹어볼래?' 하고 묻자 1명은 '그래!' 하면서 맛을 본 반면, 1명은 '노!'라고 말한 뒤 그냥 책만 보고 있었다. 일순 무안해졌다. 친한 미국인 친구에게 그 얘기를 하면서 "한국에서는 그런 경우 별로 먹고 싶지 않아도 한 조각 정도는 먹어주고, 반응을 말해주며 대개는 맛있는 척해줘. 그런 게 '한국식 예의'거든."라고 설명하자, 그 친구는 "그래서 너는 상처 받았니? 근데, 한국에서는 거짓말을 하라고 조장하는구나. 여기서는 먹고 싶지 않은데도 예의상 먹는 사람은 없어."라고 했다.

예의와 거짓말, 문화의 차이라는 게 이런 것이다.

물론 지나치게 자기 견해가 분명한 문화는 정서적으로 차갑다. 모든 것에는 양면성이 있기 마련이다. 하지만 자기 의견을 밝히기보다 '좋은 게 좋다'는 식으로 넘어가는 문화 또한 사람을 위선적이고 정서적으로 취약하게 만들 수 있다.

한 신문에서 '질문이 사라진 교실'이라는 주제로 시리즈 기사를 낸 적이 있다. 미국 대학의 한 한국인 교수는, 한국 학생들은 정답이 뻔한 암기 위주의 공부만 해온 탓에 비판을 받거나 틀린 답을 말하는 데 익숙하지 않고, 그래서 질문을 두려워한다고 분석했다. 미국에 유학 온 한국 학생들이 미국의 토론식 수업에 적응하지 못하는 이유도 바로 그것이라고 했다.

미국 교실은 학생들에게 끊임없이 질문을 던지고 의견을 요구한다. 교수에게조차 '제 의견은 좀 다른데요.' 하고 토를 다는 문화가 일상화돼 있다. 이처럼 아주 어렸을 때부터 시작되는 토론식, 발표식 수업을 통해 학생들은 비판과 오류에 대한 두려움을 없애고 대신 정신적으로 강인해지면서 자신의 지식을 업그레이드한다. 하지만 한국 학생들은 비판을 두려워해 그 과정을 시도조차 하지 않는다고 한다.

한국인들은 대놓고 하는 비판에 익숙하지 않다. 자기 의견을 밝혀본 적이 없다면 비판을 받는 일도 없었을 것이다. '가만히 있으면 중간은 간다'는 진리(?)에 익숙하다. 물론 최근 발달한 인터넷 공간에서는 다양한 논제에 대해 찬반 토론이 활발하게 벌어지고 있다. 그러니 한국인들이 의견을 밝히지 않는다는 것은 말이 안 된다고 할 수도 있다.

물론 젊은 세대들이 나이 든 세대보다 자신들의 견해를 밝히는 데 더 익숙할 수 있다. 분명히 거기에도 세대 간의 차이는 존재할 것이다. 하지만 그 의견들 역시 자세히 들여다보면 찬성과 반대가 기존의 견해로 이미 나와 있고, 거기에 한 마디씩을 보태는 식으로 이뤄지는 형태가 많다. 토론을 벌일 때 자신의 견해에 동의하는 가상의 집단을 상정해놓고 그에 맞춰 의견을 말하는 식이다. 만약 자신의 의견이 지극히 소수의 견해라면 그는 아마 침묵해버릴 것이다. 때로 인터넷 공간에서의 댓글이나 토론 글이 한쪽으로 쏠려버리는 이유가 그런 것이다.

자신의 견해를 밝히는 데 익숙하지 않고, 기존의 견해 중 자신이 어느 쪽인지 찾는 식으로 담론이 형성된다면 소수의 견해들은 설 자리를 잃을 것이다. 찬반 토론 역시 기존의 가치들을 강화하는 쪽으로만 진행될 수밖에 없다.

우파는 젊은 사람들이 무서워서 자기 의견을 말하기 어렵다며 사회가 포퓰리즘(대중주의)으로 흐른다고 한탄하고, 좌파는 정부가 아직도 언론에 재갈을 물려 좌파적 의견들의 표출이 제한된다고 항변한다. 하지만 정말 답답한 사람들이 누구인지 아는가? 그러한 기존의 양쪽 견해에 동의하지 않는, 존재하지 않는 것처럼 보이지만 사실은 광범위하게 존재하는, 제3의 의견을 가진 사람들이다. 사회는 그들을 '회색분자'라고 부르지만, 자신의 의견을 표출할 공간이 인터넷에조차 없는 것 같다고 느끼는 그들은 정말 답답해 미칠 지경이다.

{ '나의 견해'를 정리하고 말하는 법 }

고전독서회

"그러니까 현실과 사실과 진실은 다를 수도 있지 않습니까?"

어떤 책이었는지는 기억나지 않는다. 하지만 이 질문만큼은 또렷이 기억이 난다. 충격이었다. '현실과 사실과 진실의 차이?' 나는 학교에서는 한 번도 듣지도 보지도 못했던 희한한 질문들에 대해 묻고 토론하는 그들을 보았다. 나는 그곳에 단번에 매료되었다. '고전독서회'에 처음 갔던 날의 기억이다.

고전독서회, 내 고교 시절을 지배했을 뿐 아니라 지금까지도 내 인생에 가장 큰 영향을 미치는 '멘토'와도 같은 존재다.

고등학교에 입학한 지 채 한 달도 되지 않은 어느 토요일 오후, 나는 같은 학교 2학년 선배의 손에 이끌려 그곳에 가게 되었다. 3월 말, 아직 찬 기운이 채 가시지 않은 그때, 난방도 되지 않던 권두리 시립 유치원의 작은 방에는 10명 남짓한 남녀 고등학생들이 겨우 엉덩이를 붙일 만한 작은 유치원생용 의자에 둥그러니 모여 앉아 토론을 벌이고 있었다. 진지한 눈빛으로 서로의 의견을 주고받으며 열변을 토하기도 하고 반박을 하기도 하고 기발한 견해로 좌중을 웃기기도 하면서 4시간 넘게 이어졌던 토론, 토론, 토론…. 나는 그 풍경을 보고 한눈에 반하고 말았다.

고전독서회는 고교 평준화 이전, 지방의 일류 남녀고등학교 학생들이 만든 독서토론 모임에서 시작한 서클이다. 평준화 이후, 지역의 모든 고교생들에게 문호가 개방되었지만 알음알음으로 소개되었지 학교에서 공식적으로 회원을 모집하는 공인된 서클은 아니어서 해마다 10명 남짓한 신규 회원만이 들어왔다. 커리큘럼도 선배들의 조언을 받아 회원 학생들이 자율적으로 정했고 정기적으로 참여해 지도하는 선생님도 없고 참석 여부도 비강제적인, 완전히 자유로운 모임이었다.

1주일에 한 번씩 철학과 문학 두 종류의 책을 읽고 모여 토론을 벌였다. 철학 분야는 논어, 맹자, 노자 등 동양 철학부터 소크라테스, 플라톤, 데카르트, 칸트 등으로 이어지는 서양 철학을 두루 선정했다. 문학 분야는 김만중, 박지원 등의 조선시대 소설부터 현진건, 이광수 등 구한말 작품들, 이청준, 이문열 등의 현대 소설, 톨스토이, 도스토옙스키, 셰익스피어, 브론테, 고리키 등으로 이어지는 서양 문학들을 섭렵할 수 있었다.

이른 아침 등교해 야간 자율학습까지 마치면 밤 10시에야 집에 갈 수 있는 입시 교육 체제에서 1주일에 책 두 권을 독파하는 일은 쉽지 않았다. 수면을 희생하거나 자율학습 시간에 도둑 독서를 감행해야 했지만, 나는 학교 공부가 뒷전일 정도로 이 서클에 열심이었다.

나와 너의 차이는 무엇인가? 나와 사회의 관계는 어떤 것인가? 정의란 무엇인가? 자유는 어떻게 이뤄질 수 있는가? 사랑의 본질은 무엇이고 결혼은 어떤 의미를 갖는가? 순결은 지켜져야 하는가? 등등. 우리는 세상을 어떻게 이해하고 인생을 어떻게 살아야 할지에 대해 끊임없이 묻고 또 물었다. 무엇을 제대로 알아서가 아니었다. 나는 그때 논어와 맹자, 노자의 고언들을, 소크라테스나 플라톤의 원전에 쓰여 있던 난해한 이야기의 흐름들을 절대 제대로 이해하지 못했었다. 소설이라고 마냥 쉽지도 않았다. 하지만 아느냐 모르느냐가 중요한 게 아니었다. 그것을 읽고 무엇을 느끼고 어떤 생각을 하느냐를 진솔하게 교환하는 작업들이 이뤄지고 있다는 게 중요했다.

아직도 내게는 무더운 여름날 선풍기 하나 없어 땀이 줄줄 흐르던, 하지만 온몸이 얼얼해질 정도의 진지한 열정으로 가득 찼던 시립 유치원 작은 방의 분위기가 살아 느껴지는 듯하다. 세상이 뭔지를 알아내보겠다는, 인생을 제대로 살 준비를 해보겠다는 뜨거운 열정에 들뜨게 만들어준 그곳은 내게 해방구와 같았다.

학교에는 없는 '사고할 자유'가 있었고, 학교에서는 가르쳐주지 않았던 '나의 견해, 나의 관觀을 가지는 법'을 거기에서 배울 수 있었다. 늘 고민하고, 무엇보다 스스로에게 정직하게 살아야 한다는 것, 인생에 대한 기본자세를 나는 거기서 배웠다. 비록 '도대체 공부는 왜 해야 하는 거지?' 이런 고민까지 하게 되는 부작용(?)을 낳기는 했지만, 인생관을 정립하는 사춘기에 고전독서회를 만난 것은 내게 진정한 행운이었다.

"나는 직접 자로 5센티미터를 쟀다니까!"

딸아이가 학교에서 본 수학 시험에서 틀린 문제는 이러했다.

'다음 중 5센티미터에 가장 가까운 것을 고르시오.'

그리고 1번부터 5번까지 서로 길이가 다른 5개의 막대가 그려져 있고, 그 아래에 자가 그려져 있었다. 그 자에 그려진 눈금으로 5센티미터에 가장 가까운 막대를 고르는 것이었다. 그 문제를 왜 틀렸느냐고 묻자 딸은 이렇게 답했다.

"엄마는 이게 5센티미터로 보여? 나는 직접 자로 쟀다고! 자로 재니까(가장 짧은 막대를 가리키며) 이게 5센티미터에 제일 가까워."

딸은 필통에 있는 자로 막대들의 길이를 재보았단다. 그러고 보니 시험지에 그려져 있는 자의 눈금이 과연 컸다. 1센티미터가 실제 길이로는 1.5센티미터는 돼보였다.

국어 문제는 이런 걸 틀렸다.

'흥부와 놀부를 친구들에게 소개할 때 어떻게 소개할지 쓰시오.'

주관식 문제다. 딸아이의 답은 이러했다.

'놀부가 나중에 착해지면 더 재미있을 것 같다.'

딸아이의 답은 오답 처리되었다. 소개를 할 때는 책제목이나 줄거리, 주인공 등을 소개해야 한다는 게 교육과정의 취지란다. 딸에게 왜 틀렸느냐고 하자, 딸의 대답이 또 이렇다.

"엄마, 흥부와 놀부 얘기를 모르는 친구가 어디 있어? 그러니까 나는 그냥 내 생각을 말한 거야."

초등학교 2학년인 딸이 미국에서 돌아온 지 두 달도 안 돼 본 시험들에서였다. 딸에게는 아직 미국식 교육의 흔적들이 남아 있었다.

미국 연수 기간에 딸아이는 미국의 초등학교에서 2학년을 다녔다. 우리로 치면 초등학교 1학년 2학기부터 2학년 1학기까지다. 그때 척도를 배우던 생각이 났다. 센티미터와 미터 단위를 배우는 한국과 달리 거기서는 인치와 피트 단위를 배운다. 그런데 그 교육의 방식이 좀 달랐다.

척도를 배우고 난 아이가 집에서 해야 되는 과제는 이런 것들이었다. 집에 있는 물건 중에 10인치 정도 되는 물건들을 추측해 적는다. 그다음 실제 길이가 어떤지 자로 재보고 실제로 가장 가까운 게 뭐였는지 적는다. 그리고 집 안에서 일상적으로 찾아볼 수 있는 것들, 예를 들어 문짝이나 싱크대, 책상 등을 나열한 뒤 그중 너비가 5피트에 가장 가까운 게 무엇일지 추측해보도록 한다. 그리고 실제 그것들의 너비를 측정하게 한다. 그리고 제대로 추측했는지 알아보도록 하는 것이었다.

이렇게 배웠으니 시험에 척도 문제가 나오자 딸아이는 필통에서 자를 꺼내 5센티미터를 직접 재본 것이다. 미국에서 척도를 배우는 이유는 계산을 하기 위해서가 아니라 실제 척도 단위의 감을 익히도록 하는 것이었다. 시계나 달력을 보는 법, 동전의 단위를 익히고 제대로 값을 치르는 법 등을 미국 아이들은 이렇게 배운다.

그런데 한국에서는 수학 시간에 척도나 시계, 동전의 단위를 배우는 이유가 문제를 풀기 위해서다. '생활에 활용하기 위해서'라는 보다 본질적인 목표가 무시되고 있다는 것이다. 시험지에 자를 그릴 때 실제 크기와 다르게 그려도 된다는 발상이 그런 데서 나온다.

이른바 국어 교육의 방식도 달랐다. 국어는 학교에서 가장 중점을 두는 교과목으로 모든 과목이 이 국어 교육과 연계되는데, 그 핵심은 글짓기다. 정확히 말하면 독서와 글짓기, 그리고 그 결과물을 친구들 앞에서 발표하는 것이다.

매일 독서한 시간을 기록하게 하고, 1주일에 한 번씩 학교 도서관에 가서 책을 고르고, 읽고, 이해하는 방법을 몸에 익히게 한다. 글짓기 수업은 다음과 같이 이뤄졌다.

첫 주에는 새 학년이 된 느낌을 글로 썼다. 그 다음 주에는 방학 때 있었던 경험에 대해 쓴다. 그러다 한 달을 통째로 할애해 픽션, 논픽션 등 장르별로 여러 편의 글을 쓰게 한다. 스스로 등장인물, 에피소드의 구조 등을 구성하고 동화 같은 이야기를 쓰거나, 특정 주제에 대한 사실을 수집한 뒤 다른 사람들에게 정보를 전달하는 글을 쓰기도 했다. 이런 것들은 공동체를 배우는 사회 과목, 날씨를 배우는 과학 과목 등과 연계된다. 한 달은 가장 인상적인 순간들에 느낀 자신의 정서를 글로 표현하게 하더니, 마지막 달에는 시를 읽고 많은 시를 쓰게 했다.

그렇게 한 달이 끝날 때마다 쓴 글들을 발표하는 발표회를 연다. 담임선생님은 물론 다른 학급의 선생님들, 그리고 이른바 '멘토' 격인 4학년 생들이 피드백을 해준다. 학부모들을 초청하는 발표회가 열리기도 했다.

앞서도 말했지만, 국어 교육뿐만이 아니다. 모든 과목에 적용되는 가장 중요한 교육의 목표는 자신의 생각을 갖고 그것을 글로 표현해보고 다른 사람들 앞에서 발표를 하는 것이었다. 잘 알려진 동화의 스토리를 바탕으로 스스로 동화를 다시 써보는 것들을 했던 딸은, 흥부와 놀부를 소개할 때도 자기 의견을 말해야 한다고 생각한 것이다.

자유민주사회 시민 교육

수능 시험을 쉽게 출제하자는 교육당국의 방침이 정해지면서 대학 입시에서 대학별로 보는 논술 시험이 아주 중요해졌다. 그런데, 논술 시험이 중요해질수록 고액과외가 기승을 부린다. 특히 수능 시험이 끝난 뒤 대학별 고사가 시작되기 전까지, 그 짧은 기간 동안 논술의 요령을 터득해야 하니, 학원은 물론 오피스텔이나 호텔까지 빌려 집중과외를 하고 있다고 한다.

논술, 어떤 주제에 대한 자신의 견해를 논리정연하게 쓰는 글이다. 그런데 이걸 족집게 과외와 요령으로 단기간에 배운다? 말이 되는가? 어쩔 수 없다. 학교에서는 전혀 이런 걸 배울 수 없으니 말이다. 초중고 12년 동안 내내 지식을 주입받고 문제를 푸는 교육만 받던 우리 학생들, 대학에 들어가 자기 의견을 개진하는 리포트 쓰라고 하면 당황한다. 돈 주고 아예 맡겨버리는 일까지 벌어지곤 한다.

자신의 견해를 갖고 다른 사람들에게 그것을 표현하고 설득하는 능력은 하루아침에 습득되는 게 아니다. 미국의 교육은 초등학교 1학년 때부터 그 능력을 개발하는 데 가장 중점을 두어 이루어진다. 유럽의 선진국들은 초등학교 때부터 학생들이 자신의 견해를 갖도록 철학을 가르치고, 대학이나 대학원에서는 지필고사 없이 아예 구술시험만 보는 경우도 많다. 교육은 물론 평가를 제대로 하는 노하우까지 체계화돼있다는 것이다.

이명박 대통령이 왜 우리에게는 안 나오느냐고 한탄했던, 마크 주커버그 같은 기발한 아이디어의 창업자들이, 공부만 많이 시킨다고 나오는 게 아니다. 바로 어려서부터 자유롭게 스스로의 생각을 발전시키도록 북돋는 교육, 그 교육이 되어야 가능하다.

  머리 좋은 한국인들, 미국의 상점 카운터에 있는 점원들이 암산으로 물건 값 계산 못하는 것을 보고 종종 비웃는다. 실제로 미국의 상점 카운터 점원들 중에는 단순한 산수조차 암산으로 잘 못하는 사람이 많다. 하지만 나는 이렇게 산수조차 잘 못하는 사람들을 만들어낸다고 해서 미국의 교육이 한국의 교육보다 열등하다는 생각이 전혀 들지 않았다.

  미국의 오바마 대통령이 수차례 한국의 교육 경쟁력을 본받아야 한다고 해, 우리나라 언론들이 호들갑을 떤 적이 있다. 하지만 수학과 과학 영재를 길러내고, 세계 최고 수준의 대학진학률을 자랑하고, 초중고등학교 학생들까지 토익, 토플 시험을 보는 한국의 교육에는 없는 게 있다. '자유롭게 사고하고, 스스로의 견해를 갖고, 다른 사람의 견해를 인정하며, 상호간의 논쟁을 통해 발전적 합의를 찾아가는 과정', 즉 자유민주사회의 시민을 길러내는 교육이 우리에게는 없다.

  딸은 이제 시험 문제에 '흥부와 놀부를 친구들에게 소개하라'는 문제가 나오면 "착한 흥부는 복을 받고, 나쁜 놀부는 벌을 받았다"고 쓸 것이다. 시험지에 그려진 자의 눈금이 실제와 다르든 말든, 우리 사회에서 양력과 음력이 어떤 다른 의미를 가졌든 말든, 상관 않고 답만 찾을 것이다. 그러다 나중에 어떤 시민이 될까? 가슴이 정말 답답해진다.

{ 문화로 완성되는 민주주의 }

안풍의 실체 : '윽박' 우파 vs. '깃발' 좌파

'안풍', 안철수 바람은 삽시간에 몰아쳤다. 그가 서울시장에 관심을 보였다는 말 한 마디에 가장 유력한 서울시장 후보가 되고, 그가 서울시장 후보 자리를 박원순에게 양보하자 갑자기 유력한 대권 후보가 된다.

그런데 이 바람이 뭔가 이상하다. 그가 인터넷을 기반으로 한 한국의 지식산업 발전에 혁혁한 공헌을 한 사람이고, 그저 장사꾼 냄새를 풍기는 기업인들과 다른 행보를 걸어왔다는 것은 인정되지만, 정치와는 전혀 무관하게 살아온 사람이기 때문이다.

한마디로 사람들은 안철수를 잘 모른다. 각종 여론 조사 결과를 보면 사람들은 안철수가 어떤 정치적 비전을 가졌는지, 구체적인 그의 정책이 무엇인지, 정치인으로서 어떤 성과를 낼지, 잘 모른다. 그런데도 안철수를 지지한단다. 그래서 사람들은 묻는다. 안풍은 실체가 있는가?

반MB정서 때문? 그것만으로는 설명이 부족하다. 박근혜 의원을 포함해 거의 모든 잠재적 대권 후보가 표면적으로든 내면적으로든 사실상 반MB를 내세우고 있기 때문이다.

안풍의 실체는 새로운 정치에 대한 시민들의 지독한 갈증이다.

한국 시민들은 지쳤다. 기존 정치권에? 정당 정치에? 그 답도 충분하지 않다. 한국 시민들은 세상을 보수와 진보라는 하나의 틀로만 보는데 지쳤다. 거기에는 정당뿐만 아니라 시민단체들, 최근 급부상하고 있는 강남 좌파들도 예외가 아니다.

지금까지 한국의 정치는 '윽박 우파' 대 '깃발 좌파'의 대결로 요약될 수 있다. 우파는 반공과 성장만이 한국을 살릴 길이라고 우긴다. 그렇게 하지 않다간 북한이 핵무기를 터뜨리거나 한국 경제가 글로벌 무한 경쟁에서 패배할 것이라며, 제발 철없는 소리는 집어치우고 시키는 대로 하라고 윽박지른다. 하지만 그들의 반공 이데올로기는 시민들의 사상적 자유, 표현의 자유를 억압해 시민의 정신을 황폐화했다. 그토록 목매단 수출과 개방의 결과는 떡고물조차 자기들이 독식하겠다고 나서는 대기업들의 횡포로 남았을 뿐이다.

그렇다면, 좌파는 어떤가? 진리에는 상대성이 없다고 주장한다. 수십 년간 암울한 권위주의 정부들의 억압 속에서 목숨 바쳐 항거한 자신들만큼 순수한 집단은 없으며, 자신들만큼 옳은 주장을 하는 사람들은 없다며, 깃발 꽂고 시민들에게 그 밑으로 다 모이란다. 좌파는 이렇게 항상 시민들을 가르치려 든다. 하지만 시민들 속으로 들어가지는 않는다.

늘 자기들끼리 모여 '누가 더 좌파스러운가'만 따지고 있다.

한국 시민들은 이런 '윽박 우파'와 '깃발 좌파'에 지쳤다. 안철수는 잘 모르지만, 적어도 안철수는 이 둘 중에 하나는 아닌 것 같다. 그는 기업을 해봤으니 경제도 알 것 같으면서, 권위주의 정치체제는 거부하니 시민의 소리를 들어줄 것 같다. 그저 그뿐이다. 그거라도 하면 정말 다행이다. 한국 시민들이 원하는 건 그렇게 기본적이다. 그저 그뿐이다.

기본으로 돌아가는 정치, 그저 기본으로 돌아가는 새 정치에 대한 시민들의 열망은 강렬하다. 너무나 강렬하다. 그것은 안철수 개인에 대한 사랑이 아니다. 다만 우파도, 좌파도, 기존 정당도, 기존 시민단체도, 그에 대한 답을 주지 못했기 때문이다. 그리고 그 지겨운 대치를 벗어난 제3의 지대에 안철수가 서 있다. 그는 그냥 서 있다. 그리고 시민들은 그곳을 본다. 그가 바로 그곳에 서 있기 때문에 시민들은 그곳을 본다.

안풍에는 실체가 있다.

그저 남의 일일 뿐

'회색분자'라는 말이 있다. 검은색도 아니고 흰색도 아니고, 그 중간에서 애매한 입장을 취하는 사람들을 뜻한다. 회색분자는 한국 사회에서 부정적인 이미지로 해석된다. 하지만, 지금 우리 사회에 필요한 것은 이 회색분자의 존재에 대한 인정이다.

대한민국은 건국되자마자 한국전쟁을 겪고 남북으로 나뉘었다. 한반도에서 자본주의 체제와 공산주의 체제가 대치하는 상황은 전 세계적

냉전시대의 상징이 되었다. 이념적 분단국가의 특수성은 한국인의 사고를 흑백 논리적으로 만드는 데 기여한다. 대한민국에서 반공 이외의 이념과 사상은 모두 반체제로 해석되었으며, 사회민주주의적 가치들은 얘기를 꺼내는 것조차 어려웠다. 경제적으로는 성장제일 발전주의만이 유일한 가치로 인정되었다. 이처럼 한 가지 가치만을 인정하고 나머지는 다 틀린 것으로 취급하는 단일 가치 문화는 권위주의 정치체제를 거치면서 한국 사회의 문화로 확고히 자리 잡는다.

그렇다면 1987년 대통령 직선제, 즉 제도적 민주주의가 달성된 이후, 사상과 이념의 자유가 지속적으로 넓어진 지금은 어떤가? 우리 사회는 이제 흑백 논리적 사고의 굴레로부터 벗어난 것일까? 국가보안법 철폐론이 대중으로부터 상당한 공감을 얻고, 북한의 권력을 견제하는 것과 헐벗은 북한 주민의 복지는 구분돼야 한다는 주장도 버젓이 하늘 아래 얼굴을 드러내고 있으니 이제는 흑백 논리로부터 해방된 것일까? 경제 성장을 위한 감세론과 누진세를 통한 소득 재분배론이 팽팽히 맞서는 만큼 이제 암울한 시대는 끝난 것일까?

대한민국은 대통령 직선제라는 가장 기본적인 민주주의 제도를 획득하기 위해 수십 년에 걸쳐 많은 피를 흘렸다. 하지만 법이나 제도보다 더 바꾸기 어려운 것이 문화와 의식 구조다. 그것은 눈에 잘 보이지 않기 때문이다.

중동의 석유 부국 리비아를 40년 동안 철권 통치해온 카다피에 반대하는 반정부 시위가 이른바 '중동 재스민 혁명'의 바람과 함께 2011년 리비아를 휩쓸었다. 반정부 시위대와 정부군은 거점 도시들을 차지했다

빼앗기기를 반복하며 지난한 싸움을 벌였다. 카다피가 군을 동원해 시위대에 대한 유혈 진압을 단행하면서 반정부 시위대의 희생이 급격히 늘어나자, 미국과 영국, 프랑스, 이탈리아, 캐나다가 주축이 된 서방 연합군이 카다피에 의한 리비아 민간인 대학살을 막아야 한다는 명분 아래 리비아에 대한 공격을 단행한다. 작전명 '오디세이의 새벽'이다.

미국 내에서는, 이를 두고 자유와 민주를 정당하게 요구하는 리비아 민중들의 희생을 더 이상 좌시할 수 없다는 명분에도 불구하고, 이라크와 아프가니스탄 이외의 또 다른 중동지역에서 미국이 군사적 개입을 시작한 것을 두고 논란이 들끓었다. 그밖에도 전 세계 주요 국가들은 리비아 반정부 시위에 대해 논란을 벌이고 입장을 내놓았다. 민간인 학살 방지를 위한 불가피한 선택이라는 긍정론, 군사적 내정 간섭이라는 부정론, 석유 주도권을 노린 제국주의라는 비판 등등.

그렇다면 이 리비아 반정부 시위를 두고 우리나라에서는 어떤 논란이 벌어졌을까? '오디세이의 새벽'이 벌어질 즈음 이명박 대통령은 리비아 민주화 시위와 관련해 딱 두 가지를 언급했다. '리비아에 있는 한국 교민의 안전'과 '리비아 시위로 인해 악화된 에너지 상황과 석유 가격 상승에 대비하자'였다. 정작 리비아 민중들의 민주화 시위나, 독재자 카다피 축출을 위한 서방의 군사 개입에 대해서는 어떤 입장도 내놓지 않았다. 리비아에 진출한 우리 기업들을 고려하자니 '침묵이 최선'이라는 결론이다. 그렇다면 야당이나 진보 진영은 어떤가? 역시 침묵이다.

리비아 민주화 시위와 관련해 한국 내부의 이 지나친 조용함, 무無논란은 한국 내부의 사상적 저변의 취약성을 보여주는 듯하다. 정부는 경제적 국익이라는 한 가지 잣대로만 이 문제를 바라보고, 진보 진영 역시 미국을 포함한 서방 제국주의 반대라는 도식적 사고 안에 갇혔을 뿐이다.

리비아 독재 정부의 민간인 학살을 우려한 인권적 차원의 접근이라든지, 강대국의 무력 내정 간섭이 이후 중동지역에서의 서방 패권 강화로 이어지지 않을지에 대한 논의라든지, 다양한 관점에서 해석할 수 있는 문제였다. 세계 각국에서는 내부적으로 국익은 물론 중동 민주화, 인권 등을 둘러싼 논란들이 뜨겁게 달아올랐지만, 한국에서는 그저 남의 일일 뿐이었다.

한국 사회에서는 모든 문제가 국내 정치의 보수와 진보, 그 차원이 그대로 유지되는 경제에서의 성장과 분배, 국익, 민족 같은 가치들로 수렴된다. 그 외에 다른 차원의 가치들은 비본질적인 것으로 취급되거나 아예 공론화 대상이 되지 않기 때문이다. 사상적 저변이 지극히 협소해진다.

그냥 위선적으로 놔두면 된다고?

우리 사회가 터부시하는 주제 가운데 하나인 낙태 문제를 예로 들어보자. 미국의 기독교 교파 상당수가 이 낙태에 대한 반대 때문에 공화당을 지지한다. 생명을 죽이는 범죄를 용납할 수 없다는 것이다. 그 반면 자유주의자들은 낙태를 찬성한다. 낙태는 개인의 선택의 문제지 국가가 허가하고 말고 할 사항이 아니라는 것이다.

한국은 어떤가? 낙태는 불법이다. 하지만 정부는 낙태 시술을 적극적으로 단속하지 않는다. 아무도 그에 대해 적극적 논란을 벌이지 않는다. 낙태가 불법이라면 원치 않는 임신을 한 사람들은 도대체 어떻게 하라는 건가요? 만약 법에 따라 낳아야 하는 거라면 미혼모에 대한 국가적 보호는 어떻게 되는 건가요? 이런 논란으로 이어지지도 않는다. 낙태가 불가피한 상황이 생기면 "그냥 가서 해, 잘해주는 데 알려줄까?" 이런 식이다.

매우 교조적인 경향을 보이는 한국의 개신교가 낙태 반대 투쟁을 벌인다는 얘기를 나는 듣지 못했다. 생명의 가치에 대한 진지한 고민이 없다는 것이다. 생명의 가치 따위는 '돈 많이 벌고, 복 많이 받고, 교회 크게 지어 올리자'는 발전주의적 가치 앞에서 가치 취급도 못 받는다.

낙태를 하는 이유에 대해서도 마찬가지다. 불법인 줄 알고 좋은 일이 아닌 줄은 알지만, '상황이 안 되는데도 낳아서 기를 수는 없잖아' 하는 것은 실용주의적 관점이다. 그렇다고 실용주의적 가치에 따라 '낙태를 합법화하자'는 운동 같은 것은 없다. 법을 어기고 양심의 가책을 느끼고, 그러다 낙태를 하고 나서는 그런 것 따위는 금방 잊어버리는 이 위선적 상황에 대해, 사람들은 신기하게도 불편함을 느끼지 않는다. 생명이나 개인적 선택의 자유 같은 가치는 경제적 발전주의 등의 가치 앞에서 언제나 무력했기 때문이다.

그러나 아이를 갖는 것은 소중하고 태어나지도 않은 생명을 죽여서는 안 된다는 생명의 가치는, 규범적 선으로(도덕으로) 존재한다. 그러니 감히 낙태를 합법화하자는 말은 못한다. 그냥 위선적으로 놔두면 된다. 이게 우리 사회의 가치요, 도덕이다.

우리 사회에서 모피 반대 운동이나 동물 보호 운동 같은 것은 언제나 가십거리 정도로 취급된다. 유럽 애들은 그런 문제를 가지고 왜 그렇게 흥분하는지 모르겠다, 먹고살기가 어렵지 않아서 그럴 것이라는 빈정거림의 시선이 나돌곤 한다. 동성애자나 트랜스젠더 같은 성 소수자 운동 역시 터부의 신세를 면하지 못하고 있다. 장애인 운동이나 환경운동 같은 상당히 익숙한 시민운동의 영역조차도 사회에 강력하게 자리 잡지 못하는 이유는, 그런 가치들은 항상 비본질적으로 취급되는 문화 때문이다.

미국에서는 대부분의 공공시설에 무료로 빌릴 수 있는 휠체어가 완비돼 있다. 굳이 장애인 등록증을 보여주지 않아도 일시적으로 거동이 불편한 사람들도 이용할 수 있다(우리나라 사람들은 혹시 장애인으로 오해 받을까봐 이용하지 않을지도 모르겠다). 그래서 그런지 놀이동산이나 박물관 등에는 휠체어를 탄 장애인이 정말 많다. 장애인들에 대한 배려가 일상화돼 있어, 집 안에서 두문불출할 필요가 없기 때문이다. 그런 곳에서 휠체어를 타고 있으면 장애인은 물론 동행한 가족들 모두가 줄을 설 필요 없이 곧바로 들어갈 수 있다.

공공건물에는 각 층의 모든 화장실에 일반적인 크기의 칸들과 휠체어가 들어갈 수 있는 넓은 칸이 함께 마련돼 있다. 조그만 음식점조차 만약 화장실을 한 칸밖에 만들 수 없다면, 휠체어가 들어갈 수 있도록 아예 넓게 만든다.

하지만 우리나라는 어떤가? 가까운 예로, KBS의 신관에는 휠체어가 들어갈 수 있는 장애인 화장실이 접근성이 매우 떨어지는 위치에 한두 곳밖에 없다. 장애인 동료가 아주 멀리서부터 휠체어를 끌고 그곳을 힘

겹게 오갔던 기억이 떠오른다.

　우리는 장애인 문제를 너무 자주 들어서 이제 어느 정도 해결이 되었을 거라 착각할지 모르지만, 여전히 장애인들 대부분이 차가운 시선과 물리적 불편함으로 집 안에서 두문불출하고 있다. 아직도 많은 기업들이 장애인 의무 고용 비율 맞추느니 그냥 벌금을 내는 게 낫다고 생각한다. 장애인과 함께 공부하고, 장애인 시설을 마을에 기꺼이 들이고, 장애인의 존재와 그에 대한 배려를 그저 일상적인 것으로 받아들이는 문화까지 가려면 아직도 멀었다. 그런데도 이념 얘기는 여전히 중요한 데 비해, 장애인 얘기는 지겹단다. 장애인 운동 같은 것은 처음부터 끝까지 늘 비본질적인 것으로 취급되어왔기 때문이다.

　세계 10위의 경제대국, 하지만 우리는 여전히 과거 반공, 발전주의 시대의 유령들 속에 갇혀 있다. 물론 아직도 정치 경제적으로 민주화가 이뤄지지 않았다며, 그게 더 본질적인 문제라고 할 수도 있다. 하지만 절대적인 한 가지 가치만이 중요하다고 주장하다 보면 교조주의에 빠질 수밖에 없다. 성장 제일을 주장하는 우파가 됐든, 분배의 정의를 주장하는 좌파가 됐든, 그게 아무리 옳다고 해도 대한민국의 모든 시민들에게 그 가치 아래로 모이라고, 왜 말귀를 못 알아듣느냐고 윽박지르는 것은 자유민주주의가 아니다.

　왜 시민을 동원의 대상으로만 생각하는가? 동원에 대한 유혹은 바로 권위주의적인 발상에서 나온다. 시민들에게는 저마다의 삶의 양식과 가치가 있다. 그 다양성을 인정하고 다양한 가치가 공존할 저변을 만드는 것, 제3, 제4의 길과 가치들, 소수의 주장 역시 소중하다는 것을 우리 모두가 인식해야 한다.

더 이상 이분법적으로 사람을 가르려고만 하지 말자. 기존의 이분법을 벗어난 견해에 대해 "아, 그래서 네 색깔이 뭐야, 너 회색이야? 너 분홍색이야?" 이런 식으로밖에 사고할 줄 모른다면, 우파든 좌파든 스스로의 비민주성을 되돌아볼 일이다.

SNS의 게릴라전도 좋지만 정규전이 필요하다

그래서 요즘은 소셜 네트워킹 서비스, 즉 SNS(social networking service)가 뜬다. 트위터나 페이스북, 팟캐스트 방송까지…. 인터넷 소셜 네트워크는 시민들이 자신의 생각을 직설적이고 즉각적으로 펼칠 수 있는 공간이 되고 있다.

물론 소셜 네트워크를 과거 미니홈피의 '일촌 맺기'처럼 여전히 인적 네트워크 확산의 도구로 활용하는 사람들도 있다. 하지만 익명과 실명이 공존하는 이 소셜 네트워크에서 사람들이 자신을 드러내는 방식은 상당히 가벼워졌다. 평등한 소통에 놀리는 물론 직관과 정서까지 어우러진 교감은, 주류 정치인이나 재벌 2, 3세 기업인들까지도 때로 직접적인 비판에 직면할 위험을 무릅쓰고 과감히 동참하게 만드는 마력을 발휘한다.

때로 유명인들이 오프라인에서와 달리 인터넷 소셜 네트워크 공간에서 감정 통제의 습관을 종종 잊어버리곤 해 실언으로 곤욕을 치르기도 하는 것은, 그만큼 그곳이 솔직한 소통의 공간이 되고 있다는 방증이다.

전통적인 한국 사람들의 소통은 어떠한가? 도덕으로 상징되는 강력한 규범적 가치들이 지배하는 사회에서, 사람들은 자신의 독자적인 견해를 발전시키는 데 서툴렀다. 자신의 견해가 규범적 가치에서 어긋나지 않는지, 자신이 속한 조직의 이해를 벗어나지는 않았는지 끊임없이 자기 검열을 한다. 보수-진보의 단일한 틀 내에서 어느 한쪽임을 입증해야 한다는 강박관념에 시달리거나, 그 틀에서 벗어난 견해일 경우 아예 논쟁을 외면하면서, 개인은 자유로운 영혼이 되기 어려웠다. 그런데, 이 소셜 네트워크는 그런 강박에서 개인을 얼마간 해방시켜주는 듯하다. 시민들은 그저 외마디 소리를 지르기도 하고, 감정적 평가를 있는 그대로 쏟아내기도 하며, 틀을 벗어난 소통에 열광한다. 위선이 일상화된 기성 담론과의 차별화에 성공한 것이다.

그럼에도 불구하고 이 인터넷 공간은 종종 견해의 쏠림과 극단화, 책임지지 않는 모습 등으로 한계를 드러낸다. 어떤 이슈가 규범적 선과 맞닿을 때, 사람들은 인민재판식으로 한 개인을 죄인으로 몰아간다. 짧은 동영상이나 사진 한 컷만으로 사람들은 앞뒤 맥락 없이 당사자를 심판하곤 한다. 법원에서는 변호사라도 사서 반론이라도 펼 수 있지만, 네티즌들이 우루루 한쪽 견해로 쏠리는 순간, 그곳에서 반론은 현실적으로 불가능하다.

또한 소셜 네트워크는 주로 중도에서 진보의 이데올로기와 중도·진보 그룹의 관점에 의해 지배되고 있다. 오프라인에서의 담론 도구, 즉 신문이나 방송 등이 주로 보수적 견해에 의해 지배되고 있다는 인식은, 그 반동으로 이 인터넷 소셜 네트워크를 중도-진보적 견해의 대안적 소통 도구로 만든다. 결국 그곳에서도 역시 다양한 견해가 자유롭게 존중되지는 못하고 있다는 것이다. 보수-장년층은 주로 오프라인을 통해, 진보-청년층은 주로 온라인을 통해, 그렇게 우리 사회는 소통의 공간마저 양분되고 있는 형국이다. 또 그 이분법에서 벗어난 주제들은 여전히 어떤 곳에서도 논쟁의 중심이 되지 못하고 있다.

그러면서 소셜 네트워크 역시 아직은 배설구적 기능의 한계에 머물고 있는 듯하다. 사람들은 제도권에서 펼치지 못하는 자신들의 생각을 마구 쏟아낸다. 어쨌든 쏟아낼 수 있기에, 들어줄 사람이 있기에, 맞장구가 가능하기에, 정서적 분출이 가능하기에 짜릿하다. 하지만 왠지 서글프다. 정규전을 도기하고 게릴라전이 대세가 된 듯한 느낌이다. 그냥 분출만 하고 끝날 건가. 자기도취에 빠지고, 자체 소비로 끝낼 것인가. 조직화해야 한다. 그리고 서로 다른 조직들이 구체적으로 맞서야 한다.

게릴라전으로 적들을 일시적으로 타격할 수는 있지만, 적을 무너뜨리기 위해서는 여전히 정규전이 필요하다. 각자의 리그에서가 아니라, 통합 시리즈를 펼쳐야 한다. 민주주의란 원래 귀찮고 불편해도 모두가 정정당당하게 맞붙어 싸우고 합의점을 찾아가는 통합 정규전이다.

아직 우리 사회는 그 단계에까지 이르지 못하고 있다. 그렇다고 장년층이 말하듯 청년층이 원래 철이 없고 미숙해서가 아니다. 우리 사회가 아직 그런 민주주의를 충분히 경험해보지 못해서 그렇다. 그건 장년층도 마찬가지다. 어쩌면 권위주의 속에서 살아온 지난 세월 때문에 민주주의의 경험에서는 장년층이 청년층보다 더 미숙할 수 있다.

민주주의? 간단하다. 모두 한 표다. 가장 기본적인 인식이 아닌가? 만약 장년층이 보기에 청년층이 그렇게 못 미덥다면, 청년층의 표는 0.5표로 계산하자고 주장해야 한다. 어떤 정치인은, 과거에 '노인층은 투표하러 안 나왔으면 좋겠다'고 했다. 왜? 노인층의 생각은 자신의 생각보다 가치가 없다고 보고 있었던 것이다. 그런데 헌법을 보라, 모두 똑같이 한 표란다. 그것에 우리는 합의하고 있다. 그렇다면 누구의 생각이라도 자격이 있다.

주장하고 설득하라, 마음껏 주장하고 설득하라. 다 같이 그것을 보장해주자. 오프라인이든 온라인이든, 보수 언론이든, 소셜 네트워크든, 모두 그것을 보장해줘야 한다. 뭐가 중요한지, 누가 옳은지, 모두가 나서 죽기 살기로 한번 따져보자. 그래야 정규전이 가능하다.

문화는 제도보다 훨씬 오랜 세월에 걸쳐 변화한다. 민주주의 제도가 모양을 갖추기 시작한 1987년 이후 이제 겨우 24년, 하지만 그걸 우리 몸에 체화된 문화로 만들기 위해서는 아직 우리에게 시간이 더 필요하다. 그걸 인정하는 데서부터 출발해야 한다.

Part 4

변화를 가로막는 구시대의 괴물들

{ 왕권에 대한 환상 }

박정희에 대한 향수

아직도 사람들은 '박정희'를 그리워한다. 대한민국 역대 대통령 10명 가운데 가장 존경하는 대통령을 뽑는 설문조사에서는 항상 박정희 전 대통령이 1위를 차지하곤 한다. 이명박 대통령이 취임한 뒤 더욱 두드러지는 현상이다. 1987년 직선제 개헌 후, 5명의 대통령이 국민의 손으로 선출되었지만, 그들 중 누구도 국민으로부터 가장 존경받는 대통령의 자리를 차지하지 못하고 있다. 오히려 군부 쿠데타로 정권을 잡고, 3선 개헌과 유신헌법으로 영구집권을 시도했던 18년 5개월간의 독재자 박정희가 '가장 존경받는 대통령'이 되었다.

전문가들은 경제 때문이라고 분석한다. 좌파 성향의 대통령을 연달아 선출했지만, 분배의 정의 실현도, 경제 성장도 이뤄지지 않았다고 생각하는 국민들이 '경제 대통령'으로 이명박 대통령을 선출했다. 그러나 이명박 대통령 역시 경제에 대한 국민들의 기대를 만족시키지 못했고, 오히려 부의 양극화만 심해지고 있다. 그래서 재임 기간 동안 '한강의 기적'이라 불리는 경제 발전을 이룬 박정희 전 대통령에 대한 재평가가 이뤄지고 있다는 것이다.

하지만 그게 다일까? 정말 성장과 경제 발전 때문만인가?

그것만은 아니다. 한국인들의 마음속에는 '강한 리더십'에 대한 향수가 있다. 하나의 목표를 향해 국민들을 일사불란하게 움직이는 리더십. 그렇게 따라가기만 하면 나라가 발전하고 있다는 것을 체감할 수 있는 리더십. 재벌도 노동자도 그 목표 아래 머리를 조아리게 만드는 리더십. 한국인들은 '왕'을 원하는 것인가?

그건 왕이 아니라 '신'이다. 절대자 외에는 그렇게 할 수가 없다. 박정희는 절대자를 꿈꿨기에, 절대적 목표를 세우고 그를 위해 때로 무고한 사람들을 희생시켰다. 자유민주주의 기본인 자유와 평등, 인권을 희생시켰다. 그 리더십은 그런 그늘 아래서 실현되었다. 우리는 그것을 '독재'라고 부른다.

이명박 대통령도 따라 해봤다

장하준 교수는 저서 《그들이 말하지 않는 23가지》에서 박정희 시대의 국가발전주의를 짐짓 찬양한다. 자유시장경제주의자들은 산업의 유망주는 이윤을 추구하는 기업이 가장 잘 고를 수 있다고 주장하지만,

사실은 정부가 산업을 주도해야 유망주를 제대로 고를 수 있다며 한국의 박정희 시대를 그 대표적인 사례로 꼽는다.

세계가 비웃던 일관제철소 건설계획을 관철시키고, 섬유산업을 하겠다던 LG(과거 금성)에게 그거 말고 전자산업 하라고 강요하고, 현대그룹 정주영 전 회장을 윽박질러 조선업에 진출시켰을 때, 세계는 성공할 수 없을 거라며 비웃었지만, 지금 이 산업들은 한국의 대표 산업들이 되었다는 것이다.

좌파 경제학자인 장하준 교수가 독재자였던 박정희의 경제 운용을 찬양한다? 그럴 법하다. 사실 박정희 정부의 경제 운용 방식은 전통적인 자유시장경제의 원칙을 따른 게 아니었다. 자유시장경제의 기본 원리는 '작은 정부, 큰 시장'이다. 공공의 역할을 축소하고 민간 부문, 즉 시장의 자율성을 극대화하는 것이다. 그런데 박정희 정부는 자유시장경제를 표방하면서도 사실은 정부가 산업을 주도하고 시장에 개입하는 '큰 정부'의 방식으로 경제 발전을 이뤘다. 공산주의 국가인 소련에서나 볼 수 있었던 경제개발 5개년 계획을 수립하고, 국가가 금융 부문을 지배하고, 재벌과 연합해 정부가 산업을 주도했다.

그리고 새마을 운동까지 벌여가며, '빈곤에서 벗어나자'는 하나의 목표 아래 국민들을 일사불란하게 움직이게 했다. 그 결과 '한강의 기적'이라 불리는, 연평균 10%의 고도성장을 이뤘고 한국은 전후 지긋지긋한 가난에서 벗어났다. 그런 경험을 한 장년층에게 박정희에 대한 향수는 어쩌면 당연한 것인지도 모른다.

이명박 대통령도 어설프지만 비슷하게 한번 따라 해봤다. 4대강 사업 말이다. 남한의 물줄기를 남북으로 잇는 거대한 토목공사로, 거기에 21세기적 코드인 관광과 레저까지 접목한다. 그런데 국민들이 별로 호응을 안 한다. 왜? 그걸로 성장 못 이루니까. 그걸로는 일자리도 별로 안 늘어나니까. 무엇보다 그걸로 우리 시대의 경제적 화두는 해결되지 않으니까.

우리 시대의 경제적 화두는 성장이 아니라, '왜 수치상의 성장, 위에서의 성장이 아래로 내려오지 않느냐'다. 우리는 가난에서 벗어나고 싶은 게 아니라, 그저 편안하게 살고 싶다. 그런데 모든 게 불안하다. 교육, 주거, 취업, 노후… 등등.

국민들도 다 안다. 4대강 사업 같은 걸로 경제 문제가 해결될 수 없다는 거 다 안다. 그런데도 국가발전주의를 했던 박정희를 그리워한다. 모순이다. 제왕적 리더십으로 문제 해결이 안 된다는 걸 알면서, 왜 박정희를 그리워하는가? 우리는 그것 말고는 경험해본 게 없기 때문이다. 우리는 '왕'이 아니라 '시민'의 힘으로 경제 문제를 해결해본 경험이 없다. 유교적 봉건제에서 일제 군국주의 통치로, 거기서 독재로, 그렇게 산 세월이 얼마인가? 그래서 분배의 정의마저도 대통령이 나서서 실현해주기를 바라고 있는 것이다.

자본주의 사회에서, 그것도 거대 재벌기업들이 국가 경제를 좌지우지하고 있는 대한민국에서 '분배의 정의'는 누가, 어떻게 실현할 수 있는가? 이제는 대통령이라 해도 그거 실현 못한다. 박정희 정부와의 찰떡궁합으로 온갖 특혜를 받아 성장한 재벌기업은 지금 한국 경제의 '갑'이다. '동반 성장'을 위해 중소기업 보호제도 용인하고 일자리도 좀 늘리자고 제안하면, 청와대에 들어가 건배 한 번 하고 사진 한 방 찍고,

밖에 나가면 자기 하고 싶은 대로 하는 게 재벌기업이다. 그런 한국에서 아무리 대통령이라도 혼자서는 경제 문제를 해결할 수 없다.

경제 문제 해결은 오로지 국민의 요구에서부터 시작되어야 하고, 그 국민의 요구에 절대적으로 복종하겠다는 대통령이 나와야 '쬐끔' 할 수 있다. 국민의 요구가 거세 어쩔 수 없다며, 국민을 업어야 '쬐끔' 할 수 있다.

대통령은 시민의 지배자가 아니라 시민의 도구일 뿐이다. 열 받으면 더 말 잘 들을 사람으로 갈아치우면 된다. 그런데 많은 한국인들이 아직도 그 공화제 민주주의의 기본을 체감하지 못하고 있다.

유통기한 지난 군사부일체

군사부일체君師父一體라는 말이 있다. 임금과 스승과 아버지의 은혜가 같다며, 아버지를 대하듯 임금과 스승을 대해야 함을 가르치는 유교의 한 규범이다. 이 군사부일체의 군, 사, 부의 지위를 현대 한국 사회에서 한번 살펴보자.

현대 가정에서 아버지의 위치는 참 애매하다. 여전히 가부장적인 지위를 우지하는 듯이 보이는가 하면, 높아진 어머니의 권력에 의해 실질적인 권력은 무너진 집도 많다. 사적인 조직인 '가정'의 문제이기에 일률적으로 말하기는 곤란하다.

스승은 어떤가? 군사부일체에서 말하는 스승이 꼭 학교에서의 스승만을 지칭하는 것 같지는 않다. 모든 사회 조직에 위계가 있고, 그 모든 조직에서 장長의 지위는 아버지, 임금과 마찬가지의 지위를 갖는다는 의미로 해석할 수 있다. 하지만 일단 문자 그대로 현재 학교에서의 스승의 지위를 본다면, 대학 입학이 최고의 가치로 취급되는 문화에서, 스승의 지위는 산산조각 난 지 오래다. 사교육의 역할이 지나치게 커져 공교육의 존엄성이 사라지면서 학교 선생님의 지위는 약해졌고, 사교육 기관의 스승인 학원 선생님들 역시 '돈 받고 가르치는' 사람으로 과거 선생님의 위치를 대신하지 못한다.

마지막으로 임금의 지위다. 과거 왕은 천명을 받은 절대자였다. 하늘, 즉 절대자의 뜻을 받아야 왕이 될 수 있다고 믿었다. 현대 대한민국은 자유민주주의 체제의 공화제 국가다. 더 이상 왕이 없다는 말이다. 다만 시민의 직접 투표에 의해 선출된 대통령이 한정된 임기 동안 행정의 수반으로서 지위를 행사한다. 공화제 민주주의 국가인 대한민국에서 대통령의 지위란 과거의 왕과는 전혀 다르다는 것이다.

그런데도 우리는 여전히 대통령을 바라보며 왕과 같은 절대자의 향기가 풍겨져 나오기를 기대하는 것은 아닌가? 성군에 의한 태평성대를 꿈꾸는가? 그렇다면 그건 착각이다. 민주주의란 원래 태평하지 않다. 민주주의는 항상 시끄럽다. 시끄러워야 대통령이 "앗! 뜨거워!" 하면서 국민의 소리를 듣는다. 그게 민주주의다.

{ 민주주의는 원래 시끄럽다 }

청와대의 한 방

"롯데마트는 통큰치킨 판매를 즉각 중단하라! 중단하라!"
"영세상인 다 죽이는 대형마트는 각성하라! 각성하라!"
동네 치킨점 점주들이 롯데마트 앞에서 데모를 한다. 그걸 보며 그날 아침에도 '통큰치킨'을 사기 위해 줄을 섰던 동네 주민이 한마디 중얼거린다. "그래도 나는 5,000원짜리 치킨 먹고 싶은데…."

한국 밖에서 바라본 롯데마트 통큰치킨 논쟁은 매우 흥미로웠다. 사건의 전말을 간단히 소개하자면 다음과 같다.
2010년 말, '통큰할인' 시리즈로 재미를 보던 롯데마트가 야심작 '통큰치킨'을 내놓는다. 프라이드치킨을 매일 한정 수량으로 1마리당

5,000원에 판다는 것이다. 동네 치킨점에서 1만 2,000원에서 1만 5,000원가량에 팔고 있는 프라이드치킨을 5,000원에 팔겠다니, 첫날부터 롯데마트 앞에 사람들이 장사진을 이뤘다.

그러자 동네 치킨점 주인들이, 재벌 그룹의 계열사인 롯데마트가 자본력을 이용해 손해를 보는 가격에 치킨을 판매함으로써, 영세상인인 동네 치킨점의 생계를 위협한다며 롯데마트 앞에서 데모를 하기 시작했다.

찬반 논란이 뜨거워졌다. 네티즌들은 '돈이 없어서 치킨도 마음껏 못 먹었는데, 롯데마트가 싸게 팔아 치킨을 먹을 수 있게 됐다'며 롯데마트의 통큰치킨에 뜨거운 지지를 보내는가 하면, 자본력이 있는 대형마트들만이 할 수 있는 일로 또 하나의 '영세상인 죽이기'라는 비판론이 나오기도 했다. 여기까지는 논리가 간단해보였다. 롯데마트의 미끼상품 전략, 값싼 먹을거리를 원하는 시민들의 지지, 대형마트의 지역상권 죽이기에 대한 반대 등 익숙한 논리들이다.

그런데 흥미로운 것은 그 다음이었다. 일단 시민들은 궁금해졌다. 롯데마트는 5,000원에 팔겠다는 프라이드치킨을, 도대체 왜 동네 치킨점에서는 2배도 훨씬 넘는 가격에 팔고 있는가? 아무리 대량 구매라지만 롯데마트는 손해를 보지는 않는다는데, 그럼 도대체 프라이드치킨의 원가가 얼마란 말인가? 동네 치킨점 대부분이 프랜차이즈 치킨점인데, 그렇다면 프랜차이즈 모기업에서 폭리를 취하는 건 아닌가? 시민들은 치킨의 원가와 유통까지 파고 들어가기 시작했다.

네티즌들이 롯데마트를 응원하는 것처럼 보이자, 시장경제주의자들도 그 틈새를 파고들었다. 자유기업원 등은 논평을 내고, 자유시장경제에서 물건을 싸게 팔 권리는 당연히 보장돼야 한다며 논쟁에 끼어든다.

과거 대기업과 영세상인의 싸움에서 시민 감정은 주로 영세상인의 편이었다. 그런데 이 통큰치킨 논쟁은 그렇게 단순하게 전개되지 않았다. 하나의 사건을 둘러싸고 다양한 논리들이 한꺼번에 분출돼 나온 것이다. 값싼 음식을 먹을 소비자의 권리, 물건을 값싸게 팔 생산자의 권리, 대기업과 중소기업의 동반 성장 논리, 과점적 성격의 프랜차이즈 판매체제의 모순 등등. 우리 사회가 과연 이 논란을 어떻게 해결해나갈 것인가가 참으로 흥미진진했다.

그런데 해결과정은? 너무 허무했다.

통큰치킨의 판매가 시작된 지 며칠 만에 논란이 급속도로 발전하면서 무슨 큰 사태가 난 것처럼 상황이 악화되자 여기에 느닷없이 '청와대'가 개입한 것이다. 청와대 정무수석은 트위터에 다음과 같은 글을 올렸다.

> "대기업인 롯데마트가 하루에 닭 5,000마리 팔려고(그것도 자신들이 매일 600만 원씩 손해를 보면서) 전국의 영세 닭고기 판매점 운영자 3만여 명의 원성을 사는 걸까요? 혹시 '통큰치킨'은 구매자를 마트로 끌어들여 다른 물품을 사게 하려는 '통큰 전략'이 아닐까요?"

롯데마트의 통큰치킨을 '미끼상품'으로 규정하면서, 왜 영세상인들의 원성을 사느냐며, '대기업의 영세상인 죽이기'라는 논리에 손을 들어준 것이다. 롯데마트의 통큰치킨 판매가 대기업과 중소기업 그리고 영세상인이 동반 성장해야 한다는 당시의 정책 논리에 맞지 않다는 청와대의 판단으로 해석되었다.

뒤이어 롯데마트 사장이 정무수석에게 휴대전화 문자 메시지로 '물가 안정에 기여하려 했을 뿐, 동반 성장을 역행하려는 의도는 아니었다'는 해명을 보냈다. 공정거래위원회의 태도도 바뀌었다. 처음에는 "통큰치킨을 너무 싸게 팔아서 다른 업체에 피해를 준다고 보기는 어렵다."고 롯데마트의 손을 들어주는 듯했던 공정위는, 청와대 정무수석의 트위터 글 이후 "치킨 업자들이 롯데마트를 제소하면 롯데마트의 치킨 판매가 부당 염매인지 조사를 벌이겠다."며 마치 청와대의 뜻을 읽은 듯한 재빠른 행보를 보이기에 이르렀다.

결국 롯데마트는 1주일 만에 통큰치킨의 판매를 중단했다.

도대체 이게 뭔가? 동반 성장 논리, 좋다. 그런데 왜 그 가르마를 청와대가 타주나?

소비자가 진정 원하는 것은 무엇이었을까? 치킨을 싸게 사먹는 것이다. 롯데마트가 치킨을 싸게 팔다가 결국 동네 치킨점들을 문 닫게 하고, 나중에는 독점 판매하면서 치킨 가격을 올리게 되는 그림은 아니었다. 그렇다고 롯데마트가 치킨 판매를 중단하고 다시 예전으로 돌아가 1만 4,000원을 주고 동네 치킨을 사먹는 그림도 아니었다.

롯데마트는 청와대의 한마디에 마케팅을 포기할 필요가 없었다. 필요한 것은 시민들의 압력에 의해 대형 프랜차이즈 치킨 업체들의 가격 체제가 공개되고, 시민 사회의 힘을 통해 가장 합리적인 치킨 가격이 완성되는 것이었다.

만약 정부가 개입한다면 그것은 청와대 정무수석의 트위터가 아니라,

공식적인 절차에 따랐어야 한다. 공정위는 대형 프랜차이즈 업체의 공급 체제와 가격 담합에 대해 조사하고, 다른 한편으로 프랜차이즈 업체가 롯데마트를 고발한다면 롯데마트의 부당 염매 여부까지 조사하면 된다. 그 과정에서 인터넷 포털 사이트에 생겨났던 '치킨 프랜차이즈 불매운동 연합 카페'는 지속적이고 광범위한 활동을 벌였을 것이고, 정부는 법제도에 따라 시민의 요구를 수렴하는 형태로 기능했어야 했다.

하지만 우리 사회는 이런 시끄러운 민주주의에 익숙하지 않다. 시민들은 오히려 당국, 특히 청와대나 대통령의 '한 방' 개입에 더 익숙하다.

데모하면 사회 불안정?

민주주의는 시끄럽다. 오죽하면 '다수결'이라는 가장 미성숙한 해결방법을 기본 해법으로 삼겠는가? 사족을 덧붙이자면, 가끔 다수당을 차지한 정치인들이 '민주주의는 다수결이 원칙'이라며, 다수결이 마치 전가의 보도요, 최고의 가치인 양 말하지만, 사실 다수결이란 사회 구성원들이 충분히 토론을 벌였는데도 합리적인 해법을 찾을 수 없을 때 '할 수 없이' 쓰는 최후의 방법으로 보아야 한다.

자유민주주의는 기본적으로 시민들에게 자신의 다양한 가치를 자유롭게 표현하고 추구할 권리를 부여한다. 다만 개인이 각자의 가치를 표현하고 추구하는 방식이, 다른 사람의 권리를 억압하지 않도록 법으로 통제할 뿐이다.

그래서 민주주의는 늘 시끄럽다. 서로 다른 정치적 가치를 지닌 사람들은 정당을 결성해 대립하고, 자유시장경제주의자들은 정부가 만든 규제를 철폐하라고 요구하고, 사회민주주의자들은 세금 걷어서 복지를 확충하라고 요구하고, 노동자들은 임금을 올려달라고 파업하고, 학생들은 등록금을 내려달라고 데모하고, 동물을 싫어하는 사람들은 아파트 내 동물 산책을 금지시키라고 요구하고, 동물 애호가들은 유기동물 대책을 마련하라고 촉구하고, 보수주의자들은 혼전 순결을 지키자는 운동을 하는가 하면, 동성애자들은 동성애자들에게도 이성애자들과 똑같은 행복추구권을 보장하라고 외친다. 이처럼 갈등과 논쟁이 일상적으로 벌어지면서 그 속에서 합의를 찾아가는 과정이 반복되는 게 민주주의다.

하지만, 우리 사회는 이런 요구들이 분출하고 대립하는 과정을 '사회 불안정'이라고 생각한다. 사회가 무질서해지는 것이라고 생각한다. 리더십의 부재라고 개탄하기까지 한다. 그러나 진정한 사회 불안정은, 각자의 가치들을 주장할 공간이 주어지지 않아 불만이 정정당당하게 표출되지 못하고 억압돼 왜곡되는 상황에서 발생한다. 시민들이 나름의 방법으로 자신들의 요구를 주장하는데도 그것을 받아 안아야 할 대의민주주의 시스템이 제대로 작동하지 못할 때 일어나는 것이다. 갈등이 발생하는 것 자체는 '불안정'이 아니다. 오히려 뻔히 존재하는 갈등이 표출되지 못하는 상황이 축적될 때 불안정이 심해질 수 있다.

그런데 왜 우리는 이 민주주의의 시끄러운 속성에 아직도 익숙하지 못한 것일까? 절차적 민주주의를 달성한 이후에도, 권위주의적 통치체제에 길들여진 우리의 정신이 바뀌지 않은 탓은 아닐까? 아직도 강력한 리더십이 우리의 나아갈 길을 제시하고, 국민들이 그에 따라 일사불란하게 움직이는 모습을 바라는 것은 아닐까? 인권이나 자유, 평등 같은 자유민주주의의 기본 가치들이 희생되더라도 말이다.

모든 것은 동전의 양면과 같이 명明과 암暗을 갖는다. 다만 사회 구성원들이 그 상황에서 더 좋다고 합의하는 가치를 선택할 뿐이다. 만약 우리 시민들이 정말 자유민주주의의 기본 가치들을 희생하더라도 과거와 같은 강력한 리더십이 필요하다고 본다면, 시민들에게 그를 묻고 합의를 얻어야 할 것이다. 그래서 대통령에게 독재를 할 수 있도록 강력한 권한을 제도적으로 주면 된다.

독재 체제를 벗어난 지금은 과거의 암보다는 명이 더 크게 보일지 모르지만, 그때 우리는 이제는 당연하다고 생각되는 가장 기본적인 시민의 권리들조차 누리지 못했었다. 단지 생각할 자유, 말할 자유, 행동할 자유를 얻기 위해 목숨을 걸어야 했고 목숨을 잃었다. 지나고 나면 다 좋은 것만 기억한다더니, 다들 집단 기억상실증에라도 걸렸단 말인가.

큰 정부? 작은 정부?

2011년 4월, 프랑스 정부는 모든 공공장소에서 무슬림 여성의 '부르카' 착용을 금지하는 법을 시행했다. 500만 명의 프랑스 무슬림 인구 중 부르카와 니캅을 착용하는 여성은 2,000명에 불과하다. 부르카는 얼굴만 빼고 머리에서 발목까지 가리는 베일, 니캅은 얼굴까지 몸 전체를 가린 채 눈만 내보일 수 있게 한 베일을 말한다. 그런데 이 2,000명의 공공장소 출입을 금지하기 위해 의회가 부르카 금지법을 통과시키자, 프랑스 내부는 물론 전 세계에서 논란이 뜨거워졌다.

이 법을 주도한 사르코지 프랑스 대통령은 부르카 착용 금지의 이유를 3가지로 들었다. 첫째는 부르카가 여성에 대한 부당한 억압이라는 것, 둘째는 부르카를 공공연하게 착용하는 것은 프랑스 헌법의 라이시테(laïcité, 정교분리)의 원칙에 위배된다는 것, 셋째는 온몸을 가리는 데서 오는 범죄 가능성 등 안전상의 문제다. 하지만 많은 언론들이 이 법의 시행에 대해 다르게 해석한다. 사르코지가 급격히 늘어나고 있는 무슬림 이민자들에 대한 통제의 제스처를 취한 것이라고 말이다. 왜냐면 2012년 대선을 앞둔 사르코지는 우파들의 환심을 사야 하기 때문이다.

어찌 되었든 이 법이 기어이 시행에 들어가자, 무슬림 국가들은 말할 것도 없고 프랑스 내부의 인권단체와 여성단체들, 국제 인권단체들까지 잇따라 강력한 반대를 표명하고 나섰다.

프랑스 내부의 법, 게다가 해당자가 단 2,000명에 불과한 부르카 금지가 왜 전 세계적인 논란을 낳고 있는가? 다양한 문화에 대한 관용으로 유명한 프랑스 정부가, 개인의 보편적 인권인 종교의 자유를 법으로 억압하고 있기 때문이다. 게다가 그 속내가 '무슬림 차별'이라는, 뻔히 들여다보이는 이유다.

프랑스 내부에서 이 법을 정당화하는 식자들은 이렇게 주장하기도 한다. 프랑스는 다른 유럽 국가들과 달리 헌법에서 정교분리를 공식화한 만큼 정교분리의 원칙이 개인의 종교적 자유보다 더 앞선다는 것이다. 하지만 그렇다면 왜 유대인들이 키파를 쓰고 전통 복장을 입고, 천주교인들이 베일을 쓰고 거리를 활개 치는 것은 막지 않는단 말인가?

프랑스 정부의 이 법 시행에 무슬림은 물론 일부 국가들, 국제 인권단체들까지 강력한 반대를 표명하는 것은, 어떤 이유로도 개인의 보편적 인권이 국가에 의해 억압돼서는 안 된다는, 가장 기본적인 민주주의의 원칙을 '관용의 나라' 프랑스가, '정치적인 이유'로 저버렸기 때문이다. 여성 차별을 해소한다는 것 역시 정부가 기본 인권을 억압할 이유는 못 된다. 설사 부르카가 무슬림 여성 억압의 상징이더라도, 무슬림 여성들이 스스로 저항해 착용을 거부해야지, 정부가 나서 종교의 자유를 억압하며 부르카를 벗기자고 나설 수는 없다.

우리와는 상관없는 먼 나라의 일인가? 프랑스 시민들은 국가가 시민의 기본권을 억압해서는 안 된다고 흥분하고 있다. 어쩌면 대다수에게 별로 큰 영향도 없는, 단 2,000명의 이민자의 일인데도 말이다. 우리는 어떤가? 고작 2,000명이 아니라 전 국민이 사상과 결사, 언론, 표현의 자유조차 억압당한 채 긴 세월을 살았지만, '경제만 발전할 수 있다면…'이라며 그 시절을 그리워하기까지 한다. 왜 그럴까? 국가와 시민의 관계에 대한 정확한 이해가 없기 때문이다.

경제학자들은 정부의 크기를 놓고 논란을 벌인다. 이른바 큰 정부 대 작은 정부 논쟁이다. 보수파인 자유시장주의자들은 작은 정부 - 큰 시장을 주장한다. 정부의 역할과 공공의 영역을 축소하고 시장을 최대한 민간 자율에 맡기자는 것이다. 반면 진보세력인 사회민주주의자들은 큰 정부 - 작은 시장을 주장한다. 정부의 역할을 확대해 공공 일자리를 창출하고 복지정책으로 분배의 정의를 실현하자는 것이다.

그런데 이 큰 정부 대 작은 정부의 논쟁은 정치, 사회적인 영역으로 넘어오면 그 지향점이 뒤바뀐다. 사상, 언론, 종교의 자유 등 기본권의 영역은 물론 낙태, 동성혼 등의 논쟁에서 진보주의자들은 국가의 개입을 최소화하고 개인의 자유를 최대한 보장할 것을 주장한다. 반면 보수주의자들은 사적인 문제에 국가가 개입해 통제할 것을 주장한다. 진보주의자들은 이 영역에서 오히려 작은 정부를, 보수주의자들은 이 영역에서 오히려 큰 정부를 주장하고 있는 것이다.

유럽의 사회민주주의 국가들은 '경제적 큰 정부', '정치사회적 작은 정부'의 대표주자들이다. 개인주의가 기본 철학으로 확고한 미국은, 경제적으로도 정치사회적으로도 작은 정부를 지향하는 경향이 강하다. 물론 최근 양극화 심화로 신자유주의 경제체제가 크게 흔들리자 미국 역시 '경제적 큰 정부'를 요구하는 목소리가 높아지고 있다. 1%가 아닌 99%를 위해 정책을 펼치라는 월가의 군중 시위를 보면 알 수 있다.

그렇다면 우리나라는 어떤가? 조선시대의 국가주의 유교는 국가가 정치, 경제는 물론 시민의 사소한 생활규범까지 관장하게 했다. 우리가 정치, 경제, 사회, 문화 할 것 없이 모든 영역에서 큰 정부에 아주 익숙하다는 것이다. 일본 제국주의 역시 두말할 나위 없는 큰 정부였다. 일본 제국주의는 우리 민족의 의식까지 지배하려 했으니까 말이다.

해방 이후, 대한민국의 과거 권위주의 정부들은 어떠했나? 국민에게 자유를 주었는가? 그들은 여전히 큰 정부로 국민들 위에 군림했다. 헌법으로는 자유민주주의와 자본주의 시장경제를 표방했지만, 큰 정부 속에서 자유민주주의적 가치들은커녕, 보수주의자들이 주장하는 자유시장경제체제도 실현되지 못했다. 특히 그 가운데서도 역대 가장 큰 정부를 추구했던, 제왕적 권력이 박정희 독재였다. 우리는 바로 그 큰 정부에 대한 막연한 향수에서 벗어나지 못하고 있는 것이다.

만약 박정희를 그리워하는 사람들이, 정부가 나서 공공의 일자리를 창출하고 복지정책을 확대해 분배의 정의를 실현하는 경제적 큰 정부를 주장하는 거라면, 나름대로 합리적 이유가 있겠다. 하지만 박정희 정부는 그런 성격의 정부도 아니었을 뿐만 아니라, 그를 그리워하는 사람들이 생각하는 큰 정부 역시 그런 합리성에서는 벗어나 있는 듯하다. 그저 정치, 경제, 사회의 전 분야를 휘어잡는 강력한 리더십, 또 다른 제왕적 대통령을 바라는 것은 아닐까?

우리 사회가 뭔가 단단히 헷갈리고 있다. 정치, 경제, 사회 전반에서 국가의 강력한 통제를 바란다면 헌법부터 뜯어고쳐야 할 것이다. 일단 자유민주주의의 '자유'와 '민주'는 빼야 할 것 같으니까. 대한민국의 국가적 정체성부터 다시 생각해봐야 할 일이다. 공산주의가 싫어 자유주의를 주장하는 거라면 작은 정부를 지향해야 옳다. 그리고 그 작은 정부가 왜 시장에 대한 규제 철폐만 주장하고, 사상, 언론, 표현, 결사 등의 영역에서는 작은 소란만 있어도 사회가 불안정하고 무질서해진다며 통제하려고 하는지 합리적인 이유를 내놓아야 한다.

큰 정부에 대한 막연한 환상에서 일단 벗어나, 국가와 시민의 기본적인 관계에 대해서부터 다시 고민해볼 일이다.

국가와 시민의 관계

"만약 개인이 총기를 소유할 수 없다면, 정부가 너무 거만해질 거야. 대통령이 통수권자로 있는 군대만 무기를 소유할 수 있다는 생각은 안

돼. 어떤 영역에서도 대통령이나 정부가 개인 위에 설 수는 없는 것이거든. 잘못하면 시민들이 무기를 들 수도 있다는 걸 대통령이 알아야지."

그는 총기 소유를 찬성하는 이유를 묻자 이렇게 대답했다. 그는 미국식 진보주의자, 그러니까 자유주의자(liberal)였다. 낙태, 동성애 등에 대해서는 최대한 개인의 자유를 존중할 것을 주장하고, 인종 차별을 강하게 비판하고, 분배 정책의 필요성에 대해 열변을 토하는 이였다. 그런데, 그가 개인의 총기 소유에 대해서는 미국 내 진보주의자의 경향과 달리 찬성의 입장을 보였다.

왜 개인의 총기 소유를 지지하느냐는 질문에 대한 그의 대답을 듣고 나는 충격을 받았다. 국가와 개인의 관계에서 개인의 자유에 대한 주장이 이 정도로까지 확대될 수 있다는 생각을 해본 적이 없기 때문이다. 그의 견해는 위험하다. 개인적으로 동의할 수도 없다. 하지만 그의 견해에는 일관성이 있었다. 경제적 분배의 실현 외에는 어떤 영역에서도 국가가 개인의 자유를 억압해서는 안 된다는 일관된 철학이 있었다.

개인의 총기 소유를 허용하는 미국인들의 사고를 처음에는 이해하기 어려웠다. 사실 미국 내에서는 총기 난사 사건 같은 범죄가 종종 일어나고, 때문에 개인의 총기 소유를 금해야 한다는 자국민들의 주장 역시 강하다. 하지만 2010년 6월 미국 연방대법원은 "수정헌법 2조가 보장하는 총기 소유권은, '질서 잡힌 개인의 자유'는 보장돼야 한다는 미국의 이념에서 근본적인 것"이라며, 주정부나 지방정부도 개인의 총기 소유를 금지할 수 없다는 판결을 내렸다. 진보적인 입장을 가진 주에서는 총기를 소유할 수 있는 허용 요건을 까다롭게 하는 방법으로 총기 소유를 억제하려고 시도를 하기는 하지만, 연방대법원의 이러한 헌법 해석에 따라 총기 소유 자체를 막지는 못하게 됐다.

총기 소유를 찬성하는 데는, 단지 '질서 잡힌 개인의 자유'를 국가가 억압해서는 안 된다는 헌법상의 정신 외에도, 여전히 외딴 곳에 사는 미국인들이 많아 스스로를 보호해야 한다는 현실적인 필요성, 막강 이익집단인 전미총기 협회의 로비 등 다양한 측면이 영향을 미치고 있다. 하지만 이런 논쟁들에서 적어도 미국인들은 국가와 개인의 관계에 대한, 명확한 논점을 공유하고 있는 듯하다.

우리에게 부족한 것은 바로 이것이다. 국가와 개인의 관계에 대한 기본적인 관점 말이다. 우리 사회가 여전히, 전방위적으로 큰 정부, 더 나아가 제왕적 대통령을 그리워하는 이유는, "국가는 어떤 경우에도 개인의 기본적인 자유와 보편적 인권을 억압해서는 안 된다."는 자유민주주의적 원리가 실현되는 사회를 체험해본 적도 만들어본 적도 없기 때문이다. 그래서 그게 무엇인지 잘 모르기 때문이다. 자유민주주의 국가를 표방한 지 60년이 넘은 지금도 말이다.

나는 세대 투표를 지지한다

최근 선거에서 잇따라 세대 간 분리 투표 경향이 두드러지게 나타나고 있다. 특히 박원순 서울시장을 선출한 선거에서 이른바 2040(20대, 30대, 40대)의 지지와 50대 이상의 지지가 극명하게 갈리자 언론은 이 새로운 투표의 경향, 세대 투표의 이유를 분석하느라 분주해졌다.

세대 간 갈등, 나는 이 세대 간 갈등이 정말 자연스러운 현상이라고 생각한다. 대한민국은 전 세계적으로 가장 급속도로 경제 성장을 이루었고, 가장 짧은 시기에 쿠데타와 독재, 혁명과 개혁이 반복된 격변의 현대사를 경험했다. 서로 엄청나게 다른 사회적 체험을 한 사람들이 같은 정치적 지향을 가진다는 게 오히려 이상하지 않은가.

한국전쟁과 냉전시대를 거치며 지독한 가난을 극복하는 데 골몰했던 60대 이상, 권위주의 체제 하에서 급속한 경제 성장을 체험한 50대, 민주화 항쟁의 과정에서 의식화된 40대, 고용 없는 성장기에 취업과 미래를 걱정하는 2~30대가 어떻게 같은 사회의식과 정치적 지향을 가질 수 있는가? 가치관도 다르고 원하는 것도 다르다. 그리고 지금 그들이 바로 자신들이 처한 문제와 자신들이 원하는 것들을 기준으로 투표를 하고 있다. 이제 드디어 민주주의가 좀 되려는 모양이다.

호남 고립 정책을 폈던 박정희 시대 이후, 기성 정치권은 한 가지 코드로 정권을 장악해왔다. 바로 '지역'이다. 오랫동안 많은 한국 사람들이 '지역'이라는 기준, 어찌 보면 자신들의 삶과는 무관한 기준으로 투표를 해왔다. 부자들이 호남 출신이라고 중도 좌파 정당 지지하고, 가난한 사람들이 영남 출신이라고 우파 정당 지지하는 것이 좀 우습지 않은가. 자신들의 삶의 질을 높이는 데 반대되는 정책을 펼 정당을, 출신 지역이 같다는 이유로 지지한다는 게 얼마나 어이없는 일인가. 그런 면에서 보면 세대 투표는, 차라리 지역 투표보다 훨씬 진화했다. 아니 질적으로 완전히 다른 투표다.

강남, 서초, 송파, 소위 '강남 3구' 주민들이 보수 정당을 끈질기게 지지하는 것도 당연하다. 부자들이, 세금 적게 걷는 방법으로 경제를 돌아가게 하겠다는 보수 정당을 지지하는 게 뭐가 나쁜가. 그러야 자신들이 잘살 수 있다고 생각한다면 그들은 그렇게 투표하면 된다. 만약 당신에게 재산이 100억쯤 있다면, 당신의 재산을 지켜주고 늘려주겠다는 보수 정당을 지지하지 않을 수 있겠는가. 만약 이 부자들이 빈부 격차가 극에 달해 사회 불안정이 심해지면 경제 기반 자체가 흔들리고 폭동이 일어날 수 있다고 생각하거나, 내 재산이 좀 줄어들더라도 분배의 정의를 실현하는 게 사회를 발전시킬 수 있는 더 좋은 길이라는 철학을 가졌다면, 중도 정당이나 진보 정당을 찍을 수도 있다. 하지만 그건 그들이 선택할 문제다. 그들도 한 표를 가진 시민이라면 그들을 설득하려는 노력은 할 수 있어도 강요는 할 수 없다.

그렇다고 가난한 사람들도 걱정만 할 필요는 없다. 정말 정부가 99%의 서민이 아닌 1%의 부자를 위한 정치를 하고 있다고 생각된다면, 정부를 갈아치우면 된다. 그런 상황에서는 다행히 부자보다 서민이 압도적으로 많을 테니 말이다. 다수결이니 모든 사람은 한 표씩 행사할 수 있다. 불만이 있으면 규합하고 집결해 투표하면 된다.

세대 투표의 경향이 강하지는 것을 보니 드디어 우리 사회가 투표가 뭔지를 이해해가고 있다는 생각이 든다. 민주주의, 간단하다. 시민 각자가 자신의 삶에서 중요한 것들이 뭔지를 생각하고, 그것을 요구하고, 그에 대해 답을 주는 정당이나 후보를 찍으면 된다. 만약 혼자만이 아니라 우리 사회 전체를 올바른 방향으로 가게 하기 위해 원하는 지향이 있으면, 그걸 주장하고, 그에 대해 호응하는 정당이나 후보를 찍으면 된다. 만약 자신이 지지하지 않는 후보가 당선될 경우 우리 사회가 정말 잘못된 방향으로 갈 것이라고 생각한다면 토론하고 설득하고 조직화하며, 정치에 참여하면 된다. 민주주의, 어렵지 않다.

  단, 여기서 한 가지 잊지 말아야 한다. 다른 사람들의 생각은 결코 나와 같지 않다는 것, 그래서 사람들은 각자 다른 주장을 할 것이라는 것, 그걸 인정해야 한다. 그래서 이기기 위해서는 생각이 같은 사람들과 힘을 모으고 외치고 설득해야 한다. 또한 때로 자신의 생각과 반대되는 생각을 가진 사람들이 많으면 내가 질 수도 있다는 것, 그리고 그것도 인정해야 한다는 것을 잊지 말아야 한다. 하지만, 여전히 자신이 옳다고 생각한다면 또 모여 시끄럽게 떠들고 요구하면 된다. 어쨌든 이래도 저래도 민주주의는 지독히 시끄럽다는, 몹시도 시끄럽다는 것, 그걸 기억하고 있으면 된다.

{ 적과의 동침 }

이명박과 박근혜, 그리고 오바마와 클린턴

그는 항상 말을 아낀다. 모든 이슈에 대해 원칙론을 거론하며 최소한으로 대응한다. 하지만 그는 자신이 중요하다고 생각하는 문제에 대해서는 단호했다. 공천 파동과 친박계 복당 문제, 세종시 수정 논란, 동남권 신공항 백지화. 그는 그때마다 대통령과 대립했다. 그는 여당 속의 야당, 야당보다 더 강력한 대통령의 반대자로 인식되었다.

그는 국제사회에 새 정부의 얼굴이 되었다. 세계 최강대국의 외교 수장. 그는 자신의 정치적 자산들을, 한때 자신의 정적이었던 대통령의 정부에서 아낌없이 발휘했다. 그는 이제 대통령의 인기가 떨어질 때마다 대안으로 거론될 만큼 강력한 존재가 되었다. 하지만 그는 선언한다. 절대 대통령을 밟고 차기 대선후보가 되지는 않겠다고.

박근혜 한나라당 전 대표와 힐러리 클린턴 미 국무장관에 대한 이야기다. 두 사람은 공통점이 있다. 현직 대통령인 이명박 대통령, 오바마 미국 대통령과 각각 대선 후보 자리를 놓고 경쟁을 하다 낙마했다는 점이다. 대통령의 최대 정적이었던 셈이다. 하지만 정적이 대통령에 당선된 뒤 두 사람은 정반대의 길을 걷는다.

오바마는 대통령에 당선된 뒤 정적 힐러리 클린턴을 국무장관에 전격 발탁한다. 어떤 사람들은 여전히 자신보다 힐러리 클린턴을 지지하고 있다는 것을 알면서, 어쩌면 힐러리가 자신보다 더 탁월한 정치적 능력을 발휘해 자신을 위협할 수 있다는 것을 알면서, 그는 정적에게 손을 내민다. 그 뒤 힐러리는 국제무대에서 탁월한 외교력을 발휘하고, 대통령은 국내 난제들을 뾰족이 해결하지 못하면서 대통령의 인기가 떨어지자, 사람들은 '차라리 그때 힐러리를 대통령으로 뽑았어야 했다'는 얘기까지 하게 된다. 오바마 대신 힐러리를 차기 대통령으로 선출하자는 말까지 나온다. 하지만 힐러리는 오바마를 배신하지 못한다. 오바마가 정적이었던 자신에게 손을 내밀었기 때문이다.

이명박 대통령은 박근혜 전 대표에게 어떠했을까. 경선 패배 뒤 깨끗하게 승복하겠다며 이명박 대통령의 당선을 위해 유세를 하고 다녔던 박근혜 전 대표는, 18대 총선 공천에서 이명박 대통령이 자신을 배신했다고 느끼게 된다. 공천 개혁의 명분 아래 친박근혜계 의원들은 줄줄이 공천에서 탈락했고, 이는 이명박 대통령의 친박근혜계 숙청으로 비쳐진다. 이명박 대통령은 자신의 정적이었던 박근혜 전 대표를 끌어안지 못한 것이다. 그리고 두 사람은 중요한 이슈들에서 수시로 대립한다. 친이명박계와 친박근혜계는 같은 당 안에서도 서로 반목하고, 국민들은 화합하지 못하는 집권여당에 지쳐간다. 이명박 대통령이 극심한 레임덕에 시달리는 지금, 박 전 대표는 언제든 자신의 정치적 필요에 따라 대통령에게 등을 돌릴 수 있게 되었다.

적과의 동침, 오바마 대통령은 했고, 이명박 대통령은 하지 않았다.

타협, 정치의 본질

앞에서 말했듯이, 민주주의는 지독히 시끄럽다. 모든 사람들에게 자신의 주장을 펼칠 자유를 주었기 때문이다. 그런데, 이렇게 모든 사람들이 나서서 자기주장만 옳다고 아우성한다면, 그 혼란을 사회가 어떻게 감당할 수 있겠는가? 누구 말마따나, 소는 누가 키우느냐는 말이다.

그래서 정치가 생겨났다. 정치의 본질은 타협이다. 때로 적과도 손을 잡고 원칙에서 한발 물러서기도 해야 하는 게 정치다. 각자의 주장이 난무하는 가운데 타협이 없다면 사회는 한 발짝도 앞으로 나아갈 수 없을 것이기 때문이다.

미국에 머무는 동안 중간선거가 있었다. 하원과 상원을 모두 장악하고 있던 집권여당인 민주당은 2010년 11월 중간선거에서, 하원의 다수석을 공화당에 내주고 상원의 과반을 가까스로 유지하는 등 참패를 당했다. 그러자 오바마 대통령은 공화당이 요구해온 감세 연장안(부시 행정부 시절에 도입된 감세 정책을 2년 연장)을 수용하겠다고 발표한다. 여당인 민주당과 상의하지도 않은 대통령의 독자적 결정이었고, 대선 때부터 줄곧 해왔던 공언, 즉 '부자들의 세금을 깎아주는 감세안은 절대 연장하지 않겠다' 하던 자신의 입장을 뒤집은 결정이다. 민주당은 크게 반발했다. 하지만 결국 감세 연장안을 받아들이고 다른 경제 정책에서 공화당의 일부 양보를 받자는 대통령의 타협안을 수용한다.

오바마는 중간선거 결과로 드러난 민심을 일단 겸허히 받아들였다. 오바마 경제 정책의 성과 여부가 중간선거의 최대 쟁점으로 부각된 가운데, 국민들이 공화당에 압도적으로 표를 몰아준 것은, 정부에 대한 실망과 질책이라는 점을 인식한 것이다. 민주당 지지자들은, 오바마 대통령의 이러한 오락가락 행보를 두고 분통을 터뜨렸다. 왜 옳고 정당한 원칙이 있는데도 그를 저버리는 정치적 타협을 하느냐고 질책했다. 하지만 중간선거를 기점으로 바닥을 쳤던 오바마 대통령에 대한 지지도가, 급격하지는 않지만 다시 서서히 상승 곡선을 그리기 시작한다. 오바마의 타협은 적어도 중간층의 마음에는 제대로 어필한 것이다.

오바마는 부자 감세 폐지를 포기한 것이 아니었다. 그는 그 뒤에 다시 부자 감세 폐지를 시도한다. 다만 그는 그 당시에 자신이 대국민 설득에 실패했다는 점을 인정한 것이다. 국민들을 설득해서 판단을 이끌어내는 데 시간이 더 필요하다고 생각했던 것이다. 국민들의 공감 없이는 아무것도 할 수 없다는 것을, 때로 국민들의 요구에 따라 원칙을 버리고 타협하지 않으면 안 된다는 것을, 그게 대통령의 숙명이라는 것을, 그는 알고 있었을 뿐이다.

대통령뿐만이 아니다. 정당과 시민단체 등 모든 정치적 주체들은 끊임없이 자신들의 지향을 주장하고 그를 관철시키기 위해 노력하지만, 국민들로부터 충분한 지지를 얻지 못할 경우 어쩔 수 없이 타협해야 할 상황에 처하게 된다. 대중의 뜻을 받아 목표를 향해 매진하기도 하지만, 대중의 뜻을 받아 최선이 아닌 차선을 선택하며 타협할 수도 있다. 결국 정책의 방향은 최종적으로 민심에 의해 결정되기 때문이다. 민심을 반영한 끊임없는 갈등과 타협, 그것이 바로 정치의 본질이다.

변화를 외치려면 스스로 변해야 한다

케네디와 아이젠하워는 미국의 역대 대통령 가운데 서로 대조되는 리더십의 사례로 자주 거론된다. 국민들에게 더 큰 목표를 향해 앞으로 용감하게 나갈 것을 주장한 케네디는 선각자적 리더십을 대표하는 반면, 자만에 빠지지 말고 항상 균형감각을 유지해 더 먼 미래를 대비하자던 아이젠하워는 신중한 리더십을 대표한다.

'돌격 앞으로!'의 리더십에 익숙한 우리는, 케네디식 리더십에는 익숙하지만 좌고우면하는 아이젠하워식 리더십에는 익숙하지 않다. 하지만 가만 되돌아보자. 386세대가 중심이 되어 개혁이라는 이름으로 끊임없이 뭔가를 도모했던 노무현 정부의 청와대는, 세종시 수정과 4대강 사업을 줄기차게 추진해온 이명박 정부의 청와대와 어딘지 닮은 점이 있다. 국민을 '교화의 대상'으로 바라본다는 점이다.

자신의 계획은 정말 옳고 정말 좋은 건데, 국민들이 진심을 몰라주니 답답해 죽겠다는 식이다. 설득을 해도 잘 안 먹히고, 그런데 시간은 없고, 그래도 이건 정말 좋은 거니까, 역사가 제대로 평가해줄 거니까, 앞으로 계속 밀고 나가기로 결정한다. 여론의 반대에도 불구하고 앞으로 나가기로 하는 이 결정은, 정치적 희생을 감수하는 것이므로 '역사적 결단'이라고 스스로를 치켜세우기까지 한다. 그를 바라보는 국민들은 얼마나 황당하겠는가.

케네디식 리더십과 아이젠하워식 리더십은 모두 장단점이 있다. 하지만 대통령은 케네디식 리더십만으로는 곤란하다. 대통령은 때로 아이젠하워가 될 수밖에 없다. 책임정치를 실현해야 할 정당의 대표들도 마찬가지다. 충분히 주장하고 끊임없이 설득하지만, 결국 여론의 동의를 얻지 못하면 포기하거나 미루는 수밖에 없다. 정말 옳은 것이라면 왜 국민의 동의를 얻지 못하는지 더 깊이 고민하고, 더 세밀한 계획을 세우는 수밖에 없다. '합리적 좌고우면'은 '돌격 앞으로'에 못지않게 중요한 리더십의 덕목이다.

그런데 이런 아마추어 케네디식 리더십에 지친 한국인들이 대안으로 떠올리는 리더십이, 결국 독재 리더십이라니 참으로 아이러니하다. 민주주의에 대한 확신이 없기 때문이다. 주장하고 설득하고, 그러다 싸우고 대립하더라도, 결국 여론이 반영되면서 타협하고 앞으로 나갈 수 있을 것이라는 확신이 없기 때문이다. 그냥 나 대신 위에서 누군가 정리해줬으면 하는 막연한 바람 때문이다.

우리의 민주주의 역사가 아직 짧기 때문에, 아직 우리가 민주주의의 실제에 익숙하지 않아서 그럴 수도 있다. 하지만 지난 24년간 제 역할을 못한 정치 주체들에게도 책임이 있다. 특히 우파가 끊임없이 '성장'을 외치면서 국민들에게 자신들만이 경제 문제를 해결할 대안세력임을 각인시켜온 가운데, 여전히 민주정치의 대안세력으로 자리매김하지 못하고 있는 좌파들에게도 큰 책임이 있다. 지독히도 대중성이 취약한 좌파들은 오히려 '두능'으로 특징지어지고 있는 상황 아닌가?

왜 그들이 수십 년을 주장해온 민주주의가 시민들의 문화 속에서는 이리도 취약하단 말인가? 진정 세월이 가기만 기다릴 것인가? 그러면 저절로 민주주의가 체화될 것인가? 보수의 본질은 "기존의 것을 지키는 것"이다. 그렇다면 진보의 본질은 무엇인가? "끊임없이 변화를 추구하는 것"이다. 변화를 외치려면 스스로 변해야 한다.

{ 설득하지 못하는 정치세력, 진보 }

가르치려 하지 말고 공감을 얻어라

4년 동안 진행했던 라디오 토크쇼에서 마지막 30분은 찬반 토론으로 구성됐다. '열린 마당'이라는 이름의 이 찬반 토론에서는 정치, 경제, 사회 모든 분야의 핫이슈들을 망라했는데, 많은 의제가 보수 대 진보로 찬반이 나뉘는 이슈들이었다. 그래서 종종 노동운동, 시민운동 단체의 간부나 활동가들을 인터뷰할 기회가 있었다. 이때 찬반 토론의 상대방은 한국경영자총협회(이하 경총), 전국경제인연합회(이하 전경련) 등 보수 단체에 속한 사람들이 된다.

그런데 이 보수 대 진보의 토론에서 종종 나는, 보수가 아닌 진보 쪽 연사들로부터 답답함을 느끼곤 했다. 일반 시민이 듣는 라디오 프로그램에 나와서 한다는 얘기가 마치 시민운동 단체 내부의 전략회의에서 하는 듯한 말들이었기 때문이다. 일반인에게는 어색한, 이른바 '운동권' 용어를 남발하고, 지나치게 학구적이어서 딱딱하게 느껴지는 논리를 펼쳤다. 또한 자신들의 주장이 이미 옳다고 입증됐다는 전제 속에서 설명을 하는 듯한 느낌도 강하게 든다. 그러다 보니 이런 얘기를 듣고 시민들이 과연 그의 의견에 동조할 수 있을까 심히 걱정되는 수준이었다. '이 사람들은 대중들 앞에 나서라고 멍석을 깔아줘도 대중을 설득하지 못하는구나' 싶었다.

다음은 실제 열린 마당 코너에서 있었던 토론의 일부다. 지루하더라도 한번 살펴보기 바란다. 보수 패널과 진보 패널이 실제로 어떻게 토론을 벌였는지 말이다. 주제는 공익 사업장이 파업을 할 경우에 필수 유지 업무를 지정해 필수 유지 업무 종사자 일부는 파업에 참여할 수 없게 제도화한 데 대한 입장이다.

진행자 : 병원, 철도 등 필수 공익 사업장이 파업을 할 때 필수 유지 업무를 지정해서 일부는 파업을 할 수 없도록 했다면서요?

보수 패널 : 네, 이건 사측한테 이익을 주기 위해서 만든 제도는 아니고요. 전 세계적으로 공익 사업에 대해서는 최소한의 서비스를 국민에게 계속 제공하라는 뜻에서 이런 필수 업무를 지정하거든요. 국민의 생명, 재산, 편의와 같은 권리가 침해받지 않도록 하기 위해서 이런 제도가 불가피하게 정해진 거지, 노동자의 권리를 제한하기 위해 이 제도가 만들어진 것은 아닙니다.

진행자 : 그리고 필수 공익 사업장의 경우 파업 참가자의 50%, 즉 절반까지 대체 근로도 허용이 되죠?

보수 패널 : 그게 저희는 불만인 게요. 선진국에서는 공익 사업장뿐 아니라 민간 사업장에서도 파업 시 대체 근로를 허용하고 있어요. 근데 공익 사업에 한해서만, 그것도 반만 쓸 수 있게 한 거라서 불합리하다고, 그래서 저희는 전면적으로 대체 근로를 할 수 있게 해달라고 했지만 그게 받아들여지지 않은 거죠.

진행자 : 노동계에서는 파업을 해도 필수 유지 업무는 그대로 사람들이 남아서 근무하고 파업참가자가 절반까지 대체 근로하면 실제 파업하는 인원은 노조원의 2~30%밖에 안 될 거라는데요?

보수 패널 : 그렇지 않을 겁니다. 왜냐면 필수 유지 업무를 법으로 윤곽을 잡아놓지만, 그 구체적인 업무의 지정은 노사 간에 협의를 하도록 돼 있고, 또 노사 간에 합의를 못하면 노동위원회에서 조정을 해줍니다. 그래서 이것은 공익을 위한 최소한의 서비스가 유지되기 위해 '어떤 업무에 대해서는 파업이 금지돼야 한다', 이런 거라서 70% 정도는 파업이 가능할 것이라고 봅니다.

진행자 : 그런데 70%가 파업하더라도 그 가운데 절반인 35%는 대체 근로를 할 수 있으니까 무력화된다는 것이거든요.

보수 패널 : 그런데요, 그 사업장들이 병원, 철도, 항공, 그런 곳들인데, 거기서 갑자기 파업하면 사실상 외부에서 인력을 대체할 수 있는 경우가 거의 없습니다. 지하철 같은 경우에도, 저희가 파업을 하더라도 3분 간격으로 다니던 전철을 최소한 6분 간격으로는 다니게 해야 하는 게 아닌가, 그래야 서민 생활에 불편이 없는 것 아닌가, 그렇게 해달라고 했는데, 그게 안 된 거고요. 부족한 게 오히려 많죠. 철도 파업 했을 때 화물 운송 문제로 화물 대란이 일어났던 거 보십쇼.

진행자 : 정부에서 필수 유지 업무를 지정한 것은 서민 생활의 불편을 최소화한 것이라고 했는데 어떻게 보십니까?

진보 패널 : 공익과 노동권이 조화돼야 한다는 게는 저희도 원론적으로 인정하고 있습니다. 그런데 지금 노조법 시행령에서 필수 유지 업무 얘기만 하고 있는데요. 모법에 의하면 공공근로 노동자들이 제약을 받는 것이 필수 유지 업무뿐만 아니라 필수 유지 업무에 대체 근로가 허용되고, 거기다 파업할 때 긴급 조정이 있고 3회 경고하면 강제 중재 제도가 또 있고, 그러니까 노동자들은 3중, 4중의 제약을 받고 있다고 볼 수 있습니다.

진행자 : 그런 상황이면 파업이 어느 정도 선에서 이뤄질 것이라고 보십니까?

진보 패널 : 거의 불가능하다고 보겠습니다. 파업이 진행된다고 하더라도 필수 유지 업무도 유지해야 하고 나머지 파업 인원 중에서 또 50%까지 대체 근로가 된다고 봤을 때, 파업이 가능한 인원 중에서 실제 파업에 돌입할 수 있는 인원은 대체로 30% 미만이다, 그렇게 저희들은 판단하고 있습니다.

진행자 : 그런데 필수 유지 업무를 11개 정하기는 했는데 구체적인 것은 노사가 협의한다고 하거든요. 그럼 그 과정에서 노측의 입장을 관철시킬 수 있지 않을까요?

진보 패널 : 논의 과정에서 당연히 노측과 사측의 입장이 부딪칠 텐데, 그래서 의견 불일치로 인해서 중앙노동위에서 판단할 수밖에 없는데, 이제까지의 관례상 또는 공익 보호라는 과도한 명분으로 인해서 사실상은 높은 수준의 필수 업무 유지율로 조정될 가능성이 있습니다. 그래서 파업에 돌입하는 게 사실상 불가능해질 것이라고 판단하고 있습니다.

진행자 : 하지만 그렇다고 필수 유지 업무를 정하지 않을 수도 없고요. 그렇다면 노동계는 어떤 식으로 보완이 돼야 한다고 보십니까?

진보 패널 : 저희가 지속적으로 노동부에 입장을 전달하고 있습니다만, 기본적으로는 국제 노동 기준에 적합하게 되어야 하겠다는 것인데요. 노동법에서 최소 유지 업무를 사전에 정하는 것 자체가

국제 노동 기준에 위배된다고 저희는 판단을 하고 있습니다. 국제 노동 기준에 따르면 과업이 제한될 수 있는 필수 서비스 이외에 현재 정한 필수 유지 업무에 해당하는 서비스 같은 것은 파업 돌입 직전에 몇 %로 할 것인지 노사가 자율로 정하게 돼 있는데, 이 법은 법의 시행령으로 그걸 사전적으로 정의하게 돼 있습니다. 그러니까 필수 유지 업무 자체를 승인하기 힘든 현장에서 노사 갈등을 증폭시킬 수 있는 요인이 될 수 있다고 판단을 하는 것이죠.

자, 생각해보자. 보수와 진보 패널이 서로 중점을 두고 있는 것이 무엇인가. 보수 패널은 끊임없이 이것은 공익을 위한 것이고, 시민을 위한 것이고, 오히려 시민을 위해서 우리가 요구했던 것을 정부가 안 들어줬다며 끝까지 시민 얘기만 하고 있다.

반면 진보 패널은 어떤가? 노동계에서 나왔던 이 진보 패널은 처음부터 끝까지 노동자들이 파업하기 어렵게 됐다고만 주장하고 있다. 계속 법을 논하는가 하면, 국제 노동 기준에 어긋나서 안 된다는 등 전혀 시민들의 삶과 상관없는 얘기만 하고 있다.

그런데 지금 이 사람들이 어디다 대고 얘기를 하는 중인가? 대중이 듣는 라디오 방송이다. 그렇다면 그들이 설득할 대상은 누구인가? 바로 일반 대중이다. 그런데 왜 진보 패널은 계속 자기 얘기만 하고 있는가? 왜 노동자들이 파업하기 어렵게 됐다는 말만 반복하고 있는가? 왜 그들은 일반 대중의 공감을 끌어내는 데 무관심한 것인가?

차라리 이런 방식은 어땠을까?

"저희들도 파업을 할 때 쉽게 결정하는 게 아닙니다. 고민하고 또 고민합니다. 파업하면서도 갈등이 많습니다. 그래서 실제로 필수 공익 사업장에서는 파업을 하더라도 시민을 위한 최소한의 서비스는 유지하려고 노력합니다. 하지만 아무리 협상을 하려고 해도 사측이 전혀 움직이지 않을 때 노동자들이 선택할 수 있는 수단은 무엇이겠습니까? 파업밖에 없습니다. 그런데 필수 유지 업무라는 게, 실제로는 국민 편의에 결정적이지 않은 것들까지 다 사전에 법으로 정해놓고 '파업하지 마라' 이렇게 하면, 저희들은 협상을 할 수가 없습니다. 저희가 파업을 하는 이유는 임금을 위해서만은 아닙니다. 노동 환경을 개선해 시민을 위한 서비스의 질을 높이기 위해서이기도 합니다. 이 방송을 듣고 계신 분들 중에도 공익 사업장에 근무하는 가족이나 친지가 주변에 있으실 것입니다. 누구보다 저희 노동자들이 시민을 위한다는 것을 잘 알고 계시지 않습니까?"

많은 진보 패널들은 논리에 목을 맨다. 논리적으로 완결성이 없으면 대중이 설득되지 않는다고 생각하는 것 같다. 논리로 대중을 가르칠 수 있다고 생각하는 것 같다. 하지만 대중은 배우는 사람들이 아니다. 왜? 대중에게는 각자 자신이 처한 문제들이 있다. 대중은 그 문제를 건드리고 해결하려고 하는 사람들에게 공감하고 설득된다. 정치인이 됐든 시민단체가 됐든, 정치 주체들은 자신이 주장하고 있는 것들이 바로 대중의 필요에 의해 나왔다는 것을 대중이 느끼게 해주어야 한다.

이를테면 '부유세'의 필요성에 대해 설득을 한다고 해보자. "자본주의 사회에서 부의 축적은 개인의 노력의 성과가 아닙니다. 많은 부가 노동의 투여 없이 자본 소득, 그러니까 주식 배당금이나 이자 소득, 부동산 가격 상승 등과 같은 불로소득의 형태로 형성됩니다. 이런 소득은 정당한 노동의 대가가 아닌 사회적 이윤을 개인이 소유하게 되는 것입니다. 그러므로 그것을 다시 사회로 되돌리는 제도로서 부유세가 필요한 것입니다."라고 설명할 수도 있다. 또한 "이건희 회장이나 정몽준 의원은 주식 배당금으로만 지난해에 수백억에서 수천억 원을 현금으로 받았다고 합니다. 그런가 하면 밤낮없이 일을 하면서도 월 소득이 최저생계비에도 미치지 못하는 사람들이 많습니다. 수십억 원씩 걷자는 게 아닙니다. 수백만 원이 될 수도 있고 수천만 원이 될 수도 있고, 그것은 적정선에서 정하면 됩니다. 다만 이미 충분히 가지고 있는 재산이 혼자서 돈을 벌게 된 경우, 그에 대해서는 '다른 세율보다는 좀 더 높은 세율을 매기자' 이런 겁니다. 열심히 일해서 번 돈까지 '부자니까 내놓아라' 하는 개념이 아니라는 것이죠." 이런 설명도 가능할 수 있다.

뭐가 더 정확한가가 먼저일까? 아니면 뭐가 더 대중들이 이해하기 쉬운가가 먼저일까? 둘 중에 어떤 걸 선택할지는 자못 중요하다.

왜 그들은 아군의 눈치만 보나?

미국의 진보 운동가 제이슨 델 간디오는 최근 국내에 번역 출간된 《다른 세상은 가능하다》라는 책에서 변혁을 위한 소통의 중요성, 그 소통을 위한 수사(修辭, rhetoric)의 중요성을 강조한다. 그는 이렇게 말한다.

"대중의 기대를 무시한 소통의 격차에 대해 괜찮다고 할지도 모르지만, 그렇게 하다가는 잠재적인 협력자와 참가자까지 급진주의자를 외면하게 만들 가능성이 높다."

그런 대중적 수사의 관점에서 본다면 경험상 단연 진보보다는 보수가 우월하다. 4년간 라디오 토크쇼에서 매일 무수한 사람들을 인터뷰해본 데서 내린 결론이다. 보수 논객들의 장점은 논리의 정확성에 그다지 집착하지 않는다는 것이다. 대중들에게 설득력이 있다 싶으면 논리가 다소 허술해도 신경 쓰지 않는다. 대중들에게 어떻게 받아들여질까를 먼저 생각한다. 물론 간혹 억지 논리를 편다거나 심지어 거짓말까지 서슴지 않는 점은 문제다. 대중을 무시하고 있다는 것이고, 결국은 들통이 날 테니 말이다.

대중에 대한 설득에서 또 하나 중요한 점은 타깃을 분명히 하는 것이다. '누구'를 설득하고 있는지가 명확해야 한다. 기존의 지지자들에게 확신을 더하는 것은 '덤'이다. 설득의 대상은 항상 흔들리는 지지층, 경계선상에 있는 중간층, 잘하면 넘어올지도 모르는 약한 반대층까지다. 보수 논객들의 설득은 타깃 설정에서도 더 탁월하다. 이에 반해 진보 논객이나 진보 운동가들은 너무 선명하려고, 혹은 너무 정확하려고 하다가 결국 대중에게는 '급진적인 수사'가 돼버린다. 누가 뭐래도 나는 진보라고, 내가 더욱 좌파스럽다고, 일반인들은 납득하지도 못할 말을 하고 있다. 그러다가는 흔들리는 지지층까지 떨어져나가겠다 싶을 지경이다. 대체 그들의 타깃은 누구인가?

그렇다면 왜 대중운동을 한다는 사람들이, 또 실제로 오랫동안 대중운동을 해온 사람들이 그렇게 대중의 정서와 거리가 먼, 대중을 전혀 설득할 수 없을 것 같은 자기들만의 담론을 내뱉고 있는 것일까?

그 이유는 한국 사회의 진보주의자들이(다른 나라의 진보주의자들에 대해서는 잘 모르므로 이렇게 한정하자) 정말 두려워하는 것은 '대중'이 아니라 '진보 내부의 비판'이기 때문이다. 진보주의자들은 늘 자기 자신이 '진짜 진보'라는 것을 입증해야 한다는 강박 관념에 싸여 있는 듯 보인다. 바로 '선명성' 경쟁이다.

진보주의자들이 좀 더 해야 할 고민은 가령 이런 것들이다. 어떻게 하면 대중을 설득할 수 있을까, 어떻게 하면 그들의 삶이 어려움에 처해 있다는 것을 느끼게 할 수 있을까, 어떻게 하면 내가 바로 당신을 위해 이 말을 하고 있다는 것을 그들이 공감할 수 있을까 같은 것이다. 하지만 이들은 그런 것보다 어떤 게 더 정확한 진보의 관점인가, 어떻게 말하는 게 내가 진보임을 더 확실히 보여줄 수 있을까, 어떻게 해야 내가 아군으로부터 쭉정이 회색분자로 찍히지 않을까를 더 고민하는 것 같다.

이렇게 '그들만의 리그'에 머물러 있는 그들, 멀리서 그들을 바라보던 시민들의 발길은 이미 멀어진 지 오래다.

{ 이데올로기를 넘어 }

거지에게 동전을 주면 안 된다고?

대학교 2학년 때였다. 당시 4학년이었던 86학번 선배와 신촌 거리를 걷고 있었다. 지하철역 앞에서 조그만 동전 바구니를 들고 있던 거지에게 내가 동전을 주려 하자, 그 선배가 말렸다.

"동전 주지 마!"

"왜요?"

"자선활동이 활발해져서 사회의 하층에 있는 사람들이 그 혜택을 받게 되면, 마치 사회의 모순이 없는 듯 비쳐지게 돼. 자선활동을 활발히 하도록 유도하는 것은, 부르주아들이 자본주의 사회의 모순을 희석시키려는 시도야. 혁명이 일어나지 못하게 막으려는 거라구."

나는 혼란스러웠다. 물론 평등을 제도화하는 사회를 만들고자 하더라도, 만약 거기까지 가는데 시간이 너무 오래 걸린다면 저 사람들은 어떻게 되는 건가? 당장 굶어죽을 수도 있는 사람들에게, 제도의 손길이 미치지 못하는데, 자선활동마저도 없다면 그 사람들은 어떻게 되는 건가? 혁명이 도대체 누구를 위한 것이기에 죽어가는 사람들을 위한 자선마저도 막는단 말인가? 선배의 말은 교조적 논리에 따르면 맞지만, 현실적으로는 맞지 않다고 느껴졌던 것이다. 지나친 원리주의는 때로 현실에의 적용을 헷갈리게 만든다.

평등은 법과 제드로 완성돼야 한다. 그래서 진보는 항상 거시적이고 원칙적으로 접근한다. 물론 재벌기업들이 재산을 그대로 유지할 목적으로 자선재단을 만들어 생색내는 것은 오히려 사회적 모순을 희석시킨다고 볼 수 있다. 맞다. 뒤로는 각종 편법으로 사업을 장악하고, 중소기업에 정당한 대가를 지불하지 않으면서, 때로는 세금도 적게 내는 등, 재벌기업의 편법 행태들은 법으로 막아야 한다. 제도적 장치를 만들어 중소기업과의 상생을 유도해야 한다. 세금도 제대로 내게 만들어야 한다. 하지만 그렇다고 '기부'로 사회에 공헌하는 것까지 나쁜가?

나는 KBS 1TV에서 하는 '동행'이라는 프로그램을 즐겨본다. 정말 법과 제도의 망으로도 어쩔 수 없는 곤란함에 처한 극빈층의 이야기들이 나온다. 그 프로그램을 보고 있으면 갑자기 나 자신이 부끄러워지면서 찔끔찔끔 눈시울이 붉어진다. 똑같이 누군가의 엄마고, 똑같이 누군가의 딸인 그들이, 아무리 열심히 살아도 극복되지 않는 어려움 속에서도 희망의 끈을 놓지 않고 살고 있다. 방송이 나가면 전국 각지에서 지원품이 쏟아진다. 그 가운데서도 쓰던 물건을 보내오는 사람들이 큰 감동을 준다. 꼭 번듯한 새 물건으로만 누군가를 도울 수 있다고 생각지 않는 사람들, 가난한 이들이 가난한 이들을 향해 베푸는 선행은 더 큰 감동을 준다. 겪어봤기에 그 고통을 더 잘 이해하는 가난한 이들의 진심 때문이다.

물론 선배의 말도 맞다. 티도 안 나는 자선이 세상을 바꾸지는 못한다. 세상에는 그보다 더 못한 처지에 있는 사람들도 훨씬 많으니까. 그러니 우리는 제도적으로 분배의 정의를 실현해야 한다. 선배의 말이 맞다.

그러나 잊고 있는 것 한 가지가 있다. 사람들이 그러한 주장에 동의하게 만드는 힘은, 가르쳐서 나오는 게 아니다. 오로지 느낄 때만 나올 수 있다. 스마트폰이 세상을 스마트하게 움직이는 이 스마트한 세상에서, 스마트한 기계가 도저히 따라올 수 없는 한 가지가 인간에게 있다면, 그것은 인간이 '느낀다'는 것이다. 합리와 논리를 뛰어넘는 '감정'을 갖고 있다는 것이다. 그래서 우리는 소리 내 웃고 소리 내 울고, 그런 남을 되돌아본다.

대중의 힘을 믿어라

미국에서는 한국 드라마를 거의 보지 않았다. 그런데 가기 전부터 보던 것을 미국에 가서도 인터넷으로 다운로드 받아가며 마지막 회까지 본 드라마가 있었다. 김수현 작가의 '인생은 아름다워'라는 드라마다. 내가 그 드라마를 눈여겨본 이유는, 거기에 동성애자 커플이 나오기 때문이다. 놀라웠다. 지상파 방송 드라마에 동성애자 커플이 나오다니.

동성애자 커플의 사랑과, 가족들에게 커밍아웃하는 과정에서 벌어지는 갈등, 그 해소 과정 등이 그려졌다. 사랑의 환경이 다소 미화됐고, 할머니까지 그들의 커밍아웃을 금세 이해하는 등 갈등이 너무 쉽게 해소되는 측면은 좀 비현실적이기도 했다.

하지만 나는 그 드라마가 지금까지 동성애자들이 했던 그 어떤 활동 못지않게 동성애에 대한 이해를 넓히는 데 큰 기여를 했다고 본다. 동성애자들의 문제를 가장 정확하게 짚어서가 아니다. 드라마라는 수단을 이용해, 그것도 가족 드라마 작가로 명성을 떨치며 중장년층을 팬으로 거느리고 있는 김수현 작가의 드라마에서 동성애가 다뤄짐으로써 동성애에 대해 느끼는 시민들의 정서적 거리감이 급격히 줄어드는 계기가 마련됐기 때문이다. 동성애를 언급하는 것조차 터부시되는 사회에서 동성애가 사실은 아주 빈번하고 일상적일 수 있다는 것, 동성애 역시 이성애와 똑같은 애증과 질투의 과정을 갖고 있다는 것, 그들이 겪고 있는 실제적 괴로움 등에 대해 적어도 많은 사람들이 다시 생각해볼 수 있는 기회를 제공했다. 변화는 혁명가의 급진적인 연설보다 어쩌면 이런 과정을 통해 일어날 수 있다.

요즘 대학생들을 보라. 그들이 사회민주주의 서적을 읽어서 '등록금 내리라'고, '취업 대책 내놓으라'고 소리치고 있다고 생각하는가? 신자유주의 경제체제의 단점을 분석해서 내린 결론이라고 생각하는가?

12년간 죽도록 공부하고 간판 따러 대학에 들어왔더니, 등록금은 1주일에 30시간씩 아르바이트를 해도 감당 못할 수준이고, 그렇게 공부하고 사회에 나가봐야 취직도 안 된다. 대체 내 인생이 어찌 될지 모르겠다. 그런데 정부는 대학 등록금 대책에 무관심하다. 비리 사학재단을 척결하는 데도 무관심하다. 취업 대책도 안 내놓는다. 중소기업에 가라는데 중소기업에 간 선배들 얘기를 들어보니, 대기업이 돈도 제대로 안 주고 좋은 기술 만들면 다 뺏어간다며 발전 가능성 없단다. 그렇다고 대기업에 들어가기는 어디 쉬운가? 낙타가 바늘구멍 통과하기다. 내 집 마련? 숨만 쉬고 살아야 89세에 마련할 수 있단다. 대체 나더러 어떻게 살라는 건지 모르겠다.

그래서 그들은 답답해서 소리치는 것이다. 그러다 취직 되고 돈도 벌면 관심이 없어질 수도 있다. 그러다 전셋값이 폭등하면 또 소리칠 것이다. 그러다 전셋값이 안정되면 또 관심 없어질 수도 있다. 그러다 애들 학원비가 너무 비싸면 또 소리칠 것이다. 그러다 애들이 공부를 잘하면 또 관심이 없어질 수도 있다. 대중은 원래 그런 것이다. 무엇보다 자신의 삶을 열심히 살아가지만, 그런 가운데 문제를 느끼면 반드시 일어선다. 그걸 믿어야 한다.

정치는 사회를 읽고, 시민들이 필요로 하는 얘기를 듣고, 그것을 위로 조직화해 해결책을 찾도록 강제하는 것이다. 정치가 무슨 교육인가? 대체 누구를 가르치려는 것인가? 그저 들어라. 낮아져라. 대중 속으로 들어가라. 대체 뭐가 그리 어려운가?

이념? 논리? 대중들은 그런 거에 감동 안 한다. 대중들은 그저 살고 싶을 뿐이고, 자신들의 어려움을 진심으로 들어주려는 사람이 필요하다. 그뿐이다. 그리고 그걸 듣고 조직화하고, 대책을 마련하고, 대책을 관철시키는 것, 그게 진보가 됐든 보수가 됐든 정치가가 할 일이다. 다른 사람에게 나처럼 혁명가가 되라고, 내 밑으로 모이라고 하는 게 정치인가? 혁명이 대체 뭔가? 대중의 마음을 얻어야 이루어지는 게 혁명이다.

진보, 이데올로기를 뛰어넘어라

내가 왜 굳이 여기서 진보 비판에 나서는가? 우리 사회에 민주주의 시민의식이 체화되지 못하는 이유 중 하나가, 진보세력의 무능과 대중성 부족이라고 보기 때문이다. 여기서 지적하는 대중성 부족은, 대중적 이벤트의 부족을 의미하는 것은 아니다. 체질 자체가 변해야 한다는 말이다.

우선 철저한 이데올로기로 무장한 사람만이 진보가 될 수 있다는 생각부터 버려야 한다. 선민의식을 버리라는 것이다. 이데올로기만이 모든 것을 말해줄 수 있는 시대는 지났다. 시민은 자신의 삶의 필요에 따라 나서기도 하고 나서지 않기도 한다. 자신의 삶에 필요한 가치에 따라 나서는 사람들이 모여서 시민운동이 되는 것 아닌가? 그 아래로부터 이뤄지는 시민운동을 향해 모든 정치세력은 철저하게 열려 있어야 한다.

이데올로기적인 것만이 본질적이고, 그 나머지 것들은 비본질적이라는 생각도 버려야 한다. 이데올로기가 중요할지라도, 시민들은 그것에만 가치를 두고 있지 않다. 자신이 처한 상황에서, 정말 생활의 필요에 따라 다양한 가치를 사람들에게 알리고 공유하기 위해 애쓰는 사람들을 무시하거나 좌절시키지 말았으면 한다.

권위주의 통치체제가 국민들에게 한 가지 가치만을 강요하며 다양성을 억압했듯, 권위주의에 대항하기 위해, 그 대척점에 서야 했던 진보 역시 한 가지 가치밖에 가질 수 없었다. 반공 이외에는 다 반체제가 되었던 그 시대에 진실을 말하기 위해서는 목숨을 걸 만큼 확고하지 않으면 안 되었다. 좌고우면하면 회색분자가 되고, 이데올로기 이외에 다른 얘기를 하면 본질을 흐리는 사람으로 전락한다. 이 불행한 과거가, 진보세력 역시 다양한 가치를 다양한 수준으로 표출하기보다 한 가지 가치만을 더 선명하게 얘기하는 데 길들게 했다. 진보세력 역시 다양성을 억압하는 데 일조한 것이다.

이게, 포퓰리즘을 하라는 얘기는 아니다. 정당을 포함해 모든 정치적 집단은 이념적 지향과 그에 따른 정책적 지향을 가져야 한다. 그게 정치적 결사체의 본질임은 당연하다. 그러나 그 지향은 무엇을 위해 존재하는가? 더 좋은 사회를 만들기 위해서다. 진보가 말하는 '민중이 행복해지는 사회'를 만들기 위해서다. 정치적 결사체의 정치적 지분을 지키기 위해서가 아니란 말이다. 보수든 진보든 자신들만의 리그에 집중하며 끊임없이 대결하는 이유가 자신의 정치적 지분을 지키기 위해서라면, 시민들은 결국 그를 알아챌 것이다. 이제는 이데올로기를 뛰어넘어야 한다. 그 정치적 지향이 어디서부터 온 것인지, 무엇을 위한 것인지 그 기본을 생각해야 한다는 것이다.

민주주의는 결코 이데올로기의 학습을 통해서 달성되지 않는다. 시민들 각자가 내가 누구인지, 어디에 서 있는지, 무엇을 원하는지를 자유롭게 생각하고, 그것을 자유롭게 표현하고, 그것을 위해 자유롭게 모이고, 그것을 이루기 위해 조직을 만들고, 정치를 하는 과정이 가능한 문화, 그 문화가 민주주의를 만드는 것이다. 그 아래로부터 위로 가는 민주주의의 중심에 정치적 결사체가 서 있어야 한다.

{ 우리는 왜 부자를 미워할까? }

그들은 부자를 미워하지 않는다

20일 남짓, 쿠바를 여행했다. 부에나비스타소셜클럽으로 대표되는 열정적인 음악의 나라, 전 세계인을 끌어당기는 카리브 해의 멋진 경관, 아니 그보다는 지구상에 몇 곳 남지 않은 공산주의 국가, 그중에서도 아직까지 공산주의적 시스템을 그대로 유지하고 있는 나라에 대한 호기심이 나를 쿠바로 이끌었다.

아름다웠다. 마치 아담과 하와가 튀어나올 것 같은 에메랄드빛 바다와 해변이 펼쳐져 있었고, 곳곳이 울퉁불퉁하게 파인 고속도로 양 옆으로 원시의 아름다움을 간직한 평원이 끝이 없었다. 이 아름다움의 본질은 '관리되지 않은 자연'이다. 대부분 국가 소유인 쿠바의 땅은, 돈을 벌기 위한 자본의 관리가 닿지 않기에 그냥 내버려져 있는 곳들이 많았다. 평원에는 이 수종 저 수종이 잡풀들과 어지럽게 섞여 있고, 말과 소와 양과 닭이 한 마당에서 풀을 뜯고, 좁은 1차선 도로에는 마차와 소달구지와 트럭과 오래된 박물관급 자동차와 현대식 차들이 섞여 달린다. 원시시대의 자연과 현대식 기계가 묘하게 섞여 있는 그곳에서 나는 인류의 긴 역사에 펼쳐진 많은 시간들이 동시에 존재하는 듯한 느낌을 받았다.

하지만 그곳에 사는 사람들은 그 공존만큼이나 가치관의 혼란이 큰 듯했다. 피델 카스트로가 물러난 뒤 권력을 이양받은 라울 카스트로는 나름대로 개방정책을 펴고 있다. 외국 관광객을 상대로 한 사업은 가장 많은 돈을 벌 수 있는 사업들이다. 아바나의 젊은이들은 고작 10달러, 20달러를 뜯어내기 위해 관광객들 뒤를 졸졸 따라다닌다. 시가 공장의 숙련된 노동자가 받는 한 달 급여가 30달러 정도라니 관광객에게 클럽을 소개해주고 10달러를 뜯는 게 훨씬 낫다고 느낄 것이다.

쿠바 사람들은 쿠바에 두 종류의 사람들이 있다고 말한다. 정부 사람들과 비정부 사람들. 정부 사람들이란 정부에 종사하거나 정부와 관련이 있거나 그래서 특혜를 받을 수 있는 사람들이다. 반대로 비정부 사람들이란 그런 데 속하지 않아 아무리 열심히 일해도 한 달에 30달러밖에 벌 수 없는 사람들이다. 공산주의 시스템 속에서도 빈부의 격차라는 게 조금씩 커지기 시작하고 있었다. 그래서 내가 물었다.

"그럼, 너희들은 이제 부자를 미워하겠구나?"

"뭐라고?"

"그렇게 특혜를 받아 돈을 많이 버는 부자들을 미워하겠다고."

"아니, 우리는 부자를 미워하지 않아."

"왜?"

"부자들이라고, '남들은 못살아도 나만 잘 살아야지' 그런 나쁜 생각을 갖고 있다고 생각하지는 않거든. 그냥 체제가 그들에게 기회를 더 준 거지. 그러니까 시스템이 문제인 거야. 그 사람들이 문제인 게 아니라."

'시스템'이 문제다. 그들은 모든 것을 개인이 아닌 시스템으로 사고하는 것이다. 국가가 강력히 시민을 통제하는 그곳에서 개인의 힘은 어차피 무력한 것이라고 보는 것이다. 그래서 내가 또 물었다.

"그렇게 불만이 많다면, 너희 나라에는 혁명이 한 번 더 필요하겠다. 카스트로 형제의 독재를 두너뜨리기 위한 혁명."

"글쎄…. 그게 될까? 통제가 너무 강해서 그게 될까 모르겠다."

그들은 내가 이런 걸 물으면 항상 나를 어딘가 공안의 눈이 적은 곳으로 데리고 갔다. 뒷골목의 카페 같은 곳으로. 거기서 그들은 곳곳에 빈칸이 있는 생필품 배급 수첩도 보여준다. 어떤 달은 설탕을 못 받고, 어떤 달은 비누를, 어떤 달은 밀가루를 못 받았단다. 그래도 아직 혁명 1세대가 살아 있어서 그런지 여전히 공산주의가 상대적으로 낫다고 생각하는 사람들도 많다. 물론 자본주의의 부작용에 대한 교육도 잘돼 있다. 기후가 좋아 열대 과일들이 아무렇게나 잘 자라니 북한처럼 굶어죽는 사람도 많지 않은 듯했다. 하지만 돈만 있으면 미국 방송을 얼마든지 볼 수 있는 그곳에서 가치관의 혼란은 점점 커져가고 있다.

그래도 그들은 문제는 '시스템'이란다. 쿠바는 강한 시스템의 나라였다.

미국과 쿠바의 공통점

　강한 시스템, 그 시스템 속에 개인이 무력한 나라. 쿠바에서 나는 왜 쿠바가 미국과 닮았다고 느낀 걸까? 철저한 공산주의 시스템이 아직 살아 있는 쿠바와 세계 최고의 자본주의 국가 미국이 왜 닮았다고 느낀 걸까? '개인주의'가 기본 철학인 미국이 왜 쿠바와 닮았다는 말인가? 그것은 바로 미국 사람들도 부자를 미워하지 않기 때문이다.

　2011년 가을 미국 뉴욕, 세계의 금융 중심지 월스트리트에서 시작돼 미국 전역으로 확산된 이른바 '월가 시위'. 그 시위를 보고 전 세계가 놀랐다. 조그만 이슈들에도 데모가 일어나 공공시스템이 마비되곤 하는 유럽도, 재스민 혁명으로 나라를 뒤집어보겠다고 하는 중동도, 민주화 항쟁으로 권위주의 체제를 무너뜨린 경험이 있는 한국도 그 월가 시위를 보고 놀란다. 신기하다. 미국에서 빈부 격차에 항의하는 거대한 시위가 일어나다니.

　'아메리칸 드림'이라는 말이 있었다. 모든 사람에게 공평하게 기회를 부여한다는 미국에서는 누구든 열심히 일하면 성공할 수 있다는 믿음이었다. 미국식 개인주의(individualism)는 '개인은 누구나 똑같은 기회를 얻을 수 있다'는 데서 출발한다. 그래서 그 개인이 열심히 일해서 번 돈, 그 성취는 그들 개인의 것이다. 누구나 열심히 일하면 성공할 수 있다는 그곳에서 성공한 사람들은 존경받는다. 그들은 부자를 존경한다. 그리고 그 부자는 자발적으로 기부를 하고 자선사업을 한다. 그래서 그들은 더 존경을 받는다.

　이게 미국식 자본주의를 유지하는 강한 시스템이다. 미국인들은 그 시스템을 깨려고 하지 않는다. 고속도로에 사고가 나면 1시간씩 도로가 마비되고, 사회 보안망에 등록하는 데 2시간씩 앉아서 기다리고, 어떤 경우에도 경찰이 쫓아오면 서서 그들의 판단을 기다려야 해도. 미국인들은 좀처럼 항의하지 않는다. 제도가 그들을 지켜주고 있다고 믿기 때문이다. 강한 시스템을 믿고 그 제도 안에서 열심히 노력하면 누구나 잘살 수 있다고 가르친다.

월가의 시위도 사회를 뒤집어버리자는 것은 아닌 것 같다. 월가의 탐욕에 대한 질책이다. 그들이 과도한 욕심을 부리고 있다는 것이다. 미국식 자본주의의 윤리를 지키지 않았다는 것이다. 그리고 국가가 그들의 비윤리를 방조했다는 것이다. 물론 최근 미국 내에서 빈부 격차에 대한 인식이 커지던서 바로 이 강한 시스템 자체에 대한 의구심도 커져가고 있지만 말이다.

강한 시스템, 바로 그게 여전히 강한 공산주의 시스템을 유지하고 있는 나라, 쿠바와 여전히 강한 자본주의 시스템을 유지하고 있는 나라, 미국의 공통점이다. 하지만 한국 사람들은 우리 사회가 시민 모두에게 공정하게 작동하는 제도를 가진 적이 있다고 믿지 않는다. 제도는 늘 내가 아닌 남을 위해서만 존재하는 것 같다. 제도는 원래 허점이 많고, 제도의 허점을 교묘히 이용하는 사람들이 더 잘산다고 믿는다. 그래서 우리는 체제 순응적이지 않다. 그래서 우리는 부자를 미워한다. 약한 시스템의 나라, 한국은 그렇다.

열정! 코리아의 힘

좀 조용해지는 것 같았다. 1987년 민주화 항쟁으로 직선제 개헌을 쟁취하고, 권력도 보수에서 진보로, 진보에서 보수로 왔다 갔다 하고, 이른바 비운동권이 학생회장이 되고, 노조도 정치투쟁이 아니라 복리투쟁에 집중하고, '체제를 뒤엎자'는 얘기도 잘 안 나온다. 좀 조용해지는 것 같았다. 법제도도 많이 개선되었다. 이제는 시간이 걸려도 제도권에서 벌이는 투쟁이 먹힌다는 믿음도 생기고 있다.

그런데도 시끄럽다. 마치 풍선효과 같다. 촛불 시위로 정권을 한순간에 무력화하질 않나, 시위를 막으니 요즘은 SNS가 새로운 공간으로 떠올랐다. 총선과 대선이 한꺼번에 있는 정치의 해, 2012년이 다가오자 '우리도 한 표가 있다'며 사람들을 모으느라 정신이 없다. 그러자 보수도 움직인다. 정통을 자처하는 보수들도 인기에 영합하는 포퓰리즘이 못마땅하다며 보수 정당 밖에 단체를 결성하고 자발적으로 나와 시위를 한다. 그들도 이대로는 안 되겠다고 소리를 지른다.

이처럼 우리의 약한 시스템에 대한 의구심은 끊임없는 시스템에 대한 요구로 귀결된다. 분배의 정의도 왜 정부가 나서서 실현하지 않느냐고 다그친다. 작은 정부를 지향해야 하는 보수 후보도 복지공약을 실천하겠다고 외치고 다닌다. 우리에게는 아직 꿈틀거리는 열정이 있다. 바꿔야 한다고, 더 좋게 만들어야 한다고, 아직은 충분하지 않다고, 조금만 찔러도 들끓는다.

강한 시스템에 안주한 사람들에게는 없는 힘, 시스템을 우리 스스로 뜯어고칠 수 있다고 보는 정신, 우리의 국민적 반골 기질이다. 지나치게 오랜 전통에 눌려 교조적 자부심에 빠져 있는 유럽 국가들이나, 스스로를 최고의 나라라고 생각하는 미국인들이나, 통제의 관습에 젖어 있는 쿠바 국민들조차 갖지 못한 것을 우리는 갖고 있다. 우리는 아직도 시스템을 더 좋게 바꿔야 한다고, 바꿀 수 있다고 생각한다. 좌파든 우파든 마찬가지다. 흔들림을 느끼는 것은 바꿀 수 있는 힘이 있다는 것을 믿기 때문이다.

다만 우리는 아직 충분히 경험하지 못했다. 그저 분노를 분출만 하는 게 아니라 제도 안에서 그 분노를 조직화하고, 그 조직을 통해 서로 정정당당하게 대결해 승패를 가르고, 그 결과에 따라 타협하고 더 좋은 시스템을 향해 앞으로 나아가는 합리적 민주주의의 경험을 아직 충분히 갖고 있지 못하다.

시민의 손으로 더 나은 시스템을 만들어내겠다는 의지, 그것은 어쩌면 우리가 '열정! 코리아의 힘'이라고 불러온, 형체가 불분명하지만 강렬히 존재해온 그 에너지와 연결돼 있는 것인지도 모른다. 이제 우리에게 필요한 것은 그 시민의 에너지가 제대로 작동하게 만드는 것이다. 에너지를 담아낼 그릇, '합리적 민주주의의 문화'가 더욱 절실한 이유다.

{ 절대선이라 믿어온
한국인의 민족주의 }

"나 암에 걸렸어…."

식탁에서 밥을 먹던 한국인 신부가 실수로 컵을 깨뜨렸다. 그러자, 캐나다인 남편이 버럭 소리를 지른다.

"야! 너 이 컵이 얼마짜린지 알아?"

겁에 질린 한국인 신부의 눈을 똑바로 쳐다보며 검지를 치켜들어 삿대질을 하면서 계속한다.

"너, 돈 번 적 있어? 이거 다 내가 번 돈으로 산 거야, 알아? 어디서 컵까지 깨뜨려?"

또 돈 얘기다. 영어가 어눌한 한국인 신부는 변명할 말도 찾기 어렵다. 말없이 몸을 숙여 맨손으로 깨진 컵 조각들을 줍기 시작한다. 그녀의 등 뒤에 대고 캐나다인 남편은 한마디 더한다.

"에이, 이 돈 한 푼 못 버는 밥버러지, 재수 없어."

언니는 그렇게 살았다고 했다. 한국에서 남편에게 맞고 살던 언니다. 때리는 남편을 피해 어렵게 비행기 표를 구해 캐나다로 도피했던 언니는, 취업 사기를 당하고 불법 체류자 신분으로 살던 중 캐나다인 남편을 만나 10년 동안 그렇게 살았다고 했다. '돈 한 푼 못 버는 밥버러지' 취급을 받으며 10년을 감옥에 갇힌 것처럼 살았다고 했다.

언니를 처음 만난 건 15년 전이다. 입사 뒤 여의도에서 멀지 않은 홍익대 근처에 터를 잡은 나에게, 아는 후배가 친하게 지내라며 근처에 사는 이 언니를 소개해주었다. 반지하의 방 두 칸짜리 좁은 집에서 남편과 유치원생 어린 딸과 살던 언니는, 경제적으로 넉넉하지는 않았지만 미술을 하는 사람답게 멋을 아는 이였다. 집 안을 아기자기하게 꾸며놓고, 비좁은 부엌에서도 스파게티며 샐러드, 스테이크 등 맛뿐만 아니라 모양까지도 그럴 듯한 음식을 멋지게 차려내는, 재주가 많은 사람이었다. 하지만 언니에게는 가난 이외에 또 다른 그늘이 있었다. 남편의 상습적인 가정폭력이었다. 언니는 어느 날 갑자기 캐나다에 일자리가 생겼다며 캐나다로 떠났다. 가정을 탈출한 것이다.

1년쯤 지난 후 언니로부터 이메일이 왔다. 캐나다에서 난민 지위를 인정받을 수 있도록 가정폭력에 대한 증언을 해달라는 것이었다. 캐나다에서 소개받은 일자리는 사기였고, 돈 한 푼 없이 무작정 떠났던 언니는 접시닦이, 청소부 등 밑바닥 생활로 연명하는 불법 체류자 신세가 됐다. 나는 가정폭력을 증언하는 편지를 써주었고 언니는 난민 지위를 획득했다. 그로부터 다시 1년 뒤, 이번에는 좋은 소식이 들려왔다. 캐나다 남자와 결혼을 약속했다는 것이다. 나는 언니의 한국 남편과의 이혼 절차 마무리를 도와주었다.

그로부터 10년여가 흘렀다. 미국 연수를 와 학기가 시작하기 전, 나는 캐나다로 가 언니를 만났다. 오랜만에 만난 언니는 "내가 여기서 너를 만나다니 꿈만 같다. 정말 이게 꿈이니, 생시니?"라며 눈물까지 흘리며 반가워했다. 긴 외국생활 동안 한국의 친지 중 언니를 찾아온 사람은 내가 처음이었다고 했다. 언니는 일찍 모친을 여의었고, 재혼한 아버지와는 연락을 끊은 지가 오래돼 가깝게 지내는 가족조차 없었다. 그런데, 12년 만에 만난 언니가 깜짝 놀랄 얘기를 했다.

"에스더야, 나 암에 걸렸어…."

한국인 신부, 베트남 신부

캐나다 남자와 함께한 결혼생활 10년은 행복하지 않았다. 육체적인 폭력을 피해 캐나다로 온 언니는 캐나다인 남편으로부터 지독한 정신적 학대에 시달렸다. 남편은 식재료비도 버거울 정도의 생활비를 쥐어주며 살림을 하라고 했다. 돈 한 푼 못 번다고 시시때때로 욕을 하며 구박했다. 그림을 그리고 싶었지만, 남편은 그게 무슨 돈이 되냐며 그림도 그리지 못하게 했다.

언니는 그 생활이 부당하다는 것을 알고 있었다. 하지만 아는 사람 하나 없는 먼 타국에서 난민 신세였던 자신에게 국적을 준 현지인 남편에게 그저 매여 사는 것 외에는 다른 방법을 생각하기 어려웠다. 처음에는 영어도 서툴러 밖에 나가도 다른 사람들과 의사소통을 제대로 하지 못하니, 도움을 받을 곳을 찾기도 힘들었다.

그러기를 수년, 언니는 아이가 좀 크자 낮에 살림을 다 해놓고 남편과 아이가 잠든 뒤 한밤중에 일어나 작업을 하기 시작했다. 인터넷에서 팔 수 있는 인형도 만들고 액세서리도 만들고, 쓰다 남은 재료들을 모아 예술 작업도 진행했다. 그렇게 밤에 한 작업들이 조금씩 성과가 나고 아이도 보육시설에 다니게 되자, 언니는 본격적으로 그림을 그리기로 결심한다. 하지만 남편은 언니가 인형을 팔고 액세서리를 파는 것은 괜찮지만, 그림을 그리는 건 안 된단다. 남편은 경제권을 더욱 제약했다. 토론토에 10년이나 살았지만 나이아가라 폭포에 딱 1번 가본 게 그 10년 동안 해본 유일한 가족여행이었다고 했다. 그녀는 이렇게 말했다.

"에스더야, 나중에는 내가 스스로에게 주문을 걸었어. 내가 정말 남편에게 잘해주면 남편이 감동해서 나를 인간적으로 대하지 않을까. 매번 이런 결심을 했어. 1년만 더 봉사하는 심정으로 살아보자. 그 쥐꼬리만 한 생활비로 내가 매일 다른 음식을 해서 남편을 먹였어. 그러면서 달력에 표시를 한 거야. 그렇게 1년이 지나고 또 1년이 지나고…, 그런데도 남편은 변하지 않더라. 남편에게 나는 처음부터 끝까지 식모, 하녀였던 거야."

10년이 지난 뒤 언니는 캐나다인 남편과 살던 집에서 가출을 했다. 그리고 그 뒤 몇 주 만에 언니는 병원에 실려가 유방암 진단을 받았다.

2010년 7월, 스무 살의 베트남 신부 탓티황옥은 시집온 지 1주일 만에 정신질환을 앓고 있는 남편 47세 장모 씨에 의해 끔찍하게 맞아 죽었다. 2010년 3월, 캄보디아에서 온 스물다섯 살 신부가 결혼 3년 만에

12억 원의 보험금을 노린 남편에 의해 방화로 위장된 살인을 당했다. 2007년, 베트남 신부 후안마이 씨가 결혼 2달 만에 남편에게 맞아 늑골 18개가 부러진 채 숨졌다….

나는 언니의 얘기를 들으면서 한국에 시집온 동남아 신부들을 떠올렸다. 언니처럼 학대를 받고 있을 많은 동남아 신부들 말이다. 한국인 신부를 학대하는, 선진국이라는 캐나다인 남편이 끔찍한가? 많은 동남아 신부들이 선진국이라는 한국에 시집와 끔찍한 학대를 받고 있다.

한국인들이 마다하는 3D 업종에 종사하는 동남아 등지에서 온 이주노동자들과, 한국 처녀들이 결혼을 거부한 농촌의 중년남성들과 결혼한 동남아 신부들은 우리에게 어떤 존재일까? 하등민족을 돈 주고 신부로 사와 반씨받이, 반하녀, 반창녀 취급을 하고 있는 건 아닌가? 너무 심한 표현인가? 하지만 현실은 때로 그런 표현조차 부족할 만큼 잔인하다.

하등민족을 데려와 우등민족을 시켜줬으면 감지덕지하고 고마워할 줄 알아야 한다는, 그런 비뚤어진 우월감은 없는지, 가슴에 손을 얹고 생각해보자. 우리 '민족'이 동남아 등 가난한 나라에서 온 이주민들을 대하는 태도에는 그 정도로 잔인한 의식이 숨어 있다. 고작해야 '안됐다'는 동정이나 연민 같은 적선의 감정이 그나마 좋은 감정일 정도다. 그들도 우리와 똑같은, 동등한 인격과 존엄성을 가진 인간이라는 것을 인정하지 못하고 있는 것이다.

왜 우리는 다른 민족, 특히 가난한 나라에서 온 이주민들에게 그토록 무심하고 가혹한 것일까? 우리가 절대선이라고 믿고 있는 한국인의 민족주의를 더듬어본다.

통치 이데올로기로서의 민족주의

고등학교 국정 국사교과서(7차 교육과정 고등학교 국정 국사교과서 12쪽)에는 우리 민족의 특징이 다음과 같이 기술돼 있었다.

"우리 민족은 반만년 이상의 유구한 역사를 가지고 있고, 세계사에서 보기 드문 단일 민족 국가로서의 전통을 이어오고 있다. 이 과정에서 국가에 대한 충성, 부모에 대한 효도가 중시되고 두레, 계, 향도와 같은 공동체 조직이 발달하는 등 우리 민족의 특수성이 나타났다."

한국 교과서는 집요하게 우리 민족이 '단일 민족'이라는 것을 강조한다. 피가 섞이지 않았다는 것이다. 신화인 단군 신화의 시대를 기점으로 5,000년의 긴 역사 동안 한반도에 자리를 잡고 어떤 민족의 침략에도 굴하지 않고 굳건히 우리 자리를 지켜온, 그래서 누구와도 함부로 피를 섞지 않은 매우 특별한 민족이라는 것이다. 우리는 그 단일 민족설이 사실이라고 배웠고, 그렇게 믿고 있다.

하지만 이 단일 민족설에 대한 의구심은 민족주의 학계에서는 이미 진부하다 싶을 정도의 광범위한 논쟁거리다. 우리 민족이 다른 민족에 비한다면 비교적 혈연적 동질성이 높다고 할 수는 있지만, 단일 민족이라기에는 5,000년 역사 동안 너무 많은 다른 피가 섞여왔기 때문이다. 5,000년 동안 1,000여 회의 외침을 받은 것으로 알려진 우리나라가 정말로 단일 민족을 유지할 수 있었겠는가? 권혁범의 《민족주의는 죄악인가》에 따르면, 한국인의 피에는 일본과 중국, 거란, 여진, 말갈족, 심지어 아랍계의 피도 섞여 있다. 그런데 왜 교과서는 전혀 객관적이지도 합리적이지도 않은 거짓말, 조금만 살펴보면 금방 들통 날 '단일 민족설'을 고집하고 있나?

다른 민족의 피가 섞이지 않은 특별한 민족임을 강조해 우리 민족 스스로에 대한 '우월감'을 고취시키기 위해서다. 순수한 단일 민족임을 믿고, 민족에 대한 자부심을 느끼면서 국민들은 그 구성원으로서 민족을 위해 뭔가 해야 한다는 사명감을 느끼게 된다. 개인의 보편적 인권에 대한 희생이 '민족의 번영을 위해서'라는 이름에 의해 정당화된다. 민족주의는 사실 가장 손쉬운 통치 이데올로기다.

민족주의는 근대에 들어와 독립 국가를 세우는 과정에서 만들어진 이념이다. 그래서 민족은 혈연을 기반으로 한 종족이라는 개념과 달리 하나의 정치적 공동체, 즉 국가를 지향한다. 우리나라에도 조선시대 말 일본이 서양의 'nation'이라는 말을 번역해 쓴 것이 들어오면서 민족이라는 말이 생겨난 것이지, 민족이라는 개념이 무슨 삼국시대, 고려시대서부터 내려온 우리의 고유한 개념은 아니다. "삼국시대 문헌 중에 단군 신화가 언급된 것은 하나도 없었을 정도로, 그 시대 사람들이 한반도를 경계로 자신들을 하나의 민족으로 자각했다는 근거는 희박하다"고 박노자 교수는 지적했다. 삼국시대의 고구려, 백제, 신라, 당시에는 방언이 너무 심해 서로의 말을 잘 알아듣지도 못할 정도로 언어적 이질감이 심했던 그들이, 일본이나 중국보다 서로를 더 가깝게 인식했다는 증거도 없다.

하지만 우리의 슬픈 근현대사는, 이미 선진국에서는 전체주의와 비슷한 낡은 개념으로 취급되고 있는 민족주의를 사회의 가장 바람직한 이데올로기 중 하나로 살아 있게 만들어왔다. 일제 식민지 시절, 독립 국가를 염원하는 우리에게 민족주의만큼 절실한 이념은 없었다. 2차 세계대전 뒤 냉전시대의 산물로 강대국에 의해 인위적으로 분단된 뒤 통일을 염원했던 우리에게 민족주의만큼 당연한 이데올로기는 없었다. 여전히 분단국가인 우리에게, 그래서 민족주의는 지금도 가장 절실하고 유효한 이데올로기처럼 보인다.

독재 정권은 이 민족주의를 통치 이데올로기로 철저히 활용한다. 단군을 신격화하고 이순신을 영웅으로 만들면서 국가에 대한 충성을 강조하는 민족주의 이념을 고취시켰다.

왜? 쿠데타로 정권을 잡은 독재 정권은 그 태생부터 정당성이 없었다. 그 정권의 부당함을 밝히겠다고, 진정한 민주주의를 하겠다고 요구하는 사람들을 희생시켜야 했다. 사상과 언론, 결사의 자유 등 시민의 기본권을 희생시켰다. 빠른 경제 성장을 이루기 위해 개인의 보편적 인권도 희생시켰다. 전태일 열사는 단지 '근로기준법을 준수하라'는, 법을 지키라는 그 한마디에 대한 관심을 환기시키기 위해 자신의 몸을 불태워야 했다. 그 과정에서 이 민족주의는 '현재의 고통은 조국의 근대화와 민족의 번영을 위해 불가피한 것'이라는, 억압을 정당화하는 명분을 제공해왔던 것이다. 왜곡된 민족주의 이데올로기가 이처럼 민주주의의 실현을 가로막는 한 기제가 되어왔다.

그렇게 근현대사 100여 년을 면면히 이어져 내려온 민족주의는 2002년 서울광장을 붉게 물들이게 하고, 전 세계의 주목을 받은 '금 모으기 운동'을 일으킨 원동력이 되기도 한다. 하지만 붉은 악마와 금 모으기의 강한 에너지가 가져온 문제는 없을까? 그 에너지는 IMF가 왜 오게 됐는지에 대한 원인을 철저히 규명하고 원인 제공자들을 처벌해야 한다는 시민 사회의 냉철한 비판력을 약화시키는 한 기제가 되기도 했다. 또한 태안반도로 몰려든 자원봉사자들의 물결은 기름 유출 사고의 원인을 철저히 밝히고 재발방지책을 만드는 본질적인 목표 달성을 흐릿하게 할 수도 있다.

통치 이데올로기로서 민족주의가 가진 가장 큰 매력은, 그에 동조해 행동하는 구성원들이 자신들이 사실은 통치 이데올로기에 의해 동원되고 있다는 사실을 절대 인식하지 못한다는 데 있다. '민족'이라는 명분이 지극히 정당하게 느껴지고, '민족 번영을 위한다'는 명분으로 자신을 희생하는 게 사회에 기여하는 것이라고 믿게 되기 때문이다. 금 모으기에 참여하고, 태안반도로 달려가면서 느끼는 희열에는 그 정신의 순수함에도 불구하고 그런 감정이 깔려 있다. '민족적 의지로 난국을 이겨내자는 것', 그 정신의 숭고함을 국가가 나서서 찬양하는 사이, 국가는 슬며시 그 뒤에 숨어 자신들의 과오를 희석시키고 있었다.

절대적 가치로 여겨왔던 민족주의에 대해 되돌아봐야 할 때다. 그에 대해 대놓고 비판하고 토론하고 반성해야 한다. 통일 때문에 민족주의가 유효하다는 얘기도 그만 두자. 통일을 해야 하는 이유는 갈라진 민족이 합쳐 부국강병을 해야 하기 때문이 아니다. 권혁범 교수가 앞의 책에서 말한 바와 같이 '코리아 반도의 남북주민 모두가 더 행복해지고 인간답게 살기 위함이며, 더 나아가 분단 극복으로 동아시아 평화에 일조하고 세계사적 전환에 이바지하기 위해서'라는 보편적 가치에 근거한 대안적 해석도 얼마든지 가능하다.

또한 한국의 강력한 민족주의는 우리 민족이 다른 민족에 비해 특별한, 우등한 민족이라는 비합리적인 의식을 심고, 그로 인해 다른 민족, 혹은 다른 인종에 대한 배타주의와 차별을 낳고 있다.

세계 최고 수준의 대학 진학률 덕분에 양산된 한국의 고학력자들은 열악한 환경의 제조업 현장에 절대 가려고 하지 않는다. 그래서 그곳에는 저임금의 이주 노동자들이 절실히 필요하다. 대한민국의 처녀들이 절대 시집가려 하지 않는 농촌과 저소득층 남성들에게는 결혼 결정에 까다롭지 않은 이주 여성 신부들이 꼭 필요하다. 하지만 우리는 그들을 인간이 아니라 도구로 인식한다.

이주민들에게 가장 잔인한 것은, 한국 노동자들과 전혀 형평에 맞지 않는 저임금도 아니고 한국 드라마에서 본 것과는 전혀 다른 가정환경도 아니다. 그들의 삶을 더 피폐하게 만드는 것은 인간적인 멸시와 차별이다. 욕설과 비정한 눈빛, 외면, 손찌검, 불안한 신분에 대한 위협, 비존중…. 우리는 아무렇지도 않게 그걸 하고 있다. 마치 캐나다로 시집간 언니가 자신에게 캐나다 국적을 주었다는 이유로 자신을 하녀 취급한 남편을 견뎌야 했던 것처럼, 대한민국의 절실한 필요에 의해 한국에 온 이주민들은 그들을 종종 죽음으로까지 몰고 가는 더욱 심각한 인간적 멸시와 차별을 견디고 있다.

{ 멜팅 팟 vs. 모자이크 }

따돌림 받던 그 아이의 선행

'푸세식' 화장실이라는 게 있었다. 요즘이야 물을 이용한 수세식 양변기가 일반화되어 있지만, 우리의 전통 재래식 화장실은 '푸세식'이었다. 땅에 웅덩이를 깊이 파고 그 위에 나무판자를 덮은 뒤 네모난 구멍을 내 화장실을 만든다. 그 웅덩이에 오물이 차면 퍼낸다. 그런데 가끔 발을 헛디뎌 그 화장실에 빠지는 사람들이 있었다. 화장실 사용에 익숙하지 않은 어린아이들이 더욱 그랬다.

초등학교 4학년의 어느 맑은 봄날이었다. 1학년 남자아이가 그 '푸세식' 화장실에 한쪽 다리를 빠뜨렸다. 그런데 학교 뒷마당의 수돗가에서 그 1학년 남자아이를 한 여자아이가 씻기고 있었다. 냄새를 참아가며, 때로 손에 오물을 묻혀가며, 우는 얼굴은 먼지와 눈물, 콧물로 뒤범벅

이 된 그 남자아이를 한 여자아이가 씻기고 있었다. 나처럼 4학년, 가무잡잡한 피부에 곱슬머리를 한, 학교의 왕따 흑인 혼혈아였다.

많은 아이들이 코를 막으며 그 수돗가를 지나쳤고, 나는 발을 멈추고 그 아이를 쳐다봤다. 멀찌감치 떨어져서 그 여자아이의 묵묵한 손놀림을 한참이나 쳐다봤다. 속으로 '아는 동생인가 봐…' 하고 생각했지만, 그 남자아이를 아는 사람이 어디 그 여자아이뿐이랴. 게다가 안다고 오물을 손에 묻혀가며 그 아이를 도울 수 있는가? 학교의 외톨이였던 그 아이는 자신을 따돌렸던 우리보다 훨씬 더 용감하고 착했다. 검은 피부에 곱슬머리를 한 혼혈 친구의 예사롭지 않은 선행은 내 기억에 오랫동안 각인됐다.

가족 중 누군가가 외국인과 결혼하고 혼혈아를 낳는 것을 치욕으로 생각하던 시절이 있었다. 특히 흑인과의 결혼에 대해서는 더욱 심했다. 한국전쟁 이후 미군이 지속적으로 주둔했기에 예전에는 갈색 피부의 아시아인보다 흑인과 접촉할 기회가 더 잦았고, 흑인과 결혼을 하는 사례들이 있었다. 물론 국제결혼은 피가 섞이는 것이라며 그 자체를 싫어하는 사람들은, 흑인이건 백인이건 같은 피부 색깔의 일본인이나 한국에 사는 중국계 화교랑 결혼하는 것도 다 싫어했지만, 그 가운데서도 이상하게 미국 등 선진국의 백인이랑 결혼하는 데는 관대한 면이 있었다.

이거야말로 우스꽝스러운 비일관성 아닌가? 단일 민족을 강조하지만, 백인은 좀 섞여도 괜찮다? 관광이나 비즈니스 목적으로 짧게 한국을 방문했던 서구 선진국의 백인들은, 한국 사람들이 외국인에 대해 때로 지나치다 싶을 정도로 친절했다고 말한다. 하지만 산업 연수생으로 한국을 찾은 아시아권 노동자들은 친절은커녕, 욕설이나 손찌검만 당하지 않아도 좋겠다고 하소연한다. 승자와 패자의 가름질, 우리는 민족에 대해서도 우등민족과 열등민족을 나누고 다르게 대우하는 것이다.

사대교린의 역사와 우스꽝스러운 순혈주의

조선시대 외교정책은 '사대교린'에 기본을 두고 있다. 모든 만물에 질서가 있고, 상하의 위계가 있듯 나라 사이에도 위계가 있다고 본다. 맨 위에는 중심인 중국이 있고, 그 다음에 나머지 나라들의 관계와 위계가 결정된다. 조선은 중국에 사대정책을 폈다. 세상의 중심은 중국이었다. 구한말 서구 열강들과의 관계를 냉정히 판단하고 대처하지 못했던 데는, 중국을 버리고 세계의 다른 중심을 자처하는 서구 국가들과 관계를 맺을 수 없다는 '사대'의 이념도 영향을 미쳤다.

그렇다면 교린은 어떠한가? 유학자인 서울대 금장태 교수는 일본과 여진 등에 대한 조선시대의 교린정책을 이렇게 설명했다.

"인근 국가와 평등한 관계지만, 그 문화 수준에 따라 마치 인간관계에서처럼 문명이 발달한 나라가 미개한 나라를 지도한다는 의식에서 회유정책을 주도했다."

'마치 문명이 발달한 나라가 미개한 나라를 지도한다는 의식'이 교린 정책의 실체다. 조선은 중국 외의 다른 나라들을 미개한 나라로 보았다. 우리에게는 오래전부터(아니 오래전부터는 아닐 수도 있다. 조선시대부터) 우월한 민족과 미개한 민족에 대한 구분이 있었다. 미개하다고 판단되는 민족에 대해서는 무시하며 가르치겠다고 나서고, 우등하다고 판단되는 민족 앞에서는 너무 쉽게 무너져버린다.

모순은 다른 데도 있다. 한민족과 그 밖의 사람을 경계 짓는 걸 좋아하는 우리가, 화교인 하희라나 주현미는 좋아한다. 가수 빅토리아(중국인)와 닉쿤(태국인)도 좋아한다. 미국의 프로 미식축구 영웅인 하인즈 워드는 열렬히 환영했다. 비록 처음에는 한민족이라는 배타적 경계 안에 들어오지 못하더라도, 월등한 우등 인자임이 입증되면 일부 섞인 사람도 받아들일 수 있다. 단일 민족 이데올로기에 우승열패의 이데올로기까지 섞인 복잡한 민족의 경계는 이처럼 앞뒤가 맞지 않다.

2011년 1월 30일, 조선인의 피를 이어받은 한 일본 청년이 전 세계에 자신의 이름을 알렸다. 리 다다나리, 한국명 이충성이다. 그는 카타르에서 열린 2011년 아시안컵 축구대회 결승전인 일본 대 호주 전에서 일본 국가대표로 나가 연장전에서 결승골을 넣었다. 덕분에 일본은 아시안컵을 거머쥐었다. 그는 결승전이 끝난 뒤 한국의 취재진에게 "나는 한국인이나 일본인이 아닌 축구인으로 경기에 임했다."고 밝혔다.

한국계 일본인이 일본을 아시안컵 우승으로 이끌자 한국 언론들은 이충성을 집중 조명하며 호들갑을 떨었다. 하지만 그가 축구를 하기 위해 일본인으로 귀화할 수밖에 없었던 인생사가 알려지자 우리는 부끄러움에 얼굴을 가려야 했다.

이충성은 재일 한국인 4세로 일본 도쿄에서 태어났다. 자이니치라는 불리한 조건에서도 축구 유망주로 자라던 이충성은 2004년 20세 이하 한국 국가대표팀 합숙에 소집돼 한국에 오게 됐다. 드디어 조국의 국가대표로 축구를 할 수 있겠구나' 하며 부풀었던 그의 꿈은 파주에서의 짧은 합숙기간 동안 산산이 부서졌다. 자신이 조국이라 생각했던 한국의 동료들이 자신을 '반쪽바리'라 부르며 배척한 것이다. 대표팀에서 탈락해 일본으로 돌아온 이충성은 "그 일을 겪은 뒤 한국 대표팀에서 뛰겠다는 생각을 버렸다."고 당시를 회고했다. 그는 일본 올림픽 대표팀 감독의 제안을 받고 2007년 축구를 하기 위해 일본인으로 귀화했다.

앞에서 보았듯, 대한민국의 역대 교육은 한민족은 다른 민족의 피가 섞이지 않은 '단일 민족'임을 강조해왔다. 그렇다면 피가 중요한 것 아닌가? 그런데 왜 수대를 일본에서 살면서 그 차가운 차별 속에서도 귀화하지 않고 한국인으로서의 정체성을 지켜온, 재일 한국인을 우리는 배척하는 것인가? 도대체 이 민족주의, 이 순혈주의의 정체는 뭔가?

조선족을 생각해보자. 한중수교가 이뤄진 1992년 이후 조선족은 꾸준히 우리나라로 들어오고 있다. 주로 3D 업종의 노동자, 식당 종업원, 가사도우미 등 저임금 직종에 종사한다. 이들은 조선의 피를 받은 조선인이다. 우리는 그들을 같은 민족으로 보는가? 그들은 우리에게 외국인일 뿐이다. 조선인의 피를 이어받고 조선말을 하지만, 우리는 그들을 같은 민족으로 보기보다 외국인으로 보고 차별한다. 대체 우리에게 단일 민족의 경계란 무엇인가?

진정으로 피를 나눈 민족이 중요해 '단일 민족'을 강조하는 것이라면, 재일 한국인과 조선족에 대한 우리의 태도는 무엇으로 해석해야 할지 참으로 난감하다. 또 '같은 민족은 하나가 돼야 한다'는 데서 민족주의가 나오는 것이라면 한국이라는 국가적 경계를 벗어난 한민족은 왜 그 하나에 들어올 수 없는지 모순이다.

통일을 이루기 위한 민족주의라지만, 막상 어떤 형태로든(연방제든 흡수통일이든) 통일이 이뤄져, 남한과 북한의 경계가 허물어진다면, 우리는 북한 사람들을 동등한 지위의 한민족으로 생각하겠는가? 천신만고 끝에 한국에 들어온 탈북자들은 고립된 채 이방인으로서의 삶을 쓸쓸히 견뎌내고 있다. 일자리를 찾지 못해 여성들은 매춘을 하고 남성들은 누구도 하려 하지 않는 힘든 일도 얻기 어렵다. 이런 상황에서 통일 이후 북한 출신들이 받을 냉대와 차별, 멸시를 생각하면, 오로지 남한이라는 경계를 중심으로만 기능하는 이 민족주의가 몸서리쳐질 정도로 무섭다. 도대체 남한에서 태어난 한민족만 '순수한 혈통의 한민족'으로 대우할 근거는 무엇인가? 그저 우리의 의식 속에서 인위적으로 만들어낸, 배타적 우월감일 뿐이다.

도드라지지 말고 녹아들라고 강요하는 사회

미국과 캐나다는 모두 신생국가다. 역사가 200년 정도밖에 되지 않았고, 둘 다 이민자들의 나라다. 학교에서는 다양한 나라의 문화를 이해하기 위한 교육 프로그램을 운영한다. 결국 아버지나 할머니, 증조할아버지, 고조할머니 등 위로 올라가 보면 그들 모두가 미국이나 캐나다가 아닌 다른 나라에 뿌리를 두고 있기 때문이다.

그런데 시작할 때부터 다문화의 나라였던 이 두 나라가 자신들을 표현하는 방식은 조금 다르다. 미국은 스스로를 '멜팅 팟(melting pot)',

즉 녹아드는 항아리라고 표현한다. 반면 캐나다는 스스로를 '모자이크'라고 말한다.

녹아드는 항아리는 세계 각국의 문화가 미국이라는 항아리에서 뒤섞여 녹아든다는 의미다. 미국이라는 항아리 안에서 다양한 사람들이 섞이고 녹으면서 결국에는 미국인이 된다. 반면 캐나다의 모자이크는 서로 다른 모양을 가진 조각이 그 조각들을 그대로 유지한 채로 훌륭한 조화를 이뤄 새로운 하나의 그림을 완성함을 말한다.

다문화를 이해하는 21세기적 방식은 어느 쪽이어야 할까? 일단 들어오면 미국인이 되라는 녹아드는 항아리일까? 그냥 자신의 모습 그대로도 조화를 이뤄 하나가 될 수 있다는 캐나다의 모자이크일까? 단연 캐나다의 모자이크 방식이어야 한다. 전 세계에 걸쳐 경제, 문화적 교류, 그리고 실질적인 사람들의 이동을 통해 다양한 문화들은 마치 씨줄과 날줄처럼, 하나의 코드로 합쳐지기도 하고, 각자의 독특함을 유지하기도 하면서 섞여가고 있다. 만약 민족과 나라라는 울타리를 지나치게 강조해 그 경계 안으로 들어오기만 하면 "너희들 것은 포기하고 우리처럼 돼라. 그렇지 않으면 우리는 너희들을 동등한 인간으로 받아들이지 않을 거야."라는 식으로 사고한다면, 그것은 상대방을 전혀 인정하고 존중하지 않는 일방주의가 된다. 또한 다양한 문화를 인정하는 가운데서 얻을 수 있는 많은 것들을 놓치게 될 것이다.

1950년대에 미국에서 한국인과 결혼했던 한 미국인 할머니를 만난 적이 있다. 미국에서 공부하고 미국 변호사가 된 한국 남자와 결혼한 그 여성은 세 아이를 낳고 10여 년의 결혼생활을 유지했지만, 한국에 돌아가서 살겠다는 남편과 결국 이혼하고, 세 아이와 함께 미국에 남았다.

그녀는 한국인 남편과 결혼한 뒤 많은 한국 사람들을 만나면서 도저히 한국에 가서 살 용기가 나지 않았다고 말했다. 미국에 사는 남편의 친구와 친지 등 한국 사람들은 그들의 모임에 그녀가 나타나는 것을 전혀 반기지 않았다고 한다. 그녀는 자신을 배척하는 한국 사람들에게서 같은 미국에 살면서도 그들만의 울타리를 철저히 유지하겠다는 강한 폐쇄성을 느꼈다고 고백했다. 미국에서 수년을 살면서도 전혀 영어를 배우지 않던 한 한국인에게 "왜 영어를 배우지 않느냐?"고 묻자, "나는 한국 사람들만 만나니까 영어를 배울 필요가 없다."라는 대답이 돌아왔다고 한다. 지금의 한국에서야 어릴 때부터 너도나도 영어를 배우겠다고 하니, 먼 옛날 이야기처럼 느껴지지만, 영어를 배우고 안 배우고를 떠나 어디에 살든 한국인끼리 울타리를 치고 한국인으로서의 정체성을 강하게 유지하려는 경향은 아직까지도 남아 있는 한국인들의 문화다. 그런 우리가 왜, 우리나라에 온 이주민들에게는 그들의 것을 포기하고 우리에게 그저 녹아들라고 강요하고 있는가.

대의를 위해 몇 사람의 목숨쯤은 희생시킬 수 있다?

최근 방송가에도 동남아시아 출신 이주 여성, 한국인과 아시아인 부부 사이에서 난 자녀 코시안, 저임금 노동에 종사하는 이주 노동자 등을 다루는 프로그램이 늘고 있다. 모국을 떠나 타국에서 생활하는 그들의 힘겨운 삶을 들여다보고 이해의 폭을 넓히자는 것이다.

그런데 대표적인 다문화가정 프로그램인 KBS '러브인아시아'의 내용만 보더라도, 이주 여성들이 한국에 시집와, 어려운 상황에서도 남편을 잘 섬기고 아이들을 잘 보살피고, 시부모님을 잘 모시는, 그러니까 한국에 동화되고 성공적으로 한국 사람처럼 되어가는 모습을 주로 그리고 있다. 그들의 모습을 그들 자체로 그리기보다 '한국인이 되려고 얼마나 노력하는가'에 초점이 맞춰져 있다.

이런 방송들은 또 이주 여성이나 이주 노동자들을 '가난한 나라에서 돈 벌겠다고 먼 타국까지 와서 고생이 많다'는 식의 동정의 눈으로 바라본다. 물론 그들의 순전한 삶을 보여주고 그들에게도 고향이 있고 그 고향에는 사랑하는 부모와 아내와 자식이 있다는 것을 알려줌으로써 인간적인 이해도를 높이는 것은 이주민들의 존재에 대해 깊이 생각해본 적도 없는 많은 한국인들에게 지금 단계에서 긴요한 일이다.

하지만 그 수준에 머물러서는 안 된다. 불쌍하다는 것만으로는 안 된다. 열등민족에 대한 적선인가? 그저 그들도 우리와 똑같은 하나의 인격체라는 것, 그들에게도 똑같은 인권이 있다는 것을 인정하는 성숙한 태도가 필요하다.

많은 한국 기업들이 저임금 노동자를 찾아 중국과 동남아 등지에 공장을 만들고 있다. 그 공장들은 현지에서 어떤 모습일까? 물론 낯선 타국에 공장을 세우면서, 까다로운 현지 정부나 관청의 허가를 받고, 한국인을 '봉'으로 생각하는 약삭빠른 현지 브로커들을 상대하며 많은 어려움을 겪을 것이다. 하지만 국제 노동 기구의 기준을 지키지 않는 노동 환경, 다른 나라 기업보다 훨씬 낮은 임금과 열악한 복지 등으로 악

명 높은 한국 기업들도 많다. 그에 대해 우리는 어떻게 생각할 것인가? 한국 기업의 성공을 위해 외국인들이 당하는 부당함은 모른 체해도 되는 것인가? 한국 노동자에게만, 우리 민족끼리만 제대로 하면 되는 것인가?

오랜 권위주의 통치체제 하에서 '민족의 번영과 발전', 즉 경제 성장이라는 목표에 매달렸던 우리는 그 목표를 위해 때로 인권이라는 기본적 가치를 희생시켜도 괜찮다고 믿었다. 우리는 더 큰 대의, '민족의 발전'을 위해 몇몇 개인은 희생시켜도 된다는 의식, 체제의 안정을 위해 몇 사람의 목숨쯤은 희생시킬 수도 있다는 비뚤어진 의식에 오랫동안 길들어 있었다. 민주화를 이뤘지만, 어쩌면 우리의 의식은 그런 미숙한 철학에서 완전히 해방되지 못했는지도 모른다. 어떤 경우에도, 누구에게도, 기본적 인권은 존중돼야 한다는 민주주의의 보편적 가치를 아직 체화하지 못한 것인지도 모른다.

그래서 이제는 대한민국 국민의 인권은 당연히 지켜져야 한다면서도, 가난한 나라에서 온 외국인 노동자에 대해서는, 살짝 부당해도 된다는, 그럴 수도 있다는, 미성숙한 의식의 일단을 내보이고 있는 것은 아닌가. 배타적 민족주의가 발현되는 곳, 그곳에도 역시 아직은 미숙한 우리의 민주주의가 똬리를 틀고 있다.

파키스탄에서 온 이메일

2001년 9.11 테러 직후, 미국이 아프가니스탄과의 전쟁을 준비하고 있었다. 그 현장을 취재하기 위해 파키스탄에 파견되었다. 아프가니스탄과 국경을 맞대 전운이 감돌던 그곳에서는 전쟁을 반대하는 시위가 연일 벌어졌다. 파키스탄이 미국의 전쟁 기지로 거론되면서 시위는 더욱 격렬해졌다. 그 시위의 현장에서 나는 그를 만났다. 파키스탄의 수도 이슬라마바드 한 지역신문의 편집장이었던 그의 이름은 아슬람 도가.

그와 나는 곧 친구가 되었다. 그는 나의 가장 중요한 취재원이었다. 그를 통해 다른 현지 언론인들도 알게 되었다. 그들은 내가 관심을 가질 만한 시위의 일정, 정부의 갑작스런 발표 등을 알려주었고, 종교 단체나 정당 관계자 등의 인터뷰 섭외도 도와주었다.

전 세계에서 많은 언론인들이 모여들었던 그곳에서 여성 언론인들은 현지인들과 동화하기 위해 히잡을 쓰고 남성 언론인들도 전통 의상을 입어보곤 했다. 어느 날 내가 그에게 물었다.

"나도 히잡 한번 써볼까?"

"왜?"

"그냥, 너희 나라에 왔으니까, 히잡을 쓰면 친근하게 보이잖아?"

"그럴 필요가 없다고 생각하는데…. 너는 이슬람교도가 아니잖아. 그리고 차라리 외국인으로서 너의 정체성을 드러내는 게 더 안전할 수도 있어. 우리는 누구든 손님을 존중하니까. 네가 외국인이라는 걸 안다면 누구도 너를 해치지 않을 거야."

그 말을 들은 뒤, 나는 여성들의 출입이 금지돼 있는 이슬람 교회의 종교집회에도 셔츠에 바지 차림으로 외국인임을 드러낸 채 대담하게 들어갔다. 갑자기 나타난 종교 지도자들을 보겠다는 남성 군중들 사이에 끼어 이리저리 떠밀려 다니다 성추행을 당할 뻔하고, 외국인을 신기해하는 10대 청소년들로부터 잔돌을 맞아보기도 했지만, 도가의 말을 들은 뒤 나는 그들을 믿을 수 있었다.

하루는 파키스탄 정부에 대한 파키스탄 국민들의 불만에 대해 전화로 한참을 물었다. 그는 조금 망설이면서 내 질문들에 차례로 답해주었다. 그리고 전화를 끊은 뒤 문득, 만약 그의 전화가 도청된다면 그가 위험에 빠질 수도 있는 것 아닌가 하는 생각이 들었다. 나는 다시 전화를 걸어 괜찮은 거냐, 너무 미안하다, 내가 상황을 잘못 판단한 것 같다고 거듭 사과했다. 그러자 그는 괜찮다며, 자기 걱정은 하지 말라며, 직접 찾아오기까지 해 나를 안심시켰다. 그의 집에 초대받았을 때 그의 부인이 주었던 파키스탄 전통 팔찌와 목걸이를 나는 지금도 간직하고 있다.

이듬해인 2002년, 월드컵이 한창이던 어느 날 도가로부터 이메일이 왔다.

"한국이 월드컵에서 승승장구해 정말 기쁘다. 너 때문에 월드컵 경기들을 더욱 관심을 갖고 보고 있단다. 한국팀 선수 중에도 '박(Park)'이라는 선수가 있더구나. 네 생각을 했다. 한국팀 경기가 있을 때마다 나도 늘 한국 편이 되어 열심히 응원해. 너는 나의 친구니까."

Part 5
나는 그저 나일 뿐, 그거면 충분하다

{ 위선의 성性 }

끝없는 사랑

모두가 잠든 깊은 밤, 거실의 벽난로 앞에서 제이드와 데이빗은 사랑을 나눈다. 마치 벽난로의 불꽃처럼 뜨겁다. 2층 침실에서 잠이 깬 제이드의 엄마는 계단을 내려오다 그들을 발견한다. 놀란 엄마는, 그러나 조용히 발을 멈추고 그들을 지켜본다. 열다섯 살인 딸 제이드와 데이빗. 그들이 벽난로 앞에서 사랑을 나누는 모습을 숨죽이며 지켜본다. 눈에는 마치 부러운 듯, 아름다운 무언가를 본 듯 그윽한 미소를 담은 채 말이다.

중학교 3학년 때 친구들과 몰래 보러 갔던 영화, '끝없는 사랑(Endless Love)'의 한 장면이다. 당대 최고의 하이틴 스타 브룩 쉴즈 주연의 영화로, 10대의 성에 대한 파격적인 묘사와 방화, 정신병원 수용, 교통사고에 의한 죽음 등 극단적인 설정들로 매우 통속적인 스토리였다. 하지만 나는 그런 것들에 끌리거나 충격을 받은 것이 아니었다. 나의 눈은 그 엄마의 눈빛에 머물렀다. 열다섯 살짜리 딸의 한밤의 정사 장면을 바라보는 그 표정 말이다.

어떻게 10대인 딸의 성관계 장면을 바라보는 엄마의 눈빛이 저럴 수가 있단 말인가. 당혹해하거나, 어떻게 말릴까 고민하거나, '아, 내 딸의 인생은 이제 끝났구나.' 하고 절망해야 하는 것 아닌가? 어떻게 엄마가 그걸 보고 아름다운 것을 본 듯, 부러운 듯, 어찌 보면 흐뭇하기까지 한 그런 표정을 지을 수 있단 말인가? 마치 그 표정은 분명 '아, 이제 너도 사랑을 아는구나. 아, 이제 너도 여자가 되었구나.'라고 말하는 것 같았다. 나는 정말로 큰 충격을 받았다.

성은 부끄럽고 더럽고 절제해야만 하는 것이라고 배워왔던 내게, 그 엄마의 눈빛은 성이 다르게 인식될 수도 있다는 것을 알려주었다. 학교에서 세계 최고의 나라라고 배워온 미국 사람들의 성에 대한 가치관이, 우리의 관점에서는 완전히 '본데없는' 수준일 수도 있다는 것을 알았다. 그렇다면 우리의 성에 대한 가치관은 절대적인 게 아니란 말인가.

아무도 말해주지 않았다

중학교 1학년 때였다. 거실의 비좁은 책장에서 쫓겨난 아버지의 책들이, 내 방 한쪽 벽의 커다란 책장에 빼곡히 꽂혀 있었다. 세계문학전집에는 《죄와 벌》, 《적과 흑》, 《부활》, 《카라마조프가의 형제들》 등등, 다들 지루해 보이는 제목의 책들이 있었다. 그렇게 제목들을 훑어가던 내 눈은 한 책의 제목 앞에서 멈췄다. '《채터레이 부인의 사랑》(요즘 문학 전집에는 《채털리 부인의 연인》이라는 제목으로 나오고 있다)이라…. 흠…, 무슨 내용이지? 부인의 사랑?' 나는 책을 빼들고 읽기 시작했다.

아버지의 책들은 대개 10년, 20년을 훌쩍 넘긴 오래된 것들이었다. 깨알 같은 글씨들이 세로로 빽빽했다. 한 귀족 부인과, 하반신이 마비됐지만 귀족 계급의 허세에 빠져 있는 그 부인의 남편 얘기들이 초반에 지루하게 이어졌다. 그러던 중, 그 귀족 부인이 남편과 그들 소유의 산에 갔다 산지기를 만난다. 그 부인은 산지기와 신분을 뛰어넘는 사랑을 나눈다. 밤마다 도둑고양이처럼 그녀는 산 중턱에 있는 산지기의 통나무집으로 간다. 오 런, 또 벽난로다. 벽난로 앞에서 그들은 사랑을 나눈다. 그런데 그 사랑의 묘사가 매우 적나라하다. 손길 하나하나가 섬세하게 표현된다. 벌거벗은 채로 빗속을 뛰어다닌다. 그러다 눈이 마주친 그들은 또다시 미친 듯이 서로의 몸을 탐한다.

얼굴이 빨개졌다. 이불을 뒤집어쓴다. 왠지 부끄러워져 깊은 밤 숨을 죽이며 읽는다. 나는 그렇게 성과 처음으로 만났다. 사실 《채털리 부인의 연인》은 19세기 초 유럽의 봉건적 신분 체제, 봉건적 사회 규범의 붕괴를 사실적으로 묘사한 로렌스의 수작이다. 그런데 나는 왜 그 세계적인 명작을 이불을 뒤집어쓴 채 부모님 모르게 몰래몰래 읽어야 했나. 말초신경을 자극하는 통속적인 로맨스 소설이나 포르노 잡지도 아니고, 그저 사랑의 감정과 행동을 제대로 표현했을 뿐인 그 책에도 왜 나는 얼굴이 빨개지며 이불을 뒤집어써야 했나. 나에게 성은 처음부터 그런 것이었다. 감추고 싶은, 감춰야 하는 나쁜 어떤 것!

　나는 지금까지 한 번도 성에 대해 부모님과 자유롭게 얘기를 나눈 적이 없었다. 학교에서 월경에 대해 배운 뒤 관련 물품을 사기 위해 엄마와 얘기를 나눈 것 외에, 성이나 남녀 간의 사랑과 관련해 어떤 얘기도 부모님과 자유롭게 나눈 적이 없었다. 그것은 가족들과 나눌 수 있는 종류의 화젯거리가 아니었다. 부모님은 성인이 된 후에도 성과 관련해서는 나에게 직접적으로 물은 적이 없다. 아버지가 얘기를 한 적은 단 한 번도 없었고, 엄마는 MT나 수련회 등 외박이 포함된 여행을 떠날 때면 "몸 조심하라."는, 뭔 말인지 모를 일반적인 조언을 던지곤 했다. 그렇게 성은 쉽게 언급하기도 어려운 종류의 화제였다.

　한국 사회에서 성은 이렇게 좀처럼 수면 위로 올라오지 않는다. 성은 기본적으로 일종의 '수치심'과 연결돼 있다. 숨겨야 하는 부끄러운 것이다. 학교와 같은 공적 공간에서는 여전히 혼전 순결이 가치 있는 것으로 간주되며, 성관계는 결혼한 부부 사이에서만 허용되는, 자녀를 낳기 위한 생식적 행위로 교육된다. 그런 가치관을 벗어나는 범위의 성은 공개적으로 다루기에는 늘 예민하다.

　하지만 현실은 어떤가? 포르노물에 대한 접근은 인터넷뿐 아니라 스마트폰 같은 새로운 매체를 통해서도 아주 쉽다. 부모든 누구든 어른의 주민등록번호 하나만 외우면 끝날 일이다. 10대 청소년들이 포르노물을 돌려보고 그에 대한 정보를 교환하는 일은 은밀할 것도 없는 풍경이다. 10대에 성관계를 경험하는 비율은 갈수록 높아지고, 성관계를 시작하는 평균 연령도 갈수록 낮아진다. 혼전 성관계가 일반화되면서 산부인과에서는 미혼 임신에 대한 중절 수술이 공공연한 비밀로 취급되며 빈번하게 이루어진다.

중장년 이후는 어떤가? 중년 남성들의 '아랫도리 문제'에 대해 우리 사회는 최대한 '개인적 취향'을 존중해주는 자랑스러운 문화를 갖고 있다. 매춘을 즐기든 애인을 갖든, 자기들끼리는 도덕을 들이대며 간섭하지 않는 게 어른 남자들의 예의다. 이런 문화 때문에 가정에서 성에 소외된 중년 여성들 역시 애인 갖기를 즐긴다.

어떤 문제가 이보다 더 모순덩어리일 수 있을까? 학교에서는 여전히 19세기적인 성윤리를 가르치는데, 현실 세계는 성에 대해 가장 개방적인 여느 서구 선진국 못지않다. 규범과 현실 사이의 극단적인 괴리 속에서, 성은 점점 더 누구에게나 수치스러운 것이 되어 뒤에 숨는다. 숨기고 보호해야 할 것이라고 배워서 가뜩이나 수치스러운데, 19세기적이지 못한 현실의 성생활을 보니 더욱 수치스럽다. 이 문제를 어떻게 처리해야 할지 모두 헷갈린다. 도덕책의 규범대로 하자니 현실 속에서는 도저히 지킬 수가 없고, 그렇다고 규범보다 현실을 인정해야 한다고 주장하자니 사회의 뭇매를 맞을까 봐 두렵다.

이럴 땐 그냥 알면서도 모르는 척하는 게 최선이다. 규범을 어기면서도 그건 비공식이라고 치부하고, 공식적으로는 규범이 아직 살아 있다고 말하면 된다. 여전히 많은 전근대적 도덕의 무게에 짓눌려 있는 한국 사회에서 가장 심각한 문제는, 앞에서도 여러 번 지적했듯이 전통적 규범과 현실 사이의 괴리와, 이를 극복하지 못하는 데서 오는 위선의 문화다. 그 위선적 문화의 핵심이 바로 성性이다.

알면서도 모르는 척, 하면서도 안 하는 척

만약 대학생인 딸에게 남자친구가 있다고 해보자. 어느 날 딸이 서클에서 1박 2일로 여행을 간다고 한다. 아버지는 그때 출장 중이었고, 엄마는 갖가지 이유를 대는 딸을 그냥 보내고 말았다. 출장에서 돌아온 아버지는 뒤늦게 딸이 여행을 갔다는 걸 알았다. 최근 부쩍 남자친구와 살가워진 듯한 딸을 생각해보니, 딸이 MT를 핑계로 남자친구와 여행을 갔을 수도 있겠다 싶다. 자기가 출장 간 틈에 가버렸다니 더욱 혐의가 짙다.

그 딸이 돌아왔을 때 아버지는 어떻게 했을까? 회초리를 들고 딸을 호통 치며, '너 남자친구랑 여행간 거 아니냐?'고 다그쳤을까? 아니면 그냥 조용히 넘어갔을까? 아버지 세대는 아버지 세대대로, 딸의 세대는 딸의 세대대로 한번 추측을 해보자. 어떤 일이 벌어졌을까?

답은 '아무 말 없이 넘어간다'다. 왜? 왜 아버지는 딸에게 호통 치지 못할까? 아버지가 가장 두려워하는 것은 바로 딸의 '실토'다.

아버지는 알고 있다. 요즘 신세대들의 성의 실상에 대해서 말이다. 뉴스에서 나오는 10대들의 높아지는 성경험률, 대학생들을 대상으로 한 성의식 조사 결과 등을 통해 혼전 순결 따위는 더 이상 지켜지지 않는다는 것도 알고 있다. 이런저런 간접 지식들을 통해 젊은이들의 성문화 실태도 알고 있다. 하지만 내 딸이 그렇다는 걸 상상하는 건 두렵다. 그냥 남들은 다 그래도 내 딸은 그렇지 않은 극소수에 속할 것이라고 믿고 싶다. 아니 그렇다고 믿고 아예 다른 생각은 안 하는 게 속 편하다.

만약 내 딸이 그렇다면, 이거 어떻게 해야 할지 잘 모르겠다. 그런데 딸이 여행을 갔단다. 묻지 않는 게 제일 편하다. 만약 회초리 들고 호통을 쳤다가 딸이 "맞아요. 남자친구랑 여행갔어요."라고 실토라도 하는 날엔 도대체 뭘 어떻게 해야 한단 말인가? 전통적 규범에 따라 "당장 남자친구 불러!" 하고 남자친구를 불러들인 뒤 "자네, 내 딸을 책임지게!"라고 할 건가? 무슨 잠 한 번 같이 잤다고 시집보내는 시대가 아니지 않나? 그렇다고 "알았다." 할 것도 아니다. 그러면 '괜찮다'는 말이 돼버리니까. 그렇다고 "앞으로는 하지 마라." 또는 "자주 하지는 말고 할 때는 꼭 피임해라." 이럴 것도 아니고. 난감할 뿐이다. 에라, 모르겠다. 그냥 아니라고 믿자. 남자친구랑 간 건 아닐 거야. 여자 친구들이랑 갔다고 믿자. 그런 결론에 도달하고 만다.

위선의 성, 알면서도 모른 척, 하면서도 안 하는 척, 지켜질 수 없다는 걸 알면서도 지켜지고 있는 척, 뒤로는 호박씨 까면서 앞으로는 최고의 도덕군자인 척. 이렇게 '척척척' 하는 성에 대한 이 위선의 문화는 결코 짧지 않은 역사를 갖고 있다.

유서 깊은 위선의 전통

성을 수치스럽고 억제해야 할 대상으로 보는 규범적 전통은 조선시대를 거치며 유교적 규범을 통해 결정적으로 강화된다. 원래의 유교는 색욕을 인간의 자연스러운 감정의 하나로 보았다. 하지만 성리학에 이어 주자학을 기조로 한 조선 후기의 유교는, '예'에 기초한 생활규범을 강조했고, 색욕을 인간의 자연스러운 감정에서 점점 육신에서 나오는 '혈기', 즉 억제되고 통제돼야 할 부자연스럽고 부도덕한 것으로 간주하게 된다.

이에 따라 심지어 부부 사이에도 과도한 욕망을 피하는 게 '도'라고 가르쳤다. 부부의 성관계조차 자손을 잇기 위한 목적에 따라 예법에 의거해 때를 맞추어 하도록 제약했고, 남녀가 성적 욕망에 따라 합하면 자신의 존재성을 상실하게 된다고 규정하는 수준에 이른다. 물론 남성의 경우 사회생활이나 건강에 장애가 되지 않는 수준에서 색욕을 발현하는 것이 허용되었지만, 여성들의 성적 욕망은 아예 존재해서도 안 되는 것으로 취급되었다. 그런 과정에서 양반집의 부부가 방을 따로 쓰고, 부인의 월경 주기에 따라 날을 잡아 부부가 합방을 하고, 여성의 재혼을 금지하고, 남편이 죽으면 부인이 평생 수절하도록 해 열녀문을 세워주는, 억압적인 성문화가 발달한다.

그 시절부터 억압 일변도의 성 관련 규범은 이미 위선의 문화를 낳고 있었다. 부인과 방을 따로 쓰며 내외하는 양반 남성들은, 부인 대신 기방에서 질펀하게 술을 마시며 성적 욕구를 해소했다. 그래도 됐다. 아니 그래야 했다. 어엿한 여염집의 아낙인 부인에게는 도를 지키고 존중을 표하느라 해볼 수 없는 성적 유희를, 기방에서는 선비의 도고 예고 다 집어던지고 하면 되었다. 집안에서는 가장의 권위를, 향촌 사회에서는 양반의 권위를 내세우며 온갖 점잖은 체를 다 하다가도 바깥의 여자 앞에서는 한없이 천박해지는 이 조선 남성들의 문화는, 미녀 로비스트에게 혈서까지 써주며 사랑의 맹세를 하고 국가 기밀을 내주던 외교부 관리들의 상하이 스캔들, 신정아의 저서 《4001》에 등장해 비웃음거리가 된 한국 사회의 리더들, 아직도 2차 성접대에 익숙한 한국 중년 남성들의 문화로 면면히 이어져 내려오고 있다.

여인들도 위선의 대열에 합류했다. 밤마다 기방을 순례하는 남편 덕에 긴 밤을 홀로 새워야 하는 마님의 방에, 마당쇠는 종종 불려 들어간다. 혼자 수절하는 여인의 집에는 왜 꼭 힘 좋아 보이는 돌쇠가 살고 있는지 알다가도 모를 일이다. 남편에게는 법도를 지키느라 성적 욕구나 감정을 표현조차 못하다가, 마당쇠와 성관계를 할 때는 드디어 한 인간이 된 듯한 해방감을 느끼게 되는 여인들은 '이런 게 인생이야!'라며, 많은 다른 규범들의 위선처럼 성 역시 원래부터가 법도와 현실이 다른, 거짓과 위선이 오히려 안전한 것임을 깨닫는다.

물론 모든 신분 계층의 성문화가 동일하지는 않았다. 하지만 분명히 사회가 바람직하다고 규정한 최선의 규범이 있었고, 그 규범 속에서 성은 수치스럽고 억제해야 할, 그냥 있는 그대로 표출하면 죄악이 되는, 나쁜 것이었다. 사람들은 낮 동안의 '공적인 인생'에서는 규범에 충실히 따르는 가면을 쓰고 있다 해가 떨어지면 지극히 '사적인 인생'에서 드디어 인간이 되는 식이었다. 성과 관련해 낮과 밤의 생활, 즉 양지와 음지를 일치시키는 사람들은 천하게 취급되었다. 예를 모르는 상것들이나 하는 짓이다.

이렇게 성과 관련해 위선을 버리고 '커밍아웃'을 하자 하면 상것이 돼버리니, 누가 감히 그런 담론을 쉽게 내놓을 수 있었겠는가. 성에 대해서는 위선이 최선이다. 이는 결코 짧지 않은 위선의 전통이다.

{ 왜 섹스조차 이렇게 불평등하고 불합리한가? }

'쇄골주'의 풍경

'쇄골주'를 아는가? 요즘 대학생들은 단체 미팅에서 이 '쇄골주'라는 걸 마신다고 한다. 첫 만남의 어색함을 깨기 위한 술자리에서 술잔 돌리기, 러브샷 등으로 서서히 스킨십의 단계를 높여가다 급기야 쇄골주를 마시는 단계까지 발전한다는 것이다. 쇄골주란 여학생의 쇄골 안쪽의 파인 부분에 술을 붓고, 남학생이 그 술을 핥아 마시는 것이다. 허걱! 나름대로 성에 대해 개방적인 가치관을 갖고 있다고 자부하는 나에게도 이 쇄골주만큼은 황당하다.

여럿이 함께 하는 미팅이라면 아직 남녀가 1:1로 서로의 감정을 확인하기도 전이다. 그날 처음 만나서 게임을 하다 걸린, 아무 관계도 아닌 남녀가 이 쇄골주의 당사자가 될 수 있다는 얘기다. 그런가 하면 요즘 대학교 신입생 환영회에서는 다분히 성적 상상을 불러일으킬 수 있는 게임들이 횡행한다. 난생 처음 만난 남녀가 몸을 부대낀다는 것이다. 이게 뭔가?

도대체 청소년들에게 대학생이 되었다는 게 어떤 의미를 갖기에, 사회적 터부인 성(性)의 성역을 공개적으로, 그리고 집단적으로 무너뜨리지 못해 안달이 난 거란 말인가? 이들은 줄곧 성에 대해 은밀한 것, 그리고 억제해야 할 것으로 교육받아온 아이들이 아닌가?

최근 중고교생들의 일탈 중 많은 부분이 성과 관련돼 있다. 중고교생들이 집단적으로 가담해 또래를 성폭행하고, 가출한 학생들이 후배를 감금해 성매매를 강요한다. 10대 여학생들의 자발적인 성매매도 심심치 않게 등장한다. 이에 비하면 서로 사랑한다며 동거를 하거나, 임신을 한 뒤 화장실에서 아이를 낳아 버리는 행위 같은 게 그나마 나아보일 정도다. 대체 왜 청소년들의 성적 일탈이 이렇게 걷잡을 수 없이 심각해지는 것일까?

또다시 도덕 교육의 문제인가? 좀 더 철저하게 성에 대해 억제하는 교육, 혼전 순결에 대한 가치관 교육을 해야 하는 것인가? 그런 교육이라면 이미 충분히 행해지고 있다. 그런데 그 교육이 왜 이렇게 전혀 효과를 거두지 못하고 있는 것일까? 교육의 내용이 실제 10대들이 성에 대해 느끼는 감정이나 그들의 현실적 문제들에 대해 전혀 해답을 주지 못하기 때문이다.

10대의 자생적 성 학습

초등학교 2학년인 내 딸의 소원은 자기 컴퓨터와 자기 스마트폰을 갖는 것이다. 이 두 가지에 대한 통제 때문에 딸은 마음껏 채팅을 하지도 못하고 인터넷 서핑을 하지도 못한다. 아주 불만이 많다. 그런데 나는 도저히 딸의 방에 컴퓨터를 들여놓지 못하겠다. 포털 사이트에서 뉴스를 클릭하며 따라가 읽다 보면 어느새 이런 광고 문구들이 양 옆으로 가득하다. '그녀가 좋아하는 남자의 크기는?', '4일 발기의 비밀', '남자를 녹이는 최고 명기 비법', '이쁜이수술 그 후' 등등, 야한 사진들과 함께 다닥다닥 붙어 있는 이런 광고 문구들을 보면 가슴이 벌렁벌렁하다. 어쩌다 잘못 클릭이라도 하는 날에는 외설적인 사진으로 가득한 이상한 사이트들이 몇 개씩 한꺼번에 뜨곤 한다. 딸이 그걸 보고 묻지 않겠는가? "엄마, 이게 뭐야?" 하고 말이다. 유해 사이트를 차단하는 프로그램을 설치하라고? 대체 이런 것들을 어떻게 다 막는단 말인가? 아이들은 성을 그렇게 배운다.

물론 요즘 학교에서 하는 성교육은 과거보다 훨씬 진화했다. 성에 대한 지식, 성폭력의 폐해, 10대 임신의 문제점 등에 대해 나름대로 교육을 한다. 하지만 그 시기도 너무 늦고 그 내용도 비현실적으로 점잖다. 더 큰 문제는 대부분의 성교육이 학교의 이런 짧은 공식 교육을 통해서 이뤄지는 게 아니라는 것이다. 성에 대해 제대로 거론조차 못하고 현실에 맞는 가치관을 제시하지도 못하는 모든 공적 문화가 10대들의 주요한 성교육의 통로다. 그곳에서 성은 여전히 수치스럽고 숨겨야 할, 결혼한 부부 사이에서만 가능한 지나치게 엄숙한 것으로 취급되고 있다.

성욕은 억눌러야 할 대상이고 10대들의 성욕 표출은 죄罪라고 가르친다. 그러다 보니 10대들에게 자신들의 성은 늘 떳떳하지 못한 것으로 인식되는 것이다.

하지만 점점 발육 속도가 빨라지는 청소년들에게 사회는 성적 상징과 성적 욕구를 부추기는 이미지들을 끊임없이 제공한다. 굳이 숨어서 인터넷을 뒤지지 않더라도 잡지나 텔레비전, 길거리의 광고판들만 봐도 충분할 지경이다. 청소년들 역시 끊임없이 성적인 감정을 부추기는 환경에 어른들과 똑같이 노출돼 있다는 것이다. 그런 이들에게 혼전 순결은 거룩한 것이며, 성은 억제돼야 할 것이라는 규범이 과연 현실성이 있겠는가?

그런 얘기밖에 듣지 못한 이들은 막상 자신이 성적 자극이나 성적 감정에 직면했을 때, 그 감정에 당황스러워하며, 무조건 억눌러야 한다는데 어떻게 스스로를 조절해야 할지, 어떻게 해야 죄가 되고 어떻게 해야 죄가 안 되는지 잘 판단하지 못한다. 성적 감정을 건전하게 받아들이고 조절하는 방법, 그것을 표출시킬 때는 상대방에 대한 존중과 책임이 뒤따라야 한다는 것 등을 배우지 못한다.

물어보고 상담할 사람도 마땅치 않다. 가족이나 어른들은 상담의 대상이 되지 않는다. 어차피 그들의 입에서는 '억제'하고 '공부나 하라'는 말밖에 나오지 않을 것이기 때문이다. 또 이런 얘기를 가족들끼리, 또는 어른들끼리도 대놓고 하는 걸 본 적이 없다. 아마 이런 얘기는 피해야 할, 혹은 스스로 알아서 해야 할 가장 은밀한 문제인 것 같다. 친구에게 물어보니 포르노 영상을 건네준다. 아직 어리다며 그걸 보고 잘 배우라고 한다. 그런 과정을 통해 10대들은 포르노 영상으로 성을 배운다. 거기에 나오는 거칠고 마초적인 장면들이 '남자의 성'인가 보다 하고 생각하게 된다. 유혹에 이끌려 순간적 감정에 따라 성적 관계를 갖는 그런 일들이 괜찮은 일인가 보다 하고 생각한다.

아무래도 '혼전 순결'이나 '성은 아이를 낳기 위한 생식적 행위' 같은 얘기는 다른 규범들처럼 도덕책에나 나오는 것이지, 사실은 포르노 영화에 나오는 것들이 현실에, 그리고 자신들에게 더 맞는 것 같다. 그렇게 불건전하고 왜곡된 가치관 속에서 헷갈리는 10대들은, 무책임하고 불안정하게 성을 경험하고 죄의식에 시달리다 또다시 무책임한 일을 반복하며 쉽게 일탈의 길로 접어들게 된다. 10대들의 성이 영화 '끝없는 사랑'에서 묘사되듯 아름답기보다 극단적인 일탈의 형태로 표출되는 원인이, 사실은 이런 성에 대한 무지에 있다.

무지가 낳는 일탈

설사 중고교 시절에 성에 대한 억제에 성공했다고 하더라도, 그게 전통적 규범에 따른 성교육이 성공했다는 것을 보여주지는 않는다. 앞서 예로 든 대학 신입생 환영회의 풍경이나 쇄골주의 일화를 보면 알 수 있다.

일생일대의 목표인 대학 입학의 과제를 헤치운 다음에는, 갑작스럽게 자유의 영역이 넓어지면서 그간 억눌렀던 성적 억제도 단번에 풀어버리려고 시도하게 된다. 그러나 성에 대한 정확한 가치관이 서 있지 않은 그들에게 여전히 성은 수치스럽고 죄스럽다는 인식이 강하다. 혼자서 그 금기를 푸니 너무 부담스럽다. 여럿이 하면 좋겠다. 그래서 단체 미팅에서 쇄골주를 마시고, 대학 신입생 환영회에서 껴안기 게임을 하며, 마음껏 취해도 되는 파티에서 불특정 남녀들끼리 진한 스킨십을 나눈다. 그렇게 집단적으로 금기를 무너뜨리는 것이다.

이들에게는 성에 대해 어떤 가치관이 형성돼 있는 것일까? 그들이 모른다는 게 문제다. 사랑하는 남녀가 서로에 대한 사랑의 표현으로 성관계를 갖고 실수로 임신을 하게 되는 것보다, 이렇게 불특정한 남녀들이 집단적으로 강요하는 분위기에서 스킨십을 하는 게 더 나쁘다는 걸 말이다. 서로에게 사랑의 감정을 느끼지도 않고 합의하지도 않은 남녀가 집단의 강요적 분위기에서 취했다는 명분으로 몸을 훑고, 껴안고, 입맞춤을 하도록 하는 것, 그게 바로 성적 모욕이다. 그런데 그들은 이것을 모른다. 사랑하는 남녀의 원치 않는 임신에는 최소한 합의와 책임질 당사자들이 있지만, 불특정한 남녀들끼리의 강요된 스킨십이야말로 무책임한 집단적 성모욕이다.

우리가 10대들에게 정말 가르쳐야 할 것은, 성욕은 억제해야 할 대상이며 성관계는 자녀를 낳기 위한 부부 간의 행위라는 비현실적 고언들이 아니다. 성은 나이나 결혼의 유무 같은 사회적 계약과 상관없이, 인간이라면 누구나 사랑의 과정에서 자연스럽게 느끼는 감정이고, 성관계는 오로지 사랑하는 두 사람 사이에서 합의 하에 이뤄지는 배타적 행위라는 가장 원초적 진리를 가르쳐야 한다.

성인 남자에게만 유난히 관대한 '아랫도리' 문제

대학교 2학년 겨울, 입대를 한 달여 남겨둔 1학년 남자 후배가 입대하기 전에 술이나 한잔 사달라며 찾아왔다. 학교 근처 막걸리집에서 저녁식사를 겸해 술을 마시던 후배는 술이 좀 취하자 사실은 조언이 필요해 찾아왔다며 고민을 털어놓았다.

후배는, 자신은 그때껏 제대로 연애를 해보지 못했고 그래서 아직 숫총각인데, 고등학교 동문회 선배들이 군대 가기 전에 총각 딱지를 떼어주겠다며, 자꾸만 사창가에 자신을 데려가려 한다는 것이다. 군대는 진정한 남자가 되기 위해 가는 곳인데 군대 가기 전에 총각 딱지도 안 떼고 가면 안 된단다. 그리고 어차피 군대 가면 외박 나가 자연스럽게 그런 경험을 하게 되는데 미리 연습을 하고 가야 한단다. 그러니 우리가 너에게 미리 경험을 시켜주겠다며 그 주말로 날까지 잡아놓고 나오라고 한다는 것이다. 후배는 이렇게 말했다.

"누나, 저는 진짜 숫총각이거든요. 그런 식으로 제 순결을 잃고 싶지는 않아요. 정말 사랑하는 여자를 만날 때까지 저의 동정을 지키고 싶어요. 근데, 선배들은 남자는 원래 그런 게 아니라네요. 친구들도 대수롭지 않게 그냥 가라고 하고, 제가 이상한 건지…, 정말 미치겠어요. 어떻게 해야 돼요?"

웃어야 할지 울어야 할지 난감했다. 진지하게 고민을 털어놓는 후배를 보며 짐짓 대범한 표정을 지을 수밖에 없었지만, 나는 속으로 너무 놀라고 있었다. 후배에게 네 생각이 옳다고, 선배들의 유혹에 넘어가지 말고 소신을 지키라고 격려해주었지만, 군대라는 남자들만의 세계 속으로 들어간 후배가 그 뒤 과연 그의 소신을 지킬 수 있었는지는 모르겠다.

후배의 얘기는 나에게 막연히 짐작만 하고 있던 많은 사실들을 확인시켜주었다. 최소한 대학교 1, 2학년 때부터 남자들은 삼삼오오 짝을 지어 아무렇지 않게 사창가를 드나든다는 것, 많은 남자들이 그런 방식으로 숫총각의 딱지를 뗀다는 것, 군대에서 외박을 나온 남자들이 노는 방식 등등. 하지만 무엇보다 충격적이었던 것은 그런 일들을 대수롭지 않게, 심지어 당연하게까지 여기는 남자들의 의식이었다.

대학교 때부터 여자들보다는 남자들이 압도적으로 많은 환경에서 살아오다 보니, 동성 친구만큼 친해져 우정을 나누는 이성 친구들이 적지 않다. 그들로부터 종종 나는 이렇게 남자들의 세계에서 벌어지는 성 관련 문화들을 확인한다. 한국의 많은 남성들이 '성'을, 사랑하는 두 사람 사이의 배타적 행위가 아니어도 된다고 믿는다. 남성들의 색욕은 불가항력적이고, 여성들의 색욕은 존재할 수도 없는 것이라는 조선시대부터 내려온 인식은 현대까지도 살아남아, 남성들은 자신들의 성을, 마치 '배설'처럼 동물적이고 도구적인 것으로 인식하는 경향이 강하다. 그런데 참 희한한 것은, 그게 남성에게만, 그것도 '성인'이라는 일부 세대에만 적용된다고 그들이 믿는다는 것이다.

10대들은 무조건 억제해야 하고, 여성들이나 노인들에게는 존재하지도 않을 것처럼 인식되기도 하는 성이, 20대에서 50대 가량의 남성들에게만(때로 60대 이상의 남성들 가운데 경제, 사회적인 능력이 탁월해 물질적 방법으로 성욕과 그 배설을 유지할 수 있는 경우도 포함된다) 사창가에 가서라도 풀어야 하는, 동물적 욕구로 존재한다고 간주될 수 있는 근거가 어디서 나오는 것인지 알 수가 없다.

　실제로 성매매금지법이 발효될 당시, 내가 진행하던 '열린 마당'의 찬반 토론에 전화로 연결된 청취자들 가운데는, "성매매가 금지되면 혼자 사는 남자들은 욕구를 어디서 풀어야 하나요? 그러면 사회가 불안정해집니다."라는 의견을 방송에서 공개적으로 밝힌 경우도 있었다. 만약 그렇다면 왜 20대에서 50대 정도의 남성들에게는 그렇게 억제할 수 없는 것으로 간주되는 성이 10대나 노인들, 여성에 대해서는 무시되는지, 왜 10대나 노인들, 여성들을 위한 성욕 배설 문제는 공론화할 수 없는지, 앞뒤가 맞지 않는다. 보이지 않는 곳에서 부적절한 상대와는 변태적 수준의 성관계도 마다하지 않는 이 성 기득권 집단이, 왜 젊은이들이 거리에서 자연스럽게 사랑을 표출하는 키스에 대해서는 눈살을 찌푸리는지 알다가 모를 일이다. 자신들이 젊은 여성과 '2차'를 가는 것은 괜찮고, 탑골공원에서 노인을 상대하는 박카스 아줌마는 혐오스럽다면, 이 또한 무슨 어처구니없는 모순인가.

　이는 실제로 그들에게만 성욕이 존재한다기보다 그들에게만(20대에서 50대 가량의 성인 남성이라는 특수한 집단의 성욕에 대해서만) 우리 사회가 지나치게 관대했다는 것을 방증한다. 이 특별한 집단의 성은 때로 인간적이지 않은 방식으로, 즉 사랑하지도 않고 아무 관계도 없는 여성과 그저 동물적인 배설을 위한 방식으로 표출돼도 되는가? 그들을 제외한 집단의 성은 인간을 넘어서는 신의 경지에 이를 정도로 억제돼야 하는가? 이러한 부당한 의식이 우리 사회에 형성돼 있다. 하지만 현실은 그렇지가 않다. 20대에서 50대의 남성들 역시 아무데서나 자신의 남성성을 동물적으로 발산하는 것은, 인간으로서의 절제를 전혀 배우지 못한

야만적 행위라는 것을 인식해야 하고, 성관계는 사랑으로 합의한 두 사람 사이의 배타적 행위라는 기본부터 똑똑히 학습해야 한다. 또 그 외의 나머지 모든 집단 역시 사랑하면 성적인 감정을 느끼고, 그 때문에 혼란스럽고 괴로울 수 있다는 것을 인정해야 한다.

위선이 위선을, 왜곡이 왜곡을 낳는다

이렇게 성인 남성들의 아랫도리 문제에 대해서만 지극히 관대한 우리의 왜곡된 성 가치관은 마찬가지로 많은 왜곡된 성문화를 재생산하고 있다. 우선 이 특수한 집단에만 이상한 기득권을 주는 문화 속에서, 이 특수 집단은 자신들의 성욕만큼은 다른 세대나 여성의 성욕과 달리, 굶으면 죽는 식욕처럼 주기적으로 해소돼야 할 본성이라고 착각하고 있다. 이 무슨 독단인가, 차라리 모두의 성욕이 그렇다고 인정하든지, 절제를 훈련하지 않는 자신들의 야만성을 탓할 일이다.

또한 그들 사이에는 여성들을 성인 남성들의 성욕 해소를 위한 대상이나 도구로 인식하는 그릇된 가치관이 은연중에 형성돼 있다. 매춘의 불가피성을 주장하고, 미성년자고 장애인이고 (의붓) 딸이고 가리지 않고 빈번히 일어나는 성폭행 역시 그런 인식과 무관하지 않다.

그런가 하면 신세대의 경우는, 성욕의 사회적 관용과 관련한 남녀 차별, 세대 차별을 극복(?)하는 방식도 왜곡한다. 남자들이 성을 도구적으로 인식하는 것처럼 신세대 여성들 역시 성을 도구적으로 인식하는 것이다. 사랑 없이 성관계를 가지면서, 여자들 역시 남자들만큼 동물적으로 성욕을 느낄 수 있다고 항변이라도 하는 듯한 모습을 보이곤 한다. 남자들이 밖에서 성접대를 받고 혼외의 섹스 파트너를 만드는 것처럼 여자들 역시 호스트바에서 남자들을 고르고, 혼외의 섹스 파트너를 만들고 있다.

성인 남성들의 비뚤어진 성문화, 10대들의 극단적 성 관련 일탈들, 대학생들의 쐐골주, 유부남 유부녀들의 애인 만들기…, 이 모든 것이 결국 따로따로의 문제가 아니다. 아직도 박물관 유물 수준으로 비현실적인 전통적 성규범들이 유지되면서, 모든 성별과 세대가 자연스럽게 느끼는 성적 감정들이 정당하게 인정되지 못하고, 불평등하고 불합리한 성 가치관만 횡행하고 있다. 그런데도 전통적 규범의 무게 때문에 감히 규범과 실제를 일치시키는 합리적인 가치관을 세워야 한다고 당당히 말하는 사람이 드무니, 위선이 또다시 위선을 낳고, 왜곡이 또다시 왜곡을 낳는 악순환만 계속될 뿐이다.

{ 까놓고 논하자 }

열여섯 살 춘향과 몽룡의 첫날밤

실랑이하는 중에 옷끈 끌러 발가락에 딱 걸고 춘향이를 끼어 안고 진득이 누르며 기지개를 쓰니 옷이 발길 아래로 떨어진다. 옷이 활딱 벗겨지니 형산의 백옥덩이 여기에 비할쏘냐. 이 도령이 춘향의 거동을 보려고 슬그머니 손을 놓으면서, "아차차, 손 빠졌다." 춘향이가 이불 속으로 달려든다. 이 도령이 왈칵 따라 드러누워 저고리를 벗겨내어 자기 옷과 모두 한데 둘둘 뭉쳐 한편 구석에 던져두고 둘이 안고 마주 누우니 그대로 잘 리 없다. 둘이서 골즙(骨汁) 낼 때 올 굵은 무명 이불이 춤을 추고 샛별 같은 놋요강은 장단 맞춰 쩡그렁 쟁쟁, 문고리는 달랑달랑 등잔불은 가물가물, 맞있게 잘 자고 일어났다. 그 가운데 재미난 일은 오죽하랴.

그렇다. 이 외설적 장면은 《춘향전》(현암사)의 일부, 바로 춘향과 몽룡이 보낸 첫날밤의 이야기다. 이몽룡과 성춘향은 이렇게 열여섯 살 때 만리장성을 쌓았다. 열네 살도 채 되지 않았던 로미오와 줄리엣은 만나자마자 눈이 맞았고, 로미오는 키스 한 번을 위해 발코니 앞에서 밤새 떨다 결국 줄리엣의 방에서 밤을 보낸다. 열아홉 살까지 닫힌 공간에서 인간의 자연스러운 감정 따위는 잊고 공부만 하도록 강요하는 문화는 한국 현대사 수십 년의 짧은 역사일 뿐이지, 인간의 본성이 열아홉 살까지 성에 대해 침묵하도록 만들어진 게 아니란 얘기다.

이걸 보면 우리 선조들은 성문제에 대해 그 유교적 규범 속에서도 참 '쿨'했다. 반면 21세기의 우리나라 드라마는 참으로 비현실적이다. 수년간 사귄 성인 남녀가 아직까지도 집 앞에서 잘 가라고 '쿨'하게 인사하고 있다. 무슨 수도자들인가?

위선의 성문화를 해결하기 위해 우선 성담론을 음침한 곳에서 양지로 끌어내야 한다. 그 첫걸음은 분명히 알면서도 무슨 집단적 침묵 서약이라도 맺은 것처럼, 언급을 꺼리는 현실들을 대놓고 인정하는 데서부터 출발할 수 있다.

이를테면 혼전 성관계 같은 것이다. 요즘 젊은이들을 보라. 사랑하고 성적 감정을 느끼는데도 "우리 결혼할 때까지는 절대 같이 자지 말자."고 맹세하는 이들이 얼마나 되는지를. 왜 정당하게 사랑하는 미혼 남녀가 도둑고양이처럼 모텔을 드나들어야 하는가, 왜 밤에 여자친구의 집에 가는데 주변을 두리번거려야 하는가. 왜 그러면서 느끼지 않아도 될 죄의식을 느껴야 하는가. 이혼의 가장 빈번한 이유가 '성격 차이'란다. 좋다. 문서상으로는 인정해주자. 하지만 털어놓고 말할 수는 있지 않은가? 사실은 사랑이 식어 성관계를 갖지 않은 지 오래됐다고. "무슨 가족이랑 성관계를 하냐? 그건 근친상간이야."라면서 부인과의 드문 성관계를 농담처럼 실토하는 유부남들, 차라리 부인과 다시 뜨겁게 섹스를 하기 위해서는 어떻게 해야 할지 상담소를 찾아가라. 부부 사이 성관계의 빈도가 부부 금실의 척도가 될 수 있음을 인정해야 껍데기식 부부 문화가 해소될 수 있다.

급속도로 노령화 사회가 돼가고 있다. 건강한 노인들의 인구가 절대적으로 늘어난다는 것이다. 머잖아 100세 장수가 일반화된다는데, 노인의 성에 대해서도 솔직히 인정하는 문화가 절실하다. 생식 능력을 잃어도 사랑과 성의 감정까지 잃어버리지는 않는다는 것은 누구보다 노인들 스스로 잘 알고 있다. 실화를 소재로 한 영화 '죽어도 좋아'를 보면, 노인들의 사랑 역시 젊은이들의 사랑과 다르지 않게 열정적일 수 있다. 그를 통해서 느낄 수 있는 행복을 60, 70이 넘었다고 잃어야 한다면 수십 년 남은 인생을 무슨 낙으로 살 것인가. 바로 이런 현실의 문제를 적극적으로 공론화하려는 노력을 의식적으로라도 해야 한다.

열한 살 아이에게도 콘돔을?

미국 뉴스를 보던 중 나왔던 기사다. "열한 살에게 콘돔을 나눠줘도 되나?" 미국 한 도시의 교육당국이 학생들에게 성교육을 하면서 콘돔을 나눠주는 나이를 만 열두 살에서 열한 살로 낮춘 것을 놓고, 논란이 일어났다는 것이다. 교육당국은 청소년들이 성관계를 하는 현실적인 연령을 고려하고, 10대들의 우발적인 임신을 방지하기 위해 피임교육을 열한 살 때부터 실시하고 콘돔을 나눠주기로 했다. 열한 살이면 미국의 초등학교 6학년, 또는 중학교 1학년 나이다.

열한 살이냐, 열두 살이냐. 미국은 그런 수준의 논쟁을 하고 있다. 그러니까 그 도시는 이미 오래전부터 열두 살이 되면 실질적인 피임 교육을 하고 콘돔을 나눠주었다는 것이다. 이제는 열한 살로 낮출 때가 됐다는 게 교육당국의 판단이다.

그런 점에서 우리의 청소년 성교육은 반드시 개선해야 한다. 가장 중요한 것은 성을 '죄'로 인식하지 않도록 하는 것이다. 청소년들에게 '성'에 대한 현실적이고도 긍정적인 인식을 심어줄 필요가 있다. 성적 감정은 사랑하는 두 사람이 자연스럽게 느끼는 매우 아름다운 감정이라는 것, 성적 감정을 공개적으로 표출하는 것 역시 다른 사람에게 불쾌감을 주지 않는 수준에서 얼마든지 가능하다는 것 등, 음지의 성이 아니라 양지의 성으로서의 이미지를 형성해줘야 한다.

그런 전제 하에서 성적 감정은 육체적 본성의 성격도 동시에 갖고 있어 절제를 훈련할 필요가 있다는 것, 또 성관계에는 상대방에 대한 존중과 책임이 반드시 전제돼야 한다는 것, 임신에 대한 분명한 입장을 갖고 그에 대해 구체적으로 대처해야 한다는 것 등을 가르쳐야 한다. 청소년들이 자신도 성적 감정을 느낄 수 있다는 것을 알아야, 그 다음 단계로서 스스로 그를 통제해야 할 이유를 찾고, 스스로 그를 통제하는 훈련을 할 수 있지 않겠는가.

콘돔도 나눠줘야 한다. 청소년들에게 콘돔을 배포하는 것은 어느 사회에서나 "청소년들에게 성관계를 가지라고 장려하는 것이냐?"라는 보수주의자들의 비판에 직면한다. 하지만 그럼에도 불구하고 많은 사회가 청소년들에게 피임 교육과 함께 콘돔을 배포한다. 그 이유는 성관계 자체보다 원치 않는 임신이 청소년들에게 미치는 악영향이 훨씬 더 크기 때문이다. 어렸을 때부터 성관계에 대해 스스로 책임지는 태도를 배우도록 하기 위해서다.

교육의 관점도 많이 바뀌어야 한다. 이를테면 여학생들에게 "남자는 다 늑대니 무조건 경계하라."는 먹히지도 않을 말을 해봤자 소용이 없다. 차라리 "사랑한다면서도 콘돔 사용을 거부하는 남자야말로 늑대"라는 조언이 더 현실적이다. 사랑한다면서도 자신으로 인해 사랑하는 사람에게 닥칠 위험조차 염두에 두지 못하는 남자야말로 무책임한 남자라는 것을 가르치라는 말이다.

더 이상 성에 대한 절제의 교육만으로 10대들의 임신과 성적 일탈 등 지금도 곳곳에서 벌어지고 있는 이 무지몽매한 현실을 통제할 수 없다. 또한 성에 대한 절제는 10대들의 성관계를 막기 위해서가 아닌, 더불어 사는 사회의 문화인이 되도록 하기 위해 모든 사람에게 필요한 교육이다. 그렇게 본다면 성에 대한 절제의 교육은 오히려 10대들보다 비뚤어진 성문화에 익숙한 중년층 남성들에게 더 필요한 것 아닌가?

10대 때 가까스로 억제하다 대학에 들어가 쐬골주를 마셔가며 집단적으로 성적 금기를 무너드리고 마구잡이식 성관계를 갖는 게 더 좋은가? 아니면 비록 10대 때 성관계를 가졌지만 사랑하는 사람에 대한 존중과 스스로에 대한 절제를 훈련하는 것이 더 좋은가? 전자가 후자보다 더 좋다고 감히 말할 수가 없다. 중요한 것은 '대학 들어갈 때까지는 안 돼', '어린애들이 무슨 성이야?'라는 먹히지도 않는 보수적 가치관 대신, 일생을 두고 사랑과 성에 대해 건전하게 사고하고 살아갈 수 있게 하는, 현실적이고도 바람직한 가치관을 심는 일이다.

현실에 맞는 성 가치관이 필요하다

성에 대한 현실적 가치관이 자리 잡도록 하기 위해 반드시 전제돼야 할 것이, 성에 대해서도 다양한 가치관이 존재할 수 있다는 것을 인정하는 것이다.

앞서 작은 정부, 큰 정부 논쟁에 대해 언급한 바 있다. 규제를 최대한 풀고 정부가 최소한의 역할만을 해야 경제가 잘 돌아간다고 믿는 자유시장경제주의자부터, 세금을 더 많이 걷어 공공 일자리, 복지정책 등으로 정부의 역할을 강화해야 한다고 믿는 사회민주주의자까지, 굳이 사회주의까지 확대하지 않더라도 정부의 역할에 대해 다양한 관점이 가능하다. 우리는 일상생활에서 끊임없이 이에 대해 논쟁한다. 대기업 총수부터 영세 자영업자, 정치인부터 대학 새내기들까지. 성에 대해서도 마찬가지다.

나는 성관계를 '사랑하는 두 사람 사이에서 합의 하에 이뤄지는 배타적 행위'라고 규정했다. 하지만 이 규정에 대해 모두가 동의할 수 있을까? 나는 여기에 나이의 제한, 결혼의 유무, 동성이냐 이성이냐 등의 제한을 포함하지 않았다. 다만 '사랑하는 두 사람 사이에서 이뤄지는 배타적'이라는 말로 제한을 두었다. 이것은 나의 가치관이 반영된 것이다.

하지만 어떤 사람들은 여기에 굳이 나이의 제한을 두고자 할 것이고,

어떤 사람들은 여기에 굳이 결혼의 유무로 제한을 두고자 할 것이며, 어떤 사람들은 이성 사이라는 것으로 제한을 두고자 할 것이다. 어떤 사람들은 사랑하지 않고도 이뤄질 수 있다고 볼 것이며, 어떤 사람들은 그래서 '배타적'이라는 말은 빼야 한다고 주장할 수도 있다.

이렇게 '성관계를 어떻게 규정할 것인가?'라는 가장 기본적인 문제만 놓고도 사람들의 가치관은 다 다를 수 있다. 그런데 어째서 우리 사회는 이것에 대해서, 정부의 역할을 두고 논쟁하듯 논란을 벌이지 않는가? 모두가 같은 생각을 갖고 있기 때문인가? 그렇지 않다. 전통적 규범이 너무 강해 제대로 말을 못 꺼내는 것이다. 단일 가치만이 옳다고 전제되는 문화에서 아무도 자기 생각을 마음대로 밝히지 못하는 것이다.

이미 실제로는 엄숙하지도 않은 성을 엄숙한 듯 덮어놓는 위선은 이제 그만 버리자. 보이지 않는 곳에서는 자신들만의 비뚤어진 성 기득권을 마음껏 누리면서, 자신들 이외의 모든 집단에게는 성을 억제하라고 주장하는 성인 남성들은 어서 빨리 커밍아웃을 하라. 성이란 원래 절제가 어려운 동물적 욕구이고, 돈을 주고 성을 사도 된다고 정당화를 시도하든지, 그럴 자신이 없으면 그런 짓은 이제 그만 두란 말이다.

혼전 임신을 숨기려 불현듯 결혼 날짜를 잡고 변명에 바쁜 커플과 그들의 부모들 역시 더 이상 숨기는 불편함을 감당할 필요가 없다. 그것은 죄가 아니다. 형식적 관계로 전락한 부부, 자식을 위해 유지한다고 자위하는 부부들, 가족과 인생에 대한 예의가 무엇인지, 결혼 제도의 의미가 무엇인지에 대해 묻고 공론화하라.

비혼 임신 뒤 낙태와 출산 사이의 심각한 고민으로 고통 받았던 여성이나 커플들, 비혼 출산과 공공연한 낙태에 대한 정부의 공식 입장을 요구하라. 교육부는 중고등학생들의 성실태에 대한 대대적인 조사를 실시하고, 성교육 커리큘럼을 뜯어고쳐라. 지방자치단체들은 노인들을 대상으로 한 단체 미팅을 활성화하라. 동성애자나 성전환자 등 성적 소수자들도 자신들의 권리를 요구하기 위해 더욱 용기를 내주기를 희망한다.

이렇게 다양한 관점을 가진 사람들이 현실에 맞는 성 가치관을 확립하자는 용기 있는 담론을 공개적으로 펼치는 과정에서, 위선적이고 왜곡된 성문화를 바로잡기 위한 작업들이 보다 신속히 이뤄질 수 있을 것이다. 단일 가치 문화를 다양성이 인정되는 진정한 자유민주주의적 문화로 이동시키는 작업이 생활 속에서 구체적으로 실천될 수 있을 것이다.

미국 플로리다 디즈니월드에서 한 손에는 각각 아이들의 손을 잡고 다른 손으로는 서로의 어깨를 두른 채 공공연히 키스를 하는 부부를 보았다. 헝가리 부다페스트 온천에서는 몇 시간 동안 다른 누구보다도 뜨겁게 스킨십을 하는 70대의 커플을 보았다. 중국 베이징 버스 정류장에서는 주위 사람들을 아랑곳 않고 키스를 하는 교복을 입은 고등학생들을 보았다. 그리고 한국에서는…, 도심이고 외곽이고 넘쳐나는 모텔들의 간판을 본다. 선글라스를 끼고 그 안을 오가는 남녀들의 정체는 뭘까 궁금해 하는 10대들의 모습을 본다. 이제 제발 위선을 버리고 가치관의 커밍아웃을 시도하자.

{ 참을 수 없는
　　　결혼의 가벼움 }

가족이 애인을 반대해서

"당신은 애인이 있습니까?"
"예."
"그럼, 애인과 같이 지내시겠네요?"
"아뇨, 그냥 밖에서만 만납니다."
"왜요?"
"집에는 가족이 있으니까요"
"가족에게 애인을 소개하면 되잖아요?"
"가족 중 한 사람이 반대해서 안 됩니다."
"누가요?"
"부인이요."

우스운가? 나는 우습지 않다. 슬프다. 이게 한국의 현실이다. 부인은 가족이란다. 그리고 애인은 밖에서 만난단다.

"부인과 왜 결혼하셨나요?"
"사랑해서요."
"그럼 부인이 애인이셨네요. 그런데 왜 지금은 부인을 '가족'이라고 부르시나요?"
"그러게요, 참 이상하네요. 원래 애인이었는데, 결혼하고 나니까 더 이상 애인이 아니네요."

결혼, 나는 왜 결혼을 가볍다고 하는가. 사실 한국 사회에서 결혼만큼 무거운 것도 없는데 말이다. 결혼을 하기 위해서는 사랑을 해야 한다. 물론 정략결혼도 있긴 하다. 생활의 안정과 자손의 번창을 위해 적령기가 되면 선을 보고 조건을 따져 결혼을 하기도 하니까 말이다. 그래도 요즘은, 어떤 과정을 거치든, 전혀 마음에 들지 않는데도 결혼하라고 강요하는 경우는 드물다. 그게 호감 수준이든 미친 듯한 사랑의 수준이든, 어쨌든 마음이 있어야 결혼을 하는 것이다. 그런데도 나는 한국의 결혼이 참을 수 없이 가볍게 느껴진다. 그것은 결혼이라는 제도가 사회에서 차지하는 무게가 고인돌처럼 무거운 데 비해, 결혼 상태에 있는 사람들의 마음이, 좀 더 정확히 말하면 그 '사랑'이 참을 수 없이 가볍기 때문이다.

부부는 무엇으로 사는가?

한국의 결혼은 참 이상하다. 한국에는 이른바 '결혼 적령기'라는 게 있다. 물론 요즘은 결혼 적령기에 얽매이지 않겠다는 사람들이 많아지고 있기는 하지만, 여전히 많은 사람들이 결혼을 인생의 어떤 시기에 끝내야 할 숙제 같은 것이라고 생각한다. 서른 살 즈음이 됐는데도 사랑하는 사람이 없으면, 결혼해도 될 만한 사람을 억지로라도 찾으려고 애쓴다. 과년한 노총각, 노처녀 자녀를 두고 있는 부모들은 인생의 숙제를 끝내지 못해 눈을 못 감겠다고 말한다.

왜 그런가? 한국에서의 결혼은 엄밀히 말해 '사랑하는 사람 사이의 결합'이 아니다. 그보다는 '다른 지위의 누군가가 되기 위한 통과의례'다. 아무리 사랑했던 커플도 결혼을 하면 더 이상 서로 사랑하는 사람으로 규정되지 않는다. 그들은 남편과 아내, 사위와 며느리, 아빠와 엄마라는 새로운 역할자가 된다. 연인이었던 그들이 결혼과 동시에 지위 자체가 바뀌어버려, 작게는 두 사람의 가족, 크게는 양쪽의 집안에서 무수한 임무를 떠안는 역할자가 돼버리는 것이다. 이게 한국 사회에서 결혼 제도가 고인돌처럼 무거운 이유이고, 결혼식과 동시에 사랑은 부차적인 것으로 전락해 결혼 상태가 참을 수 없이 가벼워지는 이유다.

결혼과 동시에 가장과 안주인이 된 부부는 서로 각자의 역할에 충실하기 위해 애쓴다. 돈을 벌어 집을 장만하거나 더 넓은 집으로 이사를 가고, 차를 사고, 재테크를 한다. 자녀를 낳으면 교육을 시키고 시집이나 장가를 보내기 위해 또 열심히 일해서 돈을 마련해야 한다. 그뿐이 아니다. 양쪽 집안에서 딸로, 아들로, 며느리로, 사위로 각종 대소사를 챙기느라 바쁘다.

　이렇게 새로운 역할에 최선을 다하는 사이, 결혼의 전제가 된 두 사람 사이의 사랑을 유지, 발전시키는 데는 점점 무심해진다. 일부러 무심하려고 하는 것은 아닌데도, 연인으로서의 역할은 언제나 우선순위에서 뒤로 밀린다. 인생을 전투처럼 살아야 하는 한국인들은 바깥에서 벌어지는 일이나 역할자로서 임무를 완수하는 데 집중하다 보면, 사랑 따위에 신경 쓸 여력이 없다. 이렇게 각자의 역할에 최선을 다하는 서로를 보며 의리를 느끼고 정도 쌓이지만, 그게 사랑이기도 한지는 생각해 볼 일이다.

　과거 유교의 규범적 문화는 부부를 어떻게 규정했는가? 가장과 아내라는 집안에서의 역할자로 부부를 규정하고, 부부의 성관계를 자녀 재생산을 위한 도구로서 인식시켰으며, 부부 사이에 잦은 성관계는 물론 공개적 애정 표현 등을 삼가도록 했다. 그리고 이는 현재까지도 영향을 미치고 있다. 이처럼 연인으로서의 지위보다 가장과 안주인, 사위와 며느리, 아버지와 어머니 역할에 충실하도록 만드는 한국 사회의 결혼은 많은 부작용을 낳게 된다.

　우선 '부부는 사랑으로 사는 게 아니다'라는 인식이다. 결혼을 하기 위해서는 사랑이 전제돼야 한다면서도 결혼생활을 유지하는 데는 '사랑이 필수적이지 않다'는 것이다. 서로 다른 개인이 같은 공간에서 평생 살기를 맹세하는 것은, 매우 어려운 결정이다. 만약 서로 사랑하지도 않는 사람들이 매일 같은 공간에서 서로를 견뎌야 한다면 그것은 또 얼마나 끔찍한 형벌인가. 개개인의 인생에 대한 존엄성을 훼손하는 일이다. 그런데 한국에서는 그게 가능하다. 결혼을 성사시켜야 하는 이들과 달리 이미 결혼한 부부에게는 사랑보다 각자의 역할을 제대로 하고 있느냐가 더 중요하기 때문이다.

만약 각자의 역할을 제대로 하고 있다면 아무 문제가 없을까? 남편은 가장으로서 돈을 벌고, 부인은 살림을 하며 자녀를 양육하고, 사위와 며느리로서 '예'에 어긋남이 없다면, 대체 뭐가 문제란 말인가? 그런데 거기에 가장 중요한 게 빠져 있다. 개인과 개인이 만나 부부가 되는 결혼은 서로 다른 개인들이 따로따로 누리던 편리한 생활이 아니다. 엄청 불편한 공동의 생활을 기꺼이 하기로 마음먹는 것이다. 그 결심의 이유가 뭘까? 밥을 주고 자식을 주기 때문일까? 아니다. 그게 다른 어떤 것도 줄 수 없는 행복을 주기 때문이다. 바로 사랑하는 사람과 함께하는 데서 오는 행복이다.

사랑하는 두 사람의 결합

사랑에는 유효기간이 있다는 말이 있다. 과학적으로 근거가 있다는 주장이다. 열렬히 사랑하는 남녀에게서는 NGF(신경성장요소)라는 내분비 물질이 활발하게 분비돼 황홀경을 느끼게 하지만, 이 NGF라는 물질은 열애에 빠진 지 1년이 지나면 급격히 떨어진다고 한다. 더 이상 황홀경에 빠지는 증상을 경험하지 않게 된다는 것이다. 그래서 사랑의 유효기간은 1년 이내라는 결론이다.

그런데 최근 미국의 스토니브룩 대학 심리학과의 하스테인 박사는 반대의 연구 결과를 내놓았다. 장기간 연애를 해온 커플들과 초기 단계 커플들을 대상으로 상대방의 사진을 보여주었을 때, 뇌의 보상 중추가 보이는 반응을 비교해본 것이다. 실험 결과, 두 집단 모두에게서 반응이 일어났다. 결혼한 지 수십 년이 지난 부부도 상대방을 미친 듯이 사랑할 수 있다는 것이다. 하스테인 박사는 특히 장기간에 걸쳐 서로를 미친 듯이 사랑하고 있다고 말한 커플들은 여전히 자주 섹스를 하는 것으로 나타났다며, 부부관계에서 섹스가 매우 중요하다고 분석했다. 섹스는 상대방에 대해 긍정적인 감정과 열정을 갖게 하고 관계를 지속하게 해주는 요소가 되기 때문이다.

우리나라 사람들은 부부는 사랑으로 사는 게 아니라고 말한다. 하지만 과연 그런가? 부부가 각자의 역할에 충실하기만 하면, 서로 눈빛을 나누고 일상의 사소한 감정들을 고백하고 밤이면 낮 동안 하지 못했던 사랑을 미친 듯이 확인하지 않아도 문제가 없는 것인가. 바로 이 사람과 부부여서, 내가 사랑하는 이 사람과 함께 살고 있어서 정말 행복하다고 느끼지 않아도 문제가 없는 것인가? 높아지는 이혼율과 젊은 세대의 낮아지는 결혼율을 고려해보면, 더 이상 역할자로서의 부부관계가 많은 사람들에게 행복을 주지 못한다는 것을 알 수 있다. 많은 사람들이 그런 형식적 부부관계를 견디지 못하고 있다.

사랑하는 연인이 아닌 역할자가 돼버리는 대한민국의 결혼에서, 많은 사람들이 이 역할자의 임무 때문에 고통 받고 있다. 짧게는 20년에서 길게는 4~50년 이상을 따로 살아온 사람들이 아닌가? 전혀 다른 가치관과 생활 습관을 가진 두 사람이 결합하는 결혼생활은, 둘 사이의 차이를 극복하는 것만으로도 힘든 작업이다. 그런데 결혼과 동시에 상대방 집안의 며느리와 사위가 돼, 전혀 낯선 집안에 적응하는 일은 얼마나 감당하기 힘든 일인가.

특히 여성들에게 이 '며느리'라는 위치는 부당하기 짝이 없다. 며느리들은 결혼과 동시에 자신의 고유한 가치관과 생활 습관을 버리고 시가의 것에 맞추도록 강요당한다. 친부모에게보다 더한 공손과 노력 봉사, 재정적 지원을 하도록 강요당한다. 자신이 결합하기로 선택한 것은 남편인데, 남편의 온 집안사람들이 결합해야 할 대상, 그것도 굴욕적으로 결합해야 할 대상이 된다. 자신의 자존감을 완전히 상실당하는 억을 한 상황인데도, 맘대로 하소연할 수도 없고 극복할 수도 없으니(그런 시도를 해봤자 싸가지 없는 패륜 며느리가 되는 일 외에 얻어지는 게 없다) 고부갈등이나 시댁 알레르기는 당연한 귀결이다.

남자들이라고 좋겠는가. 결혼을 하게 되면 남자들은 집안을 책임져야 하는 가장으로서의 지위, 집안의 기둥이라는 아들로서의 지위에 짓눌린다. 가족들을 생각하니 자신이 정말 원하는 것을 할 수가 없다. 돈은 벌면 버는 대로 주거비에, 자녀 교육비에 다 들어가고, 취업도 불안하고, 노후대책을 세울 여력도 없다. 가장이라고, 나보고 그걸 다 감당하라고? 남자들도 결혼을 기피할 이유가 있다.

이처럼 결혼이 가진 부당한 현실과 무게감은 결국 젊은 세대가 결혼을 기피하게 만들고 있다. 2010년 통계청 조사 결과, 미혼 여성 가운데 결혼을 원하는 비율이 채 절반이 되지 않았다(미혼 여성의 46.8%, 미혼 남성의 62.6%만 결혼을 원한다고 답변). 이런 추세라면 2015년에는 도시에 사는 20대의 거의 100%, 30대의 50%가 미혼 상태일 것으로 예측되고 있다.

요즘 젊은 세대들은 다른 무엇보다도 자신의 인생을 즐기고 지키는 데 가장 큰 가치를 두고 있다. 그런 젊은이들이 막대한 임무만 떠안아야 하는 결혼을 기꺼이 할 마음이 생기겠는가. 결혼이 사랑하는 두 사람이 더욱 행복해지기 위한 결합이 아니라, 다른 역할자가 되기 위한 통과의례라는 것을 알게 된다면, 결혼은 더더욱 멀어진다. 자신의 인생을 소중히 여기는 사람이라면, 과연 누가 감히 결혼을 하겠다고 용기를 내겠는가? 결혼이 두 사람 사이의 결합이라는 환상을 가진 사람들은 결혼하고 후회할 것이고, 현실을 아는 사람들은 결혼을 하지 않으려 할 것이며, 후회하다 이혼을 한 사람들은 '역시' 결혼은 아니라며 재혼을 거부할 것이다.

이런 부작용들을 막기 위해서는 결혼 제도의 무게감은 낮추고, 결혼을 유지시키는 조건으로서 사랑의 무게감을 높여야 한다. 우선 결혼은 사랑하는 두 사람의 결합으로서 인식돼야 한다. 결혼이 집안의 문제가 돼서는 안 된다는 것이다. 사랑하는 사람들이 연애만 할지 동거를 할지 결혼을 할지, 사랑이 식어 다시 이혼을 할지, 다시 사랑에 빠져 다른 사람과 재혼을 할지는 모두 개인의 사생활일 뿐이다. 이 모든 문제들에 집안이 과도하게 개입될 필요도 없고, 다른 사람들이 왈가왈부할 필요도 없다. 사회는 이런 변화를 자연스럽게 받아들여, 결혼은 각자에게 맡기고, 이혼 역시 각자의 판단으로 받아들여야 한다. 아울러 한 부모 가정의 자녀들이 사회생활에 전혀 문제가 없도록 돕고, 재혼 가정의 좋은 사례들을 발굴해 이혼만 많이 하고 다시 재혼하기를 꺼리는 문화를 개선하도록 노력해야 한다.

살아보지도 않고 결혼하는 게 더 무모하다

최근 흥미로운 설문조사 결과를 하나 보았다. 재혼을 희망하는 이혼 남녀 500여 명을 대상으로 한 조사에서, 60% 이상이 재혼하기 전에 일정 기간 동거를 하는 게 바람직하다고 답했다는 것이다. 살아보니 알겠다는 뜻이다. 밖에서 만나는 데이트만으로는 그 사람이 나를 정말 사랑하는지, 함께 살아도 괜찮겠는지, 수십 년간 다른 가치관으로 살았던 저 사람과 정말 평생을 함께 해도 될지 알 수가 없다는 것이다. 맞는 말 아닌가? 살아보지도 않고 평생을 함께 해야 하는 결혼을 하겠다고 나서는 것, 이거 너무 무모하지 않은가?

우리나라에서는 사랑하는 두 사람이 '문화 합법적'으로 함께 지내는 것은(성문법적으로는 동거가 죄가 아니지만 문화적으로는 죄로 취급되기에) 오로지 '결혼'이라는 방법을 통해서만 가능하다. 동거를 '바람직하지 않은 것'으로 보기 때문이다. 도대체 왜 동거가 나쁘다는 것인가? 사랑하는 사람들이 함께 살겠다는데, 대체 뭐가 문제인가? 사회적 규범 외에 그게 나쁠 이유가 뭔지 모르겠다.

하지만 걱정할 필요는 없다. 이미 많은 사람들이 실제로 동거를 하고 있으니까. 친한 친구들끼리는 다 안다. 남들은 다 안다. 부모님과 부모님의 친구들과 어른들만 모른다.

동거는 한국 사회에서 결혼 파업을 해소할 가장 용이한 대안이다. 두 사람 사이의 결합을, 다른 역할자로 가기 위한 통과의례나 집안끼리의 결합이 아닌, 진정 사랑하는 사람 사이의 결합으로 만들기 위한 가장 좋은 방안, 그리고 결혼으로 가기 위한 가장 좋은 예행연습이다.

실제로 서구 선진국들은 이미 오래전부터 동거를 문화적으로는 물론 제도적으로도 인정해왔다. 유사 결혼, '시민 결합(civil union)' 제도다. 결혼보다 낮은 단계의 결합인, '시민 결합'은 상대방에 대해 결혼과 같은 수준의 법적 의무를 지지는 않지만, 결혼한 부부와 비슷한 수준의 제도적 혜택을 받을 수 있게 한다. 처음에 시민 결합은 동성애자들의 결합을 위해 탄생했다. 동성애자 커플의 결혼을 인정하지 않을 경우, 동성애자들은 결혼한 사람들만 받을 수 있는 혜택을 받을 수 없게 돼 평등권이 침해된다. 그런가 하면 동성 결혼을 인정할 경우 결혼에 대한 사회적 정의 자체를 바꿔야 한다. 그래서 그 타협책으로 시민 결합 제도를 도입해 동성 커플들도 결혼한 이성 커플과 똑같이 법제도적 혜택을 받을 수 있게 해준 것이다.

하지만 이성 커플들도 결혼 대신 이 시민 결합을 선택할 수 있게 허용하는 나라들이 있다. 결혼보다 법적 의무가 적어 각자의 재정적 권리를 보장받고, 그래서 헤어지는 게 쉽다. 그러면서도 이성 커플과 똑같은 혜택, 특히 자녀가 생겨났을 때 똑같은 혜택을 받을 수 있어 프랑스의 경우 이 시민 결합이 출산율을 높이는 데 큰 공헌을 하고 있다.

시민 결합이나 동거를 인정하자는 주장이 매우 급진적으로 들릴 수도 있다. 하지만, 우리가 늘 비교 대상으로 생각하는 OECD 국가 대부분에서 동거는 매우 보편적이다. 생각해보자. 결혼이라는 제도 자체가 인류가 탄생할 때부터 존재해온 절대적 제도가 아니다. 한 사람의 남성과 한 사람의 여성이 결합해 자녀를 재생산하는 가족 단위는, 지배계급이 가장 효율적인 통치단위를 기획하는 과정에서 만들어진 것이 아닌가? 이는 많은 인류학자들이 역사적 고찰을 통해 논증해왔다. 결혼 제도는 그 핵가족 단위를 만드는 사회적 계약으로 탄생했을 뿐이다.

사랑하는 사람들의 결합이 반드시 '결혼'이어야 한다는 가치를 특정 시대가 만들어냈듯, 사랑하는 사람들이 다양한 형태로 결합할 수 있다는 가치도 사회가 자연스럽게 합의해가면 된다. 젊은이들이 결혼 파업을 하고, 그래서 세계 최저 수준의 출산율로 미래를 걱정하는 한국 사회에 지금 절실히 필요한 것은 결혼 절대주의 가치관에서 벗어나는 것이다. 결혼은 사랑하는 두 사람이 선택할 수 있는 여러 다양한 결합의 형태 가운데 하나일 뿐이다. 결혼이든, 동거든, 시민 결합이든, 다양한 결합의 형태를 인정하고, 사회는 그에 맞는 제도적 지원을 해주면 된다.

"너나 잘하세요."

한 여배우가 오랜만에 텔레비전에 나왔다. 이혼했단다. 그러면서 왜 자신이 이혼할 수밖에 없었는지 장황하게 설명한다. 전남편 때문이란다. 돈 갖다 내버리고 집에서는 제멋대로인데도 시댁은 자기한테 문제를 뒤집어 씌웠단다. 그런데 참 이상하다. 도대체 왜, 자신이 왜 이혼할 수밖에 없었는지를 구구절절 설명하느라고 난리인가? 왜 그 이유를 남들에게 납득시켜야 하나? 남을 위해서 결혼했나, 아니면 남을 위해서 이혼을 했나? 시청자가 이혼법정의 판사라도 되는가? 이혼이 죄인가? 아마 아직은 죄인가 보다. 그러는 사이 전남편은 세상 최고의 난봉꾼이 되고 말았다. 정말 남편은 세상 최고의 난봉꾼일까? 그에게는 그 어떤 반론권도 없었다.

서태지와 이지아의 결혼과 이혼이 십수 년 동안 숨겨져 있다 대중에 알려졌다. 서태지, 이지아, 정우성의 팬들이 충격을 받은 것 이해한다. 하지만 해도 너무하지 않나? 그들의 만남부터 결혼과 이혼까지의 온갖 소소한 이야기들, 서태지나 이지아의 연예계 활동과의 관련 가능성, 심지어 이지아의 어린 시절에 대한 '신상 털기'가 극에 달했고, 이에 대한 대중의 관음증적 욕구를 충족하기 위한 추측 기사가 난무했다.

서태지의 입장이 필요하다면 서태지 팬들이 팬카페를 통해 공식적으로 서태지에게 입장을 요구하면 된다. 그것은 단지 '왜 결혼을 하지 않았다고 거짓말을 했는가?'라는 것, 즉 서태지와 팬들 사이에 생긴 신뢰 문제에 국한될 뿐이다. 이지아와 서태지 사이의 관계, 이지아와 정우성 사이의 관계는 그들의 사생활이다. 그들이 대중에게 왜 결혼을 하고 이혼을 했는지, 왜 새로 만난 애인에게 과거를 숨겼는지, 그 애인을 받아들일 건지 말 건지 등등, 그 이유들을 다 까발릴 필요는 없다. 설사 궁금해서 누군가 파헤쳤더라도 우리는 그 진실을 다 알 수 없고, 그에 대해 심판할 자격이 없다. 그건 그저 그들의 문제다.

비단 연예인의 사생활뿐만이 아니다. 우리는 지극히 개인적인 타인의 사생활에 대해 지나치게 관심을 두고 그에 대해 시시콜콜 참견하고 심판을 내리려고 한다. 행복해지려는 각자의 노력만으로도 숨이 찬데, 왜 우리는 우리의 사사로운 삶에 대해 다른 사람의 평가까지 이겨내는 이중의 고통을 감당해야 하는가.

이러한 집단적 감시 문화는 개인의 사생활에 대해서까지 규범을 정하고 이를 따르게 했던 유교 문화의 전통이 만들어낸 부작용이다. 모든 사람에게 단일한 규범을 따르게 하면서, 사회는 끊임없이 개인이 그걸 제대로 지키는지 감시하고 평가하고 단죄해왔다.

  이제 그만두자. 사랑과 결혼, 성은 다른 누군가에게 어떤 역할을 하기 위한 것이나 다른 사람에게 잘했다는 평가를 받기 위한 것이 아니다. 비정상인에서 정상인이 되기 위한 사회적 도구가 아니라는 말이다. 지극히 사적인 개개인의 삶까지 단일한 가치로 옥죄는 대신 다양한 삶의 방식을 있는 그대로 인정하는 무심의 문화가 절실하다. 말인즉슨, "제발 너나 잘하세요. 나는 그냥 나, 그저 나입니다."라는 것이다.

  왜 사는가? 이 책을 맨 처음 시작할 때 했던 질문 중 하나를 다시 해 보자. 호랑이가 죽어 가죽을 남기듯 인간은 이름을 남겨야 한다는 고언을 이루기 위해서? 모두가 각자의 인생 속에서 자연스럽게 행복을 누리기 위해 사는 것이다. 그것이 모든 사람들의 소박한 소망이다. 그런데 개인이 지극히 사적인 삶의 형태마저 마음대로 선택할 수 없다면, 어떻게 행복해질 수가 있겠는가? 결혼을 언제 해야 하고, 결혼하면 어떻게 살아야 하고, 이혼하려면 다른 사람의 공감을 얻어야 하고, 사랑하는 사람과 함께 있으려면 무조건 결혼을 해야만 한다는 식으로 사회적 강제를 받는다면, 행복을 추구하기 위한 전제 조건이 지나치게 가혹하지 않은가?

{ 축복받는 아이와
　　　버려지는 아이 }

"아이를 낳고 싶어."

한 친구의 이야기다. 늘 정열적으로 사회생활을 하던 친구는 마흔이 다 돼가는 나이까지 미혼으로 지내던 중 한 이혼남과 사귀게 되었다. 결혼을 약속하지는 않았던 상태에서, 피임을 한다고 했는데 의도하지 않게 임신을 하게 되었다. 그런데 임신 사실을 알게 되자, 이혼남의 태도가 냉정해졌다. 전처와의 사이에 이미 한 명의 자식이 있었던 이혼남은, 자신은 재혼을 고려하지 않고 있다며 친구에게 아이를 지우라고 했다. 친구는 아이를 낳자고 설득도 하고 책임지라고 비난도 해봤지만, 남자는 자신이 언제 결혼을 약속한 적이 있었느냐며 자신의 동의 없이 아이를 낳아서는 안 되는 만큼 아이를 지우라고 계속 요구했다.

하지만 친구는 아이를 낳고 싶어 했다. 마흔이 코앞이다. 이 아이를 지운다면 어쩌면 평생 아이를 갖지 못할지도 모를 일이다. 자신에게 잉태된 소중한 생명을 절대로 지우고 싶지 않았다. 결국 친구는 혼자서 아이를 낳기로 결심했다. 그 남자에게는 아이는 자신이 키우겠으니 헤어지자고 했다. 친구와 이혼남은 변호사를 통해 아이의 양육비와 법적 지위에 대한 협상을 마무리 짓고 관계를 완전히 정리했다.

그리고 내 친구는 병원에서 혼자 아이를 낳았다. 친구의 병실에 먹을 것을 사들고 갔다. 씩씩한 척 미소를 짓고 있는 친구의 얼굴을 보니 마음이 찢어지는 듯했다. 더 있다간 내가 먼저 눈물을 쏟을 것 같아 서둘러 병실을 나서는데, 그 문 앞에 그녀의 엄마가 서 계셨다. 그냥 말없이 거기 서 계셨다.

그렇게 내 친구는 미혼모가 되었다. 친구는 출산 전에 직장을 그만두었고, 출산 후에 새 직장으로 옮겼다. 옮긴 직장에는 이혼을 했다고 했다. 미혼모보다는 이혼녀가 되는 게 사회적 인식이 낫겠다면서 말이다.

그 친구의 아이는 이제 많이 자랐다. 정말 예쁘게 잘 자랐다. 나의 친구는 더욱 열정적이고 더욱 책임감 있고 더욱 행복하게 인생을 살아가고 있다. 그녀는 단 한 순간도 아이를 낳기로 했던 그 결정을 후회한 적이 없다. 오히려 그 결정이야말로 자신의 인생에서 다른 어떤 것과도 비교할 수 없는 가장 가치 있는 일이었다고 고백한다.

축복받지 못하는 20만의 생명

내 친구의 이야기는 우리 사회의 많은 미혼모들의 사례 가운데서도 아주 양호한 편에 속한다. 그녀는 경제적 능력이 있고, 비록 아이를 지우라고 강요하기는 했었지만 아이의 아버지도 정기적으로 양육비를 지급하는 최소한의 책임을 실행하고 있다. 하지만 그녀는 축복받아야 할 생명을 잉태하고도 아이를 지우라는 아버지 측의 요구에 시달리며 낳을지 말지를 고민했고, 혼자서 병원에서 아이를 낳았다. 게다가 가족들의 이해를 얻기까지 엄청난 심리적 고통을 받았으며, 직장을 옮기고 주위의 수군거림을 극복하면서 아이를 위해 돌잔치를 했다. 이러한 일련의 일들을 떠올리면 한국 사회에서 미혼모가 된다는 것은 비단 경제적인 차원에서만 설명할 수 없는, 사회적 편견과 질시를 이겨내야 하는 이중, 삼중고라는 것을 알 수 있다.

더구나 한국의 많은 미혼모들은 나의 친구와는 다른 길을 걷는다. 미혼모 지원 단체에 따르면 비혼 상태에서 아이를 갖거나 낳게 되는 미혼모는 현재 약 20만 명에 가까운 것으로 추정되고 있다. 그런데 이들 가운데 90% 이상은 아이를 직접 키우지 못하고 입양을 시키거나 고아원에 보낸다. 그런 선택을 할 수밖에 없다. 한국 사회는 미혼모를 죄인처럼 취급한다.

물론 경제적인 문제도 크다. 한국 사회에서 자녀 양육에 들어가는 막대한 비용을 생각해본다면 말이다. 대부분의 선진국에서 나이와 소득에 큰 제약을 두지 않고 미혼모에 대한 경제적 지원을 해주는 것과 달리, 한국은 부모의 나이가 24세 이하이고, 가구당 소득이 최저생계비 150% 이내인 한 부모 가정에 한해서 월 10만 원씩을 지원해준다. 하지만 설사 경제적인 문제가 해결되더라도, 미혼모를 비도덕적인 사람, 혹은 죄인처럼 취급하는 사회적 편견이 아이를 포기할 수밖에 없게 만든다.

미혼모가 어떤 사람들인가? 사랑하는 사람과 성관계를 하다 의도하지 않게 임신을 한 것이다. 세상의 어떤 피임도 100% 확실하지는 않고, 남녀가 성관계를 했을 때 피임 실패에 대한 책임은 여성에게만 있지 않다. 미혼모의 대부분이 10대 후반의 어린 나이일 것이라는 추측도 잘못됐다. 미혼모의 평균 나이가 30세 정도로, 최근 미혼 비율이 높아지면서 고령 미혼모가 더욱 늘그 있다.

결국 미혼모는, 요즘 사랑하는 사이면 누구나 하는 성관계를 하다 실수로 임신을 하게 되었지만, 낙태의 압박과 사회적 편견에도 불구하고 낙태 대신 출산을 결정한, 그런 결정을 하기까지 말할 수 없는 고통에 시달려야 했던, 용감한 여성들일 뿐이다. 수십만 원만 주면 낙태를 해주는 병원이 도처에 널린 상황에서도 출산을 결정한 그녀들에게, 사회는 오히려 용기를 북돋아주고 적극적인 지원을 해주어야 하는데도, 무슨 죄인인 양 취급한다. 차라리 책임을 회피하고 도망가버린 무책임한 남성들을 체계적으로 단조하고, 그들에게 양육의 책임을 지우는 제도를 마련하는 게 더 낫지 않겠는가.

혼외 출산을 축복하라

20~30대 젊은 세대, 특히 여성들은 결혼을 거부하고 있다. 2015년에는 도시에 사는 여성의 절반가량이 미혼일 것으로 전망되고 있다. 한국의 여성들이 '결혼 파업'에 들어갔다고까지 불리는 현상이다. 왜 이를 '파업'이라 부를 정도로 심각하게 받아들이는가? 결혼의 기피가 곧

바로 세계 최저 수준의 출산율과 연결되기 때문이다. 2011년 월드팩트북(World Factbook, 미 중앙정보국이 매년 발간하는 세계 각국의 정치, 경제, 사회 정보를 망라한 책)에 따르면 우리나라의 합계출산율은 1.23명으로 전 세계 222개국 중 217위다. 그나마 요즘 좀 올라간 수치다. 가임여성이 일생을 두고 낳는 아이의 평균 숫자가 1명에 불과한, 세계 최저 수준 출산율의 가장 큰 원인은, 정상적인 결혼을 통해서 태어나는 아이만을 축복하고, 미혼모는 죄악시하는 사회적 풍토 때문이다.

서울대 사회학과 권태환 명예교수는 지난 2007년 〈지식의 지평〉 창간호에 기고한 논문 '한국 인구 문제의 이해'에서 "혼외 출산을 금기시하는 분위기는 저출산의 원인이라기보다 저출산 자체라고 봐야 한다."고 지적했다. 권 교수는 1970년대 이후 서구에서는 혼외 출산이 용인되고 보편화됐지만, 한국에서는 출산을 혼인 안에서만 이뤄지는 것으로 여겨 혼외 출산을 억제하면서 저출산 현상이 이어졌다고 분석했다. 권 교수는 1960년부터 1985년까지는 전체 출산율과 유배우 출산율(혼인 안에서의 출산율)이 같이 떨어졌지만, 1985년 이후에는 유배우 출산율은 오히려 올라갔다는 점에 주목한다. 즉 결혼을 한 사람들은 아이를 낳고 있는데, 결혼을 하지 않은 사람들의 출산율이 떨어져 전체 출산율이 떨어지는 것이고, 지금처럼 혼인율이 계속 떨어지는 상황에서 결혼한 사람들만 아이를 낳으라고 한다면 절대로 출산율을 높일 수 없다는 것이다.

2011년 국책 연구원인 한국개발연구원 역시 〈미혼율의 상승과 초저출산에 대한 대응방향〉 보고서에서 초저출산의 늪을 벗어나기 위해서는, 결혼 내의 출산을 장려하는 정책만으로는 한계가 있다고 고백한다. 높아지는 미혼율에 대응한 전 사회적 노력이 요구되며, 그 가장 중요한 대책이 동거와 혼외 출산 등에 대한 인식의 개선이라고 밝혔다.

많은 선진국들이 출산율 하락으로 미래를 걱정하는 상황에서 홀로 2010년 현재 2.01명의 합계출산율을 구가하고, 늘어나는 출산으로 10년 이상 인구 상승을 지속하고 있는 프랑스의 비결은 무엇인가? 그 비결을 국가의 경제적 지원만으로 설명할 수 있는가? 물론 프랑스의 출산, 육아 등에 대한 재정 지원은 획기적이다. 프랑스는 육아와 교육, 의료를 국가가 다 해준다. 하지만 더욱 중요한 것은 그에 수반되는 사회적 분위기 조성이다. 만 3개월부터 아이를 국립 보육시설에 보낼 수 있으며, 어려서부터 보육시설에서 크는 게 사회성을 키울 수 있어 아이에게 더 바람직하다는 교육 철학을 홍보해, 여성들이 아이를 낳은 뒤에도 죄의식 없이 사회생활을 할 수 있는 분위기를 만들었다.

또 하나 출산율을 높이는 데 결정적인 역할을 한 제도가 1999년 도입한 '시민 연대 계약(Pacte civil de solidarité, PACS)'이다. 시민 연대 계약은 앞서 언급한 시민 결합의 하나로 동성애자의 결합을 위해 만들어졌지만, 이성 커플이 계약을 맺고 자녀를 낳을 경우에도 정식 결혼을 한 경우와 똑같은 제도적 혜택을 받을 수 있게 해준다. 설사 동성애자가 아니더라도 동성의 두 사람이 가족을 꾸리고 그들이 아이를 키울 경우에도 마찬가지의 혜택을 받을 수 있다.

이런 정책의 결과, OECD 국가들의 평균 혼외 출산율은 2008년에 35%를 넘어섰다. 또한 높은 여성 고용률을 유지하면서도 출산율이 1.7명이 넘는 서유럽과 북유럽 국가들의 경우 혼외 출산율이 40~60%에 이르고 있다.

그저 각자의 삶의 형태일 뿐

더 이상 젊은이들에게 결혼으로 인한 무거운 짐을 떠넘기지 말자. 취업 걱정만으로도 힘에 부치는 20~30대 남자들에게 "결혼하면 너는 가장이야. 그러니까 주거와 자녀 교육, 노후 대책 등을 네가 주도적으로 해결해야 해."라는 요구까지 하며 짓누르다니, 그들이 정말 불쌍하다.

여자는 어떨까? "결혼하면 너는 시댁 사람이지. 여자 팔자는 뒤웅박 팔자라는 말 들어봤지? 시부모님 잘 공경하고 시댁에 맞춰 살아. 그게 여자의 인생이야." 그럼 여자들은 이렇게 생각할 것이다. "미쳤니? 내가 그런 결혼을 하게. 그냥 혼자 평생 멋지게 살 거다." 누가 그들의 결혼 파업을 막을 수 있나.

나는 그들에게 이렇게 말하고 싶다. "사랑하면 동거해. 결혼이 부담되면 그냥 혼자 살아. 애는 낳고 싶을 때 낳아. 너무 부담 갖지 말고. 애는 혼자 키우는 게 아니잖아. 사회가 같이 키워줄 거야. 아이들은 우리의 미래니까."

결혼을 하지 않고 아이를 낳아 키우든, 결혼했다 이혼하고 아이를 키우든, 모두 마찬가지다. 그 당사자는 엄마가 될 수도 있고 아빠가 될 수도 있다. 그저 한 부모로서 아이를 키우는 것일 뿐이다. 두 여성이 한 아이를 키우거나 두 남성이 여러 아이를 키울 수도 있다. 즉, 이들 모두가 다양한 가족의 형태 중 하나일 뿐이라는 것이다. 사회가 할 일은 이런 다양한 가족의 형태를 있는 그대로 인정하고, 그에 맞춰 지원을 해주는 일이다. 우리의 모든 아이들이 잘 자랄 수 있도록 말이다.

아이를 낳자마자 버리거나 심지어 죽게 내버려둔 10대 미혼모나 10대 커플들의 기사가 종종 우리를 안타깝게 만든다. 그게 그들만의 죄라고 나는 감히 말하지 못하겠다. 10대의 성관계도, 10대가 임신을 하는 것도, 10대가 미혼모가 되는 것도, 모두 '죄'라는 가치관을 교육받아온 그들에게, 그래서 피임을 하는 방법도 제대로 모르고 얼결에 임신을 하고 어떻게 해야 할지 누구와도 상의할 수 없었던 그들에게, 그 상황은 얼마나 두려운 일이었을까?

그들에게 성 자체는 죄가 될 수 없다는 것을 가르쳐주었더라면, 임신은 실수였을 뿐이고 그 생명 또한 너무나 소중하다는 것을 가르쳐주었더라면, 너희들의 아이도 기꺼이 사회가 받아들일 수 있다는 것을 가르쳐주었더라면, 그 모든 것은 절대 죄가 아니고 단지 아이를 유기하는 것만이 죄라는 것을 가르쳐주었더라면, 그들이 그런 끔찍한 선택을 하고 평생을 실패한 인생으로 죄의식에 시달리며 살지 않아도 되었을 것이다. 다른 아이들에 비해 성적 감정에 대한 억제가 서툴렀다고 해서, 배우지도 않은 피임에 실패했다고 해서, 혼나는 걸 무릅쓰고 어른들에게 사실을 고백할 용기가 없었다고 해서, 극단적인 선택을 해야 했던 그들의 괴로움과 심적 고통마저 덜했을 것이라고 생각하지는 않는다.

세상에는 축복받아야 할 임신과 축복받지 못할 임신이 따로 있지 않다. 세상에는 축복받아야 할 아이와 태어나면서부터 축복받지 못할 아이가 따로 있는 게 아니다. 세상의 모든 임신과 출산은 축복받아야 한다. 그리고 대한민국의 땅에 태어나는 모든 아이에 대해, 우리 사회는 축복하고 함께 책임을 져야 한다.

{ 새로운 세상을 위한 커밍아웃 }

매춘은 OK? 동성애는 NO?

미국인 친구들과 한국의 문화에 대해 얘기를 나누고 있었다. 내가 "한국의 기성세대 사이에는 남성의 성매매에 대해 관대하게 보는 가치관이 팽배하다. 성매매 금지법이 있어도, 많은 남성들이 성매매를 죄라고 보지 않고, 남자의 아랫도리 문제는 성매매가 됐든 뭐가 됐든 그냥 자기들이 알아서 할 문제라고 여겨, 묻지도 따지지도 않는다는 식의 생각을 하고 있다."고 말했다. 그리고 이어서 동성애에 대해서는 "한국의 공공 담론은 동성애를 아예 고려 대상으로 삼지도 않는다. 동성애를 정신질환이나, 심지어 죄처럼 생각한다. 죄이기 때문에 무조건 고쳐야 한다고 생각한다."고 했다. 그 말을 들은 한 미국인 친구가 나를 보고 "뭐라구? 매춘은 OK? 동성애는 NO?"라고 되물었다. 매춘은 되고 동성애는 안 된다는, 그런 말도 안 되는 가치관이 어떻게 가능하냐는 투였다.

미국에 머무는 동안 동성애자 권리 향상과 관련해 미국 역사상 매우 획기적인 법안이 통과되었다. 이른바 '묻지도 말하지도 말라' 정책의 폐기다. 정식 명칭은 DADT(Don't ask don't tell don't pursue don't harass) 정책으로, 군대 내에서 성 정체성에 대해 묻거나 밝히지 않고, 이에 대해 추궁하거나 억압하는 행위를 금지하는 제도다. 2010년 12월 미국 의회는 이 정책을 폐기하는 법안을 통과시켰다.

나는 처음에 이 법안이 참으로 이해하기 어려웠다. 군대에서 동성애에 대해 묻거나 말하지 않고 추궁하지도 억압하지도 말라는 것인데, 이것은 좋은 정책 아닌가? 근데 왜 동성애 단체는 이 법안을 폐기하라는 거지? 내 인식의 수준은 그 정도였다. 그러나 미국은 그보다 훨씬 더 나아갔다. 즉, 왜 동성애를 숨기고 군대에 가야 하느냐를 따진 것이다. 동성애자임을 당당히 밝히고 군대에 갈 수 있게 해라. 군인이 동성애자라고 커밍아웃을 하더라도 군대에서 쫓아내지 말라는 것이다. 그저 묻지도 말하지도 말라는 것은 진정으로 동성애자를 인정하는 정책이 아니라는 것이다.

사실 1993년 이 법이 도입될 당시, 이 법은 민주당과 공화당의 타협안이었다. 1992년 대선에서 동성애자 권리 향상을 공약으로 내걸고 동성애자의 적극적 지지를 받았던 클린턴 전 미국 대통령은, 당선된 뒤 동성애자의 군 입대 허용을 추진했다. 하지만 군과 보수파의 반대가 거세지자 군에서 성 정체성을 묻거나 말하거나 추궁하지 못하게 해, 커밍아웃만 하지 않으면 동성애자도 군에 입대할 수 있는 길을 열어준 것이다. 하지만 동성애자들로서는 도저히 성에 차지 않는 정책이었다. 왜 내가 동성애자라고 당당히 밝히지 못하게 하는가? 군대라고 해서 나를 숨겨야 하는 것은, 나를 여전히 죄인 취급하는 것으로, 여전한 차별이 아닌가? 동성애자들은 이에 반발해 이 법이 폐기되기까지 1만 3,000여 명이 커밍아웃을 하고 군에서 쫓겨났다. 그러면서 끊임없이 시민들에게 동성애자의 평등권과 차별 금지를 설득해, 보수 정당인 공화당 의원 일부의 지지까지 끌어내면서 마침내 이 정책을 폐기하는 데 성공한 것이다.

내 주변에는 왜 동성애자가 한 명도 없나?

동성애에 대해 처음으로 진지하게 생각하게 된 것은, 심리학과 대학원에 들어가기 위해 심리학 교과서들을 공부할 때였다. 심리학 교과서의 대부분이 외국 서적의 번역서이거나 외국어 원서였다. 그런데 모든 심리학 교과서에서 동성애를 '유전된, 즉 타고난 본성'으로 기술하고 있었다. 정신병이나 이상행동, 또는 교육이나 환경이 잘못돼 생긴다는 식이 아니었다.

동성애에 대해 자세히 생각해본 적도 없이, 동성애는 정신병 같은 것이라고 여겨온 나는 깜짝 놀랐다. '그런 게 아니었어? 그런데 난 왜 그렇게 생각하고 있지?' 사회적 통념 때문이었다.

미국 정신의학회(American Psychiatric Association, APA)는 이미 1974년에 '동성애는 질병이 아니다'라는 결론을 공식적으로 발표했다. 그 뒤 미국의 모든 교과서는 동성애를 질병이나 후천적인 것이 아닌 유전적으로 타고난 본성으로 기술한다. 대부분의 선진국 역시 그렇다. 오히려 교과서에서는, 동성애는 이성애와 마찬가지로 다양한 성 정체성의 하나일 뿐이므로, 동성애자, 성전환자, 양성애자 등을 포함해 다양한 성 정체성을 있는 그대로 받아들이고, 다양한 성 정체성을 가진 사람들이 어떻게 더불어 살 것인가에 대해 가르친다.

하지만 한국 사회에서 동성애에 대한 이해는 어떤가? 요즘은 동성애라는 말에 의외로 익숙하다. 외국의 동성애자 권리 단체의 활동이(비록 가십거리 식이지만) 시시때때로 뉴스에서 다뤄지고, 동성애를 다룬 영화들이 버젓이 상영되고, 심지어 지상파 방송 드라마의 소재가 되기도 했다. 그러나 동성애라는 말에 대한 접촉도가 높아졌다고 해서 동성애에 대한 이해가 높아진 것은 아니다.

학계의 통설에 따르면 전체 인구에서 동성애자가 차지하는 비율은 일반적으로 전체 인구의 3~5% 정도로 추정되고 있으며, 이 비율은 인류의 전 역사, 모든 인종과 민족을 통틀어 비슷한 비율로 유지되고 있다. 직접 면대면으로 물은 전수조사에서도 확실한 동성애자의 비율은 최소한 1%였다. 2010년 영국 통계청의 인구조사 결과인데, 가가호호 집을 방문해서 대놓고 물은 조사였고, 그 조사에서 3%는 자신의 성 정체성을 잘 모르겠다고 답했으므로 동성애자의 비율 1%는 실제보다 훨씬 낮은 수치일 가능성이 높다.

여하튼 우리나라 인구를 5,000만 명으로 볼 때 1%로만 잡아도 50만 명, 학계 추정 최저치인 3%로 잡아도 150만 명이 동성애자라는 결론에 도달한다. 내가 살면서 지금까지 만나거나 같은 집단에 속했던 사람들이 얼마나 될까? 수천 명, 수만 명, 어쩌면 수십만 명일 것이다. 그런데 나는 '한국에서는' 단 한 번도 직접 동성애자라고 밝힌 사람을 만나본 적이 없다. 기사를 통해서는 봤지만 말이다. 내 주변에는 정말 동성애자가 없기 때문일까? 없는 게 아니라 밝히지 않았기 때문이리라. 동성애자들이 모두 산속에 들어가 도를 닦고 있는 게 아니라면, 우리는 우리 주변에서 일상적으로 동성애자들과 같이 생활하면서도 단지 그들이 동성애자라는 것을 모를 뿐이다.

우리 사회는 아예 동성애자가 사회 속에 존재하지도 않는 것처럼 간주하고 있다. 이 얼마나 무서운 일인가? 분명히 존재하는 사람들이 마치 존재하지도 않는 것처럼 완전히 무시되고 있다니 말이다. 그들의 기호, 욕구, 생활방식 등, 그 모든 것이 사회 속에서 완전히 무시돼, 전혀 표출할 수 없는 상황이라면, 그들이 느낄 고통은 어느 정도일까?

그것은 마치 왼손잡이에게 오른손잡이에게 맞춰져 있는 사회에서 왼손잡이라는 것을 숨기고 오른손잡이 방식에 강제로 맞춰 살라는 것과 같은 논리다. 남들이 보는 앞에서는 심지어 가족들 앞에서도, 왼손으로는 밥을 먹을 수도, 글씨를 쓸 수도, 체육시간에 공을 던지거나 칠 수도 없다면 어떻겠는가? 왼손잡이라는 걸 들키기라도 하는 날엔 곧바로 정신병자나 범죄인 취급을 당할 것이므로 평생을 들키지 않기 위해 계속 힘없는 오른손을 쓰는 척하며 조마조마하게 살아야 한다. 이것을 어찌 인간으로서의 삶이라고 할 수 있을까? 자신의 정체성을, 자신의 타고난 본성을 밝힐 자유도 없는 사회라면, 그 사회가 민주주의 사회인가? 이성애자인 다수 집단이 동성애자라는 소수 집단을 완전히 억압하고 무시하는 사회라면, 그것은 민주주의는커녕 인간성조차 존중받지 못하는 사회라고밖에 볼 수 없다.

한민족이 원래부터 성 정체성의 다양성에 대해 그렇게 무지하기 짝이 없는 사람들이었는가? 신라 화랑의 남색 행위, 궁중 자제위를 만들어 동성애를 즐긴 고려 공민왕, 조선 세종기 후궁들과 은밀한 관계를 즐긴 세자빈 봉씨 등, 삼국유사와 조선왕조실록, 구전가요, 민담 등을 통해 동성애의 편린들은 숱하게 전해져 내려왔다. 오히려 동성애에 대한 공개적인 이야기가 끊긴 것은 조선 후기 이후, 그리고 현대 사회에 들어와서다. 규범적 국가주의 유교, 그 문화를 기꺼이 받아들인 현대의 권위주의 통치체제의 역사가 우리 사회를 이렇게 앞뒤가 꽉 막힌, 한 가지 가치 외에 다른 사고에 대한 유연성 자체를 상실한 사회를 만들어버린 것이다.

한 가지 가치만이 옳다고 믿는 단일 가치 문화에서, 남자로 태어나면 평생 남자로, 여자로 태어나면 평생 여자로, 사랑과 결혼은 남자와 여자 사이에만 할 수 있다는, 이 단일 가치에서 벗어나는 가치는 아예 고려 대상조차 되지 않는다. 아니라는 증거들이 나와도, 대부분의 문명사회가 아니라고 해도, 그저 이 단일 가치만을 지켜야 한다고 우긴다. 다수가 소수를 무시하고 찍어 누르는 이 억압적 가치를 말이다. 한국의 문화는 개인을 있는 그대로 인정하는 게 아니라, 모든 개인이 특정한 단일 가치에 맞추어서 살아야 한다고 믿고 있다. 그런 문화이기에 모든 소수자들을 비인간적으로 억압하는 이런 가치관이 버젓이 살아 있는 것이다.

당신들의 커밍아웃을 지지합니다

　김수현 작가의 드라마 '인생은 아름다워'에는 동성애자 커플 이외에 결정적인 피해자 한 사람이 더 등장한다. 바로 동성애자 커플 중 한 명과 이전에 결혼했던 여성이다. 많은 동성애자들이 커밍아웃을 하지 못하고 집안과 사회의 강요에 의해 이성과 억지 결혼을 한다. 결혼을 인생의 성공을 위한 필수요건으로 생각하는 사회에서, 결혼을 하지 않고 버티기가 어디 쉬운가? 동성애자들이 이성과 결혼하는 것은, 이성애자가 동성과 결혼하는 것과 똑같이 끔찍한 일이다. 그리고 자신의 남편이나 부인이 동성애자인 줄도 모르고, 평생을 정체가 불분명한 허전함 속에 살아가는 상대방은 무슨 죄인가? 이미 이 사회에서 얼마나 많은 사람들이 이렇게 속고 살고 있는지 모를 일이다. 하지만 누구에게 죄를 물을 수 있겠는가? 커밍아웃을 막는 사회에게 죄를 물을 뿐이다.

　10년쯤 전이었다. 한 남자 선배가 서울 남산 근처의 한 목욕탕에 잠입 취재를 갔다. 거기에서 동성애자들이 파트너를 물색한다는 정보를 입수하고, 그 적나라한 현장을 취재하겠다고 간 것이었다. 그 선배 역시 유혹의 대상이 돼 당황스러운 경험들을 했다고 한다.

　내놓고 미팅을 하고, 소개를 받고, 선을 볼 수 있는 이성애자들도 몇 달만 싱글로 지내면 '외롭다', '누구 없느냐' 하며 노래를 부른다. 그런데 누가 자신과 마음을 나눌 수 있는 동성애자인지도 모르고, 대놓고 외롭다고 말할 수도 없고, 대놓고 사랑할 대상을 찾을 수도 없는 숨겨진 동성애자들은 어떻겠는가? 여러 한국 영화나 드라마가 동성애자들을 다뤘지만, 거기 나오는 동성애자들은 대개 너무 멋지고, 지나치게 인텔리에 편중되어 있다. 그런데 현실에는 모든 계층과 모든 직업에 동성애자가 있을 것이다. 패션 아이콘도 될 수 없고, 돈도 없고, 사회적 지위도 높지 않은데, 정을 나눌 사람마저 찾기가 너무 어려워, 지독한 외로움에 시달리다 남산 앞 목욕탕이라도 찾아갈 수밖에 없는 동성애자들이 더 많을 것이다. 누가 동성애를 더럽다고 하는가? 그들에게 인간적인 삶을 허락하지 않는 사회의 편견이 끔찍하게 더럽다.

나는 우리 사회가 동성애자를 인정하는 문제가 매우 중요하다고 생각한다. 우리는 자주 소외된 이웃을 돌아보자고 말한다. 극빈계층, 장애인, 독거노인 등등을 말이다. 하지만 동성애자도 그들만큼, 아니 어쩌면 그들보다 훨씬 더 소외된 사람들이다. 적어도 '소외된 이웃'들의 문제는 사회적으로 드러나 있다. 하지만 동성애자의 문제는 문제라고 인정되지도 않는다. 우리 주변에는, 평생 피죽을 먹더라도 내가 어떤 사람인지, 내가 얼마나 고통을 받고 있는지 말이라도 한번 해봤으면 좋겠다고 생각하는 사람들이 닳을 것이다. 철저히 소외되어 있으면서도 그것을 드러내지 못하는 사람들이다. 이미 드러나 있는 문제뿐 아니라, 아직 적극적으로 드러나지 않은 문제들까지도 관용할 수 있는 문화, 다양한 가치를 인정하는 데는 근본적으로 한계가 없다고 생각할 수 있는 문화, 그게 진정한 민주주의다.

아직 민주주의가 미성숙한 우리 사회에서, 커밍아웃은 누구에게나 어렵다. 이 사회는 얼마나 많은 사람들에게 자신의 진심을 숨기고 살라고 강요하고 있는가? 단일 가치 문화에서는 모든 사람들이 자신의 실체가 무엇인지 제대로 돌아보지 않고, 설사 알아도 드러내지 못한다. 그러니 동성애자들에게 더욱 용기를 내라고 말하고 싶다. 물론 그들의 커밍아웃이 가장 어렵다고 생각하지만, 커밍아웃의 어려움은 그들만의 문제가 아니라는 점을 알았으면 한다.

그리고 인류의 역사를 통해 억압받는 모든 사람들과 소수자들은 자신들의 권리를 찾기 위해 스스로 나섰고 결국 그 권리들을 쟁취해갔다. 당당하게 커밍아웃하고 동성애자 차별 금지 정책들을 큰 소리로 요구하는 모습을 기대해본다. 그 요구가 정당하기에, 어떤 반대자들도 결국 그들을 막을 수 없을 것이다. 커밍아웃 화이팅!

Epilogue
나는 '다른' 대한민국을 꿈꾼다

지난해 1월 캘리포니아 해안지대를 여행하면서 무려 4차례나 일몰을 보았다. 로스앤젤레스에서 샌프란시스코로 올라가는 길, 세계에서 가장 아름다운 해안도로 중 하나라는 하이웨이101. 혼자서 그 길의 외딴 언덕에서 서쪽으로 펼쳐지는 일몰을 바라보았다. 붉은 태양의 스러져가는 빛이 쪽빛 바다와 어우러져 만드는 형형색색의 향연…. 그를 보며 생각했다.

"아, 저 바다 끝에 내가 떠나온 곳, 나의 조국, 대한민국이 있구나."

참, 이게 무슨 궤변인가? 보기 싫다고 죽자고 떠나와서 그곳이 그립다니. 이 무슨 자기모순인가? 민족주의를 내다 버리자며 나의 조국이라니.

그런데, 이놈의 질긴 정을 끊어내질 못하겠다. 자꾸만 생각이 나고, 뭔가 해야만 할 것 같은, 스멀스멀 기어 나오는 절실함을 끊어내지를 못하겠다.

　돌아가야 하기 때문이리라. 돌아가고 싶기 때문이리라. 속 시원히 한 번 털어놓지 않고서는, 그런 결심 없이는 다시 그 땅을 밟을 수 없을 것 같다는, 알 수 없는 두려움 때문이리라.

　그 캘리포니아 여행을 마치고 돌아와서 나는 이 책을 쓰기 시작했다.

　'하나 되는 대한민국', 우리는 수십 년 동안 그렇게 '하나가 되자'고 외쳐왔다. 그러나 보라. 우리는 이미 충분히 '단일'하다. 모든 부모들은 아이가 똑같은 대학에 가기를 바라고, 모든 학생들은 똑같은 브랜드의 점퍼를 입고 다니며, 최고의 신랑감이나 최고의 신붓감의 직업은 어찌 그리도 단일한가.

　이제 단일한 잣대 속에 짓눌려 있던 다양성을 살려내야 한다. 생김새의 차이, 재능의 차이, 생각의 차이, 취향의 차이…. 그 각각의 차이를 그대로 인정하는 문화. 물론 '차이'를 인정하는 것만으로 뭘 다 이룰 수는 없다. 하지만 뭘 이루기 위해서는 반드시 그 '차이'를 인정하는 데서 출발해야 한다. 민주주의로 나아가기 위한 자유주의, 그게 기본이다.

　나는 누구인가? 이 책을 읽으면서 도대체 저 여자의 출신 성분이 무엇인지 궁금해 하던 사람들에게 드디어 내가 누구인지 커밍아웃을 한다. 나는 리버럴리스트 liberalist다. 아, 대단한 용기가 필요했다. 나는 리버럴리스트다. 직역하면 자유주의자. 자유주의…? 그럼 나는 보수인가? 그런데 영국과 미국에서는 이 리버럴리스트가 '진보주의자'를 의미할 수도 있다. 그렇다면 나는 진보인가?

나는 누구인가? 나는 본질적으로 기회의 균등을 실현하기 위해 학벌을 철폐하자고 주장할 것이며, 그러나 기회 균등의 절대적 실현이란 어느 사회에서도 불가능하기에 결과의 평등을 위한 보완책도 필요하다고 주장할 것이다. 나는 '억박' 우파는 물론 '깃발' 좌파도 비판할 것이며, 그 양극단의 동원의 유혹에서 벗어나 자신의 생각을 가지라고 윽박지를 것이다. 나는 생각이 짧아 어떤 '주의'의 절대성을 주장할 주제가 못 되고, 사회에 대해 끊임없이 고민하다 그때그때 그저 생각이 닿는 대로 판단할 것이다. 나는 여전히 조직 지진아로서 그 부적응 상태를 극복하지 못해 선배에게 계속 싸가지 없는 후배로 남을 것이며, 때로 힘들면 고개를 숙이고 편안해질까 하는 유혹에 시달릴 것이다. 싸가지 없는 후배들을 보면 속이 뒤틀리다가도 일관성을 위해 현실을 받아들이고자 노력할 것이며, 나이 들어도 '꼰대' 대신 '일하는 할매'가 되기 위해 어떻게 해야 할까, 남들 안 볼 때 이불 뒤집어쓰고 고민할 것이다. '동거한다' 선언할 용기가 없어 연애를 경계하겠지만, 그러고 싶어 동거를 인정하자고 소리 낼 것이며, 낙태에 대한 명확한 입장을 촉구하고 성적 소수자를 이해하는 사회를 만들기 위해 미력을 보탤 것이다.

나는 누구인가? 나를 어디에 집어넣어 분류할 것인가? 나를 어느 편이라고 가를 것인가? '나'는 그저 '나'이다. 그리고 '너'는 그저 '너'이기를.

이런 거 하자는 자유주의, 그 자유주의는 아무것도 아니다. 공산주의에 대응하는 자유주의? 쿠바에 가봤더니 거기 사람들이 우리보다 훨씬 다양하다. 우리가 늘 벤치마킹의 대상으로 생각해왔던 미국, 거기서 이 자유주의는 종종 보수가 아닌 진보다. 자유주의가 절대적 가치는 아니지만, 모든 사람이 자신의 생각을 자유롭게 갖고, 자유롭게 표현하고, 자유롭게 행동할 수 있다는 그 기분. 그 기분은 몹시 중요하다. 그런 믿음이 있어야, 선거에서 모든 사람에게 준 한 표 한 표의 무게가 동일해질 수 있다. 그게 민주주의의 기본 아니던가. 우리 사회에 가장 절실한 게 이 '기본'이었다.

나는 우리 사회에 '차이' 공감 프로젝트를 제안한다. 우리를 짓눌렀던 획일성이라는 괴물을 걷어내고 서로의 차이에 공감하자는 것이다. 정확히 말하면 서로가 다 다를 수 있다는, '차이의 실존'에 대해 공감하자는 것이다.

우리 사회는 이미 성숙해 있다. 무엇보다 시민들 각자가 이미 성숙해 있다. 세계에서 이토록 정치사회적인 문제에 시민 개개인이 흥분하는 사회가 있던가? 조금만 옆을 보면 된다. 앞만 보고 가던 눈을 돌려 조금만 옆을 보면 된다. '하나 되는 대한민국' 대신 '다른 대한민국' 한번 만들어보자. 그러고 나서 다시 하나 되면 된다. 먼저 다르다는 것을 인정하고, 어떻게 합의해나갈지 찾는 게, 그게 맞는 순서다.

지은이 박에스더

저 | 자 | 소 | 개

박에스더

서강대학교 정치외교학과를 졸업하고 서울대학교 대학원에서 심리학과 석사과정을 마쳤다. KBS(한국방송)에 입사해 보도국 기자로 경찰, 법조, 교육, 국회 등을 출입했다. KBS 법조 출입 최초 여기자였으며, 2001년 아프가니스탄 전쟁 당시 파키스탄 종군 취재를 했다. KBS '라디오 정보센터 박에스더입니다'를 2004년 봄부터 만 4년간 진행했다. 1년 동안 미국에서 연수한 후 다시 취재 현장으로 복귀해 현재 '취재파일4321'에서 활동하고 있다.